« Struggle for life »

DU CHOIX

D'UNE

CARRIÈRE INDUSTRIELLE

PAR

PAUL BLANCARNOUX

INGÉNIEUR (A. & M.) PUBLICISTE
Rédacteur en Chef du *Journal des Inventeurs*
Professeur à la Fédération générale des Chauffeurs-Mécaniciens-Électriciens

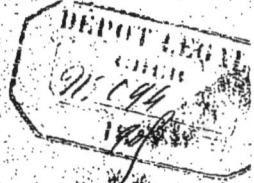

PRÉFACE DE

PAUL ADAM

PARIS
Vᵛᵉ CH. DUNOD, ÉDITEUR
49, Quai des Grands-Augustins, 49
—
1904

DU CHOIX

D'UNE

CARRIÈRE INDUSTRIELLE

« Struggle for life »

DU CHOIX

D'UNE

CARRIÈRE INDUSTRIELLE

PAR

PAUL BLANCARNOUX

INGÉNIEUR (A & M) PUBLICISTE

Rédacteur en Chef du *Journal des Inventeurs*

Professeur à la Fédération générale des Chauffeurs-Mécaniciens-Électriciens

PRÉFACE DE

PAUL ADAM

———————— ✳ ————————

PARIS

Vᵛᵉ CH. DUNOD, ÉDITEUR

49, Quai des Grands-Augustins, 49

—

1904

AVANT-PROPOS

L'ÉDUCATION DES FILS

Notre génération d'hommes de trente à quarante ans souffrit beaucoup de ce que nos parents lui indiquèrent comme type de vie. L'armée, le fonctionnarisme et la magistrature leur semblaient des formes excellentes où nos esprits se pareraient d'honneur et de gloire. Notre destin se détermina le lendemain de l'Année Terrible. On croyait à d'autres guerres prochaines plus funestes, à une patrie de deuil attaquée sans cesse, appauvrie, grave, luttant pour sa défense. Les pères voulurent éduquer nos âmes de telle sorte que le service de l'État malheureux nous anoblit l'existence. On ne nous permit, en principe, aucun essor d'individualité. Dans l'échiquier de la nation, on nous attribua des cases fixes, où, bon gré, mal gré, nous devions faire figure officielle.

De cette contrainte, naquit la révolte du temps contre le grand leurre républicain. Elle se manifesta par le *naturalisme déniant que la réalité de la vertu fût en accord avec son principe de façade, par le pessimisme assurant la bassesse des mensonges sentimentaux, par le socialisme réclamant en faveur de la minorité le droit d'existence contre la tyrannie des majorités, par l'anarchie exaltant l'individu contre la fixité de la règle.*

Depuis trente ans, dure cette lutte intérieure. La prospérité relative du pays et l'aide de la paix favorisèrent la dispute. Or, de même que les grandes guerres du premier Empire avaient valu, à toute l'Europe, une multitude de généraux savants, de diplomates adroits et de militaires héroïques, ces discussions de la pensée qui se prolongent durant un quart de siècle, ont engendré une foule de littérateurs, d'artistes et de politiciens telle, que triompher parmi cette cohue semble une tâche de déments.

Tout d'abord, il faut que les collégiens d'aujourd'hui renoncent à l'espoir de se créer une carrière dans les arts. Le talent, chose rare il y a vingt-cinq ans, est devenu banal. Les salons regorgent de toiles bien peintes et les librairies de livres excellents. Si l'on compare les gazettes de 1860 à nos journaux de chaque matin, la pauvreté d'esprit qui dirigeait alors les castes intelligentes apparaît lamentable devant les six pages de nos quotidiens. Au milieu de cet afflux du génie national, la critique, affolée, renonce. Elle ne discute plus, elle énumère. Avant peu, les peintres encadreront leurs paysages, préférables à ceux de Diaz, de Daubigny, dans les linteaux d'armoires à glace, pour réussir à les vendre au prix du meuble. Déjà les meilleurs s'y exercent. Pour chefs-d'œuvre, les sculpteurs exposent, au Champ de Mars, des lits, des tables, des fauteuils, des pots à bière et des plats de poissons. L'art se confond avec la besogne d'ouvrier. Heureusement. C'est le résultat d'un immense progrès, dû à la vitalité merveilleuse de l'esprit contemporain. Que peut faire un débutant noyé dans cette foule. Un livre ? Ou il racontera une histoire sentimentale pareille à tant d'histoires sentimentales, tous les sujets se trouvant épuisés, et, seule la chance, le coup du sort, pourront servir sa marchandise. C'est hasardeux. Ou il s'acharnera, profitant du passé, à construire une œuvre sienne en beauté. Alors, il la fera tellement personnelle, qu'elle intéressera cinquante âmes intellectuellement sœurs. C'est le silence et l'échec.

Avant peu, les talents d'art ne favoriseront plus le sort des jeunes hommes qu'excite leur individualité.

Le fonctionnarisme, la magistrature et l'armée enchantèrent les ambitions de jadis. Mais nous ne croyons plus beaucoup à la perfection de la loi, ni à la suprématie du militaire. Le prestige moral de ces institutions décroît avec célérité. Pour les avantages matériels qu'elles concèdent à leurs participants, mieux vaut ne pas évoquer la pénible existence d'un capitaine marié. Trois cents francs par mois ne suffiront jamais à satisfaire les besoins d'hygiène ni les nécessités intellectuelles d'abonnements aux publications diverses, choses devenues indispensables pour l'existence de qui pense un peu.

J'imagine que nos fils, pour la plupart, ne jouiront pas d'une fortune considérable au temps de leur majorité. Jusque-là, on pourra peut-être leur offrir cette aisance qui donne le goût des belles choses, de la propreté, des aliments sains. Donc, ils se trouveront, à vingt ans, désireux de gagner ce que coûte cette même aisance. L'État paye trop mal ceux qui sacrifièrent toute une enfance, toute une adolescence, dans les geôles des lycées, afin de le servir utilement. Restent le commerce, l'industrie.

Sans capitaux, il est inutile d'essayer. On citera bien la fortune de Boucicaut. Mais on cite aussi le bonheur *de Napoléon au conscrit qui tire un mauvais numéro.*

Que tenter, alors ?

A mon sens, la situation d'un jeune homme de la classe moyenne ne pourra plus d'ici dix ans, s'établir, en Europe, avec succès. Le régime économique actuel donne trop d'avantages au capital contre l'individu. Tous affluant aux mêmes centres, diminuent la valeur de leur effort, puisque l'on peut à l'aise choisir dans la foule celui qui, affamé, consent à la rémunération moindre. D'autre part, les besoins de la classe moyenne, s'étant accrus dans une proportion folle, les traitements qui contentaient nos prédécesseurs nous offrent au juste la misère, sans dignité.

On gagnerait à suivre l'exemple des nations saxonnes. Si j'avais un fils, je l'enverrais dans un collège d'Angleterre. Il se créerait une âme d'initiative au contact de l'individualisme britannique. Il perdrait alors ce sens du troupeau qui nous fait de ce côté de la Manche, rire ensemble, pâtir ensemble, sans critique personnelle.

Il prendrait une conscience exacte de sa force, de ses vigueurs et de sa moralité: Je le dirigerais vers les études scientifiques, avec l'espoir d'en faire un docteur en médecine, ou un ingénieur des mines, et, au pis aller, un mécanicien très capable. Il apprendrait une langue orientale, le chinois, par exemple.

Il ne faut pas rire. Depuis la guerre du Japon et les obligations contractées par les vaincus envers les prêteurs européens qui payent l'indemnité de guerre, voici la Chine ouverte à l'effort des volontés créatrices. Quatre cents millions d'hommes habitent la surface de cet empire. Vraisemblablement, il va s'y construire des chemins de fer et des usines, s'y installer des lignes de communication électrique. L'exploitation rudimentaire des nombreuses mines se transformera devant l'apport

de nos innovations scientifiques qui multiplieront le ren-
dement. Les malades rechercheront nos thérapeutes, les
industriels nos ingénieurs et les familles nos photogra-
phes. Le Tonkin est limitrophe de la plus riche province,
le Yunnam.

    Si les fonctionnaires de la colonie veulent bien ne pas
s'opposer, comme ils le font d'ordinaire, à toute entre-
prise française, nos nationaux resteront en rapport di-
rect avec l'Europe, car le Tonkin devra sa prospérité plus
au transit entre la métropole et le Céleste-Empire, qu'à
son propre sol. C'est une voie de communication et de
pénétration.

    En Chine ou ailleurs, mais hors de l'Europe, la for-
tune des Européens instruits se constituera seulement.
Dans le vieux monde, la concurrence est trop grande,
le nombre des places trop restreint, la lutte de chaque
jour trop terrible, les besoins trop considérables, et les
gains trop minimes.

    Les Anglais semblent l'avoir compris, de longtemps
déjà. Si l'on voyage par l'Italie, l'Espagne, la Suisse,
au Levant, dans les contrées bénies du soleil, on ne ren-
contre que des gentlemen saxons, en partie de plaisir sur
le globe avec leurs nombreuses familles. Riches, ils ne
négligent aucune satisfaction. De décor en décor, ils
vont, sains, calmes, fiers. A les interroger, on apprend
que, vers l'adolescence, ils quittèrent leurs parents et la
mère-patrie, puis, en des Zélandes, en des Indes, en des
Australies, se composèrent par la culture, l'élevage ou
le commerce, l'avoir qui leur permet le bonheur. De
dix-huit à quarante ans, grâce à la force de l'âge, ils
édifient leur chance, sûrement. De leur race, ils font la
première historiquement, dont l'expansion, après tout,
civilisatrice, vaille celle de nom romain.

    Nous autres, nés malins, jetons nos fils de quinze ans
à la débauche des villes et au snobisme de la rue, en

attendant, qu'entrés dans un ministère ou promus dans
un régiment, ils consument leur vie médiocre à l'espoir
d'un grade, d'un héritage et de la Légion d'honneur.

Il convient d'agir mieux. Il faut élever nos fils pour
la tâche glorieuse de répandre au plus loin l'aise humaine que la science procure. Il faut leur enseigner que
le monde existe, passé la France. Aux temps prochains,
la grandeur d'une race dépendra de son éparpillement
sur le globe. La mission de l'Europe est maintenant
d'éduquer le monde par une conquête pacifique et savante.

On a dit que l'accroissement de l'instruction donnait
un résultat déplorable. On a compté les institutrices
sans place, les professeurs sans chaire, les bacheliers
sans emploi. Ce n'est pas l'accroissement d'instruction
qu'il sied de blâmer, mais le sot désir de pulluler tous
au même endroit. Un essaim d'abeilles est venu dans le
jardin. Il se rue sur une seule fleur. Toutes s'entretuent
pour en puiser le suc. Elles délaissent les autres richesses
d'innombrables parterres.

Imaginez toutes ces institutrices unies à tous ces professeurs sans place, et armés, comme les couples de pas-
teurs anglicans, d'initiative, pour s'enfoncer parmi les
tribus d'Afrique, parmi les peuples d'Asie. Comme toute
cette science deviendrait féconde !

Déplorons que, dans les lycées, dans les instituts,
dans les écoles mêmes, un enseignement ne soit pas pro-
fessé, qui indiquerait aux élèves le moyen d'acquérir
par l'exode, un avenir heureux. A mesure que s'ajoute-
ront les années aux années, la conquête de l'aise deviendra plus dure ici. Aux intelligences, il faut mieux qu'un
rond de cuir de ministère, une robe de juge, ou une
épaulette de capitaine. Il faut l'espace, la vie adaptée
aux espoirs, l'incessant besoin d'action et la récompense
de l'effort, selon la valeur attribuée à cet effort par qui

le tente. *La vieille Europe ne donne rien de cela à l'exigence de ses enfants.*

Qu'ils songent à partir, — après avoir fait leur Choix d'une Carrière industrielle.

PAUL *ADAM.*

PREMIÈRE PARTIE

NOS ÉCOLES INDUSTRIELLES

CHAPITRE PREMIER

—

ÉCOLES PRÉPARATOIRES

—

I. — DU CHOIX D'UNE ÉCOLE PRÉPARATOIRE

Nous ne dirons que peu de choses des Ecoles professionnelles, préparatoires aux Ecoles industrielles du degré secondaire, dont le prototype peut être représenté par les Ecoles
d'Arts et Métiers.

La plupart de ces établissements intermédiaires réunissent
les conditions requises pour bien préparer un bon sujet, —
de même que tous les lycées font faire les humanités de façon satisfaisante à quiconque a du goût pour l'étude. Nous
ne préconiserons donc aucune école professionnelle de préférence à une autre, de peur, non point d'être accusé de par-
tialité, mais bien de nous tromper.

Ce que nous tenons cependant à faire ressortir sans retard,
c'est le danger didactique, l'infériorité ultérieure à laquelle
s'expose un candidat qui n'a préparé exclusivement que le
programme des examens d'admission à l'école qu'il vise.
Et ce désavantage est d'autant plus redoutable qu'il se dissi-

mulé au contraire sous forme d'avantage apparent. Par exemple : telle école professionnelle, « gargote à soupe » de petite ville, réussit de véritables tours de force dans la préparation aux Arts et Métiers. Sur vingt et quelques candidats qu'elle présente régulièrement chaque année, quinze environ sont déclarés admissibles au premier degré, et une dizaine reçus définitivement. De plus, quelques-uns, nobles bêtes à concours, figurent glorieusement en tête de liste. Mais, vienne le premier classement au bout d'une année ou même après un semestre de pratique, de contact, de lutte coude à coude, ces mêmes « florès » dégringolent lamentablement au milieu des gradins, parfois même vont mordre le sable de l'arène. La cause de cette anomalie *apparente,* de ce résultat presque inévitable ? — La voici, simplement :

Ces élèves étaient réellement « calés », « trapus » au moment des examens, *parce qu'ils n'avaient préparé que les matières d'entrée,* ressassées pendant deux et trois ans à leçons identiques, mâchées et remâchées. De plus, cas général, ils n'avaient consacré à l'atelier que le temps strictement indispensable (5 à 6 heures par semaine) pour pouvoir mal dérouiller le carré de fer proposé à leurs poignets inhabiles... Mais tout change de face ensuite, quand il s'agit de peiner sans transition, six à sept heures quotidiennement, le torse nu devant l'enfer de la forge, ou les genoux enfouis dans le sable humide de la fonderie; ou de se tourmenter la cervelle pour matérialiser proprement un dessin, représentant un modèle à bossages, qu'il ne faudra pas clouer s'ils doivent être vissés, et *vice-versa,* sous peine de voir *louper* le moule, donc la pièce à couler. De même pour la physique et la chimie (bien qu'elles figurent vaguement à l'ombre des programmes d'entrée); de même pour la géométrie descriptive, l'algèbre géométrique, etc.

De même enfin pour l'étude raisonnée des Racines grecques et latines, les premières notions de la latinité, — cette clef d'or mentale, cet « apéritif intellectuel » si l'on

veut nous permettre ce néologisme qui condense bien tout
ce que nous pourrions dire sur cet important sujet.

En un mot : que la préparation des candidats ne se fasse
pas dans une petite « boîte » où, pour se vanter ensuite d'un
apparent succès, certains « marchands de soupe » nuisent à
l'avenir des élèves qu'ils ont l'air de favoriser...

Nous allons voir, au paragraphe suivant, de quelle supériorité générale pourra bénéficier, à l'école industrielle, le
commensal qui aura fait ses classes de grammaire latine. Mais insistons tout de suite ici pour qu'on apprenne
au moins les Racines, aux autres candidats, aux « ouvriers »...

Le latin, ou plus modestement les Racines latines seraient
apprises en même temps que les règles grammaticales de la
syntaxe. Et c'est ici qu'on pourrait, bien à propos, parodier
le fameux apologue romain des *Membres et de l'Estomac.*
Comme le disait fort judicieusement Platon, cité par La-
rousse dans son *Jardin des Racines latines,* « la connaissance
des mots conduit à la connaissance des choses ». Quiconque
possède la science des mots primordiaux, peut disséquer aisément le terme *exact* qu'il cherche, qu'il doit employer au
point précis que lui assigne la logique.

Le professeur de français (subordonné au professeur de
littérature proprement dite) ethniquement justifierait la formation des mots de notre langue, par l'imitation, l'onoma-
topée ; ce qui lui permettrait de trancher dès le début entre
la *racine* et le *radical.* Alors il pourrait exposer les considérations qui font reconnaître les chefs des deux mille
familles auxquelles se rattachent plus de cent mille mots français. Ce serait la plus importante et non la moins intéressante partie de son cours. L'élève comprendrait mieux
ensuite les principes qui présidèrent à la transformation des
mots latins ; il se pénétrerait plus volontiers du chapitre généralement peu attractif des *préfixes* et des *suffixes.*

Enfin un résumé de ces notions initiales pourrait être utilement complété d'un recueil alphabétique des principaux *radicaux* latins.

Oui, fort utilement. Car notre belle langue française (comme les autres langues néo-latines), essentiellement analytique, ne s'apprend point uniquement par le simulacre de l'écriture et la gesticulation du verbe. C'est une véritable machine, compliquée moralement autant que le corps humain l'est physiquement.

De même que le chirurgien doit connaître parfaitement les plus minutieuses parcelles dont est constitué le patient qu'il dépèce d'une main et d'un cœur parfois légers ; de même l'écrivain, le narrateur consciencieux, ne saurait peindre correctement sa pensée, toute sa pensée avant de posséder à fond les éléments de sa langue usuelle. Evidemment, il n'est pas nécessaire de s'adonner à l'entité linguiste et de la syntaxe et du vocabulaire, pour forger, limer une équerre, ou dessiner, lire un moteur ; mais si l'on veut expliquer une conception, défendre un projet, justifier une entreprise quelconque, par un rapport, une étude à la fois documentée avec concision et clarté, rationnellement ordonnée, précise et attractive ?... Tandis qu'en se rapportant aux éléments faciles à emmagasiner des *Racines,* le fait est *ipso facto* sensiblement allégé.

Pareillement, les Racines grecques devraient être apprises aussi bien, mieux que les Racines latines, au point de vue technologique.

Quelques exemples, au hasard du formulaire. — Qu'est-ce qu'un *électrophore* ? Le dictionnaire répond laconiquement, tel un maussade bibliothécaire : « Appareil où l'on condense l'électricité » ; tandis que l'horticulteur, l'artiste du *Jardin des Racines grecques,* avec sa grâce attique, poliment empressée, nous explique : « Electrophore vient de *électron,* ambre, parce que cette substance est celle dans laquelle on a constaté, pour la première fois, la présence du fluide électrique ; et de *phéro,* porter... — Qu'est-ce qu'un *dynamo-*

mètre ? — C'est un appareil servant à évaluer les forces d'un homme ou d'un autre animal, etc. Ou mieux : Dynamomètre vient de *dunamus*, force, et de *métron*, mesure... — L'*hydrostatique* est la partie de la mécanique qui a pour objet l'équilibre des liquides et la pression qu'ils exercent sur les vases... C'est bien long à réciter, à comprendre du premier coup, pénible à retenir. Tandis que si, l'intelligence aidant, on décomposait : hydrostatique, de *údor*, eau ; et de *statos*, qui se tient...

L'élève, le profane encore mal initié, saisirait vite la portée des grandes simplifications que chaque racine faciliterait, dans la recherche étymologique des mots qu'elle engendra.

Il faudrait aussi expliquer certaines règles de traduction : *u*, en grec, devient *y* en français (dunamis, dynamique) ; au contraire, lorsqu'il y a un *i* à la racine grecque, tous les dérivés français prennent *i* et non *y* (lithos, pierre, lithographie). De même pour la prononciation : *ch* a le son de *k* ; *s*, entre deux voyelles, se prononce *ce*, et non *ze* comme en français ; etc.

Pareillement à la méthode des Racines latines, il serait fort utile d'imposer la rédaction approfondie des principales Racines grecques, que compléterait alors la traduction en termes attiques de mots français couramment usités, même ailleurs que dans l'industrie.

Ainsi, nous ne saurions trop insister sur l'évidence, la nécessité absolue de cette innovation, précieuse dans le sens le plus riche du mot : l'étude complémentaire, ou mieux préliminaire, des Racines grecques et des Racines latines, loin de surcharger les examens soit d'entrée, soit de sortie de nos Écoles techniques, les allégerait considérablement en les divisant, les élaguant, les épurant enfin d'une façon très intelligible, — de même que l'aérostat apparemment surchargé de ballonnets vides, ne peut que gagner à gonfler de gaz ces précieux auxiliaires bien plus utiles que gênants.

Puisse notre humble mais énergique supplique être prise en considération !

II. — L'ENSEIGNEMENT SECONDAIRE PARTIEL

En vertu d'une récente réforme très longtemps attendue, on sait que l'enseignement secondaire est divisé en deux branches parallèles, l'une dite « classique », et l'autre « moderne », alimentant les cours du premier cycle qui peut intéresser les étudiants techniciens en vue des écoles professionnelles, préparatoires aux grandes écoles industrielles.

Si l'on voulait notre avis en l'occurrence, nous dirions sans hésiter que, pour nous, quelques notions au moins élémentaires de latinité seraient de nécessité absolue, comme base fondamentale de tout enseignement rationnel, même ultra-moderne.

Qu'il nous soit permis de signaler tout spécialement l'opinion de M. Hanotaux sur la *Question du latin* (Relire *Du choix d'une Carrière*) :

« Nous vivons encore de la vie latine ; la culture latine nous pénètre. La langue latine est, pour nous, le dépôt des antiques impressions recueillies par nos pères, au premier contact avec la nature et avec la société. Dans le latin, il y a le sanscrit et le souvenir du vagabondage ancestral parmi la prairie primitive ; dans le latin, il y a le grec et la tradition de la civilisation la plus raffinée que le monde ait connue ; dans le latin, il y a même quelque écho du celte et de l'allemand ; car les tribus qui se sont séparées et qui ont divergé, à l'aube des temps, furent sœurs et parlèrent la même langue. Le latin, c'est notre antiquité ; le latin, c'est notre histoire.

Qu'opposer à une telle éloquence autorisée. Et plus bas :

Au point de vue pratique, la connaissance du latin permet l'étude, extrêmement rapide, de toutes les langues du bassin méditerranéen, et notamment de la langue italienne, de la langue espagnole et de la langue portugaise qui sont parlées, aujourd'hui, par plus de cent millions d'hommes. L'avenir des races latines, en Afrique et en Amérique, depuis le Mexique jusqu'à la Pointe de Feu, est considérable, égal peut-être à celui des races anglo-saxonnes. Nous pouvons rester en contact par la langue, par la pensée, par l'idéal, avec ces populations qui sont la chair de notre chair, la pensée de notre pensée, et nous cherchions ailleurs !

S'il s'agit de la formation intellectuelle, tout le monde reconnaît qu'on n'a découvert, jusqu'ici, aucun exercice comparable à la version latine. L'étude des langues vivantes n'offre rien d'analogue. En effet, ici, la méthode est tout autre ; l'enseignement des langues vivantes doit être de préférence direct et verbal, tandis que l'enseignement des langues mortes est nécessairement analytique et écrit. L'enfant devrait apprendre une langue vivante en se jouant ; mais il ne peut savoir une langue ancienne qu'en s'appliquant. D'ailleurs, la connaissance des langues mortes facilite singulièrement l'étude des langues vivantes ; les principes anciens ont servi, le plus souvent, à déterminer les règles reçues dans les idiomes modernes ; car les savants qui ont arrêté les formes définitives de ces langues tardives étaient pleins des leçons de l'antiquité.

Il faut apprendre les langues vivantes pour la commodité et les langues anciennes pour la beauté de l'existence.

Et, parmi cent autres opinions également autorisées, n'est-ce pas Renan qui écrit dans un passage de ses admirables *Souvenirs d'enfance et de jeunesse* :

... La nécessité de pousser aussi loin que possible mes études d'exégèse et de philologie sémitique m'obligea d'apprendre l'allemand. Je n'avais à cet égard aucune préparation ; à Saint-Nicolas, mon éducation avait été toute latine et française. Je ne m'en plains pas. L'homme ne doit savoir littéralement que deux langues, le latin et la sienne ; mais il doit comprendre toutes celles dont il a besoin pour ses affaires ou son instruction.

Enfin, dans son même Traité sur le choix d'une carrière, M. Hanotaux dit encore sur ce sujet :

... A l'âge où le jeune Français reçoit, de la société où il est appelé à vivre, la première leçon, cette leçon ne doit pas être ignorante de la langue des ancêtres. Donc, bien loin de voir le progrès des études dans l'abolition du latin, je voudrais, qu'à l'avenir, tout jeune Français cultivé pût réciter et comprendre l'*Epitome Historiæ Græcæ* et le *Selectæ*.

Les générations qui nous ont précédés étaient ainsi instruites. Avant l'invention du baccalauréat, c'est-à-dire de l'enseignement faussement encyclopédique, la méthode pédagogique apprenait à raisonner, à parler, à écrire et à penser, surtout par l'étude de la langue-mère. Tant que les enfants sont encore dans les classes où la mémoire joue le principal rôle, c'est-à-dire dans les classes de *grammaire*, il n'y aurait que des avantages à nous rapprocher de cet ancien procédé.

Evidemment. Et c'est pourquoi on ne peut nier la supériorité des classes dites « de grammaire », tant d'avantages militant en leur faveur.

Ainsi donc, muni de l'élémentaire certificat d'études, le futur technicien, âgé de 11 ans, choisirait l'enseignement basé sur le latin, pour y faire deux et si possible quatre années, savoir :

DIVISION A

Classe de Sixième		Classe de Cinquième	
Français.	3 heures	Français.	3 heures
Latin.	7 »	Latin.	7 »
Langues vivantes .	5 »	Langues vivantes .	5 »
Histoire et géographie	3 »	Histoire et géographie	3 »
Calcul	2 »	Calcul	2 »
Sciences naturelles	1 »	Sciences naturelles	1 »
Dessin	2 »	Dessin	2 »
Total	23 heures	Total	23 heures

Ne perdons pas de vue que nous voulons présenter notre sujet au concours d'une école plus pratique, les Arts et Métiers par exemple, à l'âge de 16 ou 17 ans révolus.

L'adolescent entre dans sa 13e année, il a donc encore de 3 à 5 ans devant lui. Si les parents tiennent à le plier aux travaux manuels des écoles professionnelles, ils peuvent s'en tenir à ces quelques principes de latinité qui, quoique très incomplets, auront au moins servi à défricher un peu le jeune esprit rudimentaire, jusqu'alors fermé aux conceptions élégantes.

Mais nous insisterions volontiers pour que l'apprenti latiniste complétât les quatre années qui constituent le *premier cycle*, toute la classe de grammaire. Et alors, avec ou sans grec, il étudierait :

DIVISION A

Classe de Quatrième		Classe de Troisième	
Morale	1 heure	Morale	1 heure
Français.	3 »	Français.	3 »
Latin.	6 »	Latin.	6 »
Grec (facultatif) . .	3 »	Grec (facultatif) . .	3 »
Langues vivantes . .	5 »	Langues vivantes . .	5 »
Histoire et géographie	3 »	Histoire et géographie	3 »
Mathématiques (1 h.		Mathématiques (1 h.	
facultative) . . .	2 »	facultative) . . .	3 »
Sciences naturelles .	1 »		
Dessin	2 »	Dessin	2 »
Total	26 heures	Total	26 heures

Il est évident que si l'enfant manifestait alors une vocation vraiment irrésistible pour les Belles-Lettres, il conviendrait de l'orienter tout à fait dans cette voie. Mais tel n'est point le cas dont nous devons nous occuper.

Notre jeune homme aux cheveux courts, porte maintenant la naissante puberté de sa quinzième année. Il a donc trois ans complets pour la préparation professionnelle qui doit le conduire aux écoles industrielles secondaires. Il aura en somme déjà pioché presque toutes les matières exigées (à l'exception du travail manuel) et de plus — *avantage énorme* — son esprit se trouvera merveilleusement ouvert à la beauté théorique des conceptions latines, et à l'interprétation pratique des langues commerciales : la beauté et la commodité de l'existence.

Pour peu qu'il soit adroit, il possède tout, dès lors, pour

ne craindre aucune comparaison avec ses nouveaux condisciples et rivaux, qui n'auront sur lui que le petit avantage actuel de mieux savoir donner un coup de lime droit, ou pilonner un modèle de fonderie. C'est très peu pour eux, et l'avance générale, réelle de notre sujet, demeurera toujours hautement prépondérante.

III.—ÉCOLES PRIMAIRES SUPÉRIEURES, PROFESSIONNELLES

On n'y entre guère, après concours, avant l'âge de 13 ans révolus, limite abaissée d'un an pour ceux qui peuvent arguer du certificat d'études primaires.

Le but de ces écoles techniques élémentaires, c'est de compléter l'instruction primaire par des études théoriques un peu plus élevées, et aussi par des exercices professionnels, en vue, soit du commerce, soit de l'industrie. Les trois années sont généralement graduées ainsi :

Matières enseignées	Heures par jour		
	1re année	2e année	3e année
Enseignement primaire	2 heures	2 heures	2 heures
Enseignement scientifique et technologique	1 »	1 »	1 »
Dessin	1 »	1 »	1 »
Travaux mensuels.	3 »	4 »	5 »
Totaux (non compris les 2 heures des repas et récréations). .	7 heures	8 heures	9 heures

Voici maintenant la liste des principales écoles primaires supérieures, professionnelles de France :

Aisne. — Bohain.

Aube. — Bar-sur-Seine.

Charente. — Angoulême.

Gard. — Alais.

Landes. — Aire-sur-l'Adour.
Loire. — Montbrison, Roanne.
Loir-et-Cher. — Saint-Aignan.
Loire-Inférieure. — Nantes.
Puy-de-Dôme. — Clermont-Ferrand.
Saône-et-Loire. — Chalon-sur-Saône.
Seine. — Paris.
Vaucluse. — L'Isle-sur-la-Sorgue.

Il convient de signaler ici tout particulièrement les facilités qu'offre Paris à ses enfants studieux, — dans le domaine industriel comme dans toutes les autres provinces de l'Enseignement général.

En première ligne doit être placée l'École municipale Diderot (60, Boulevard de la Villette, 20ᵉ arrondissement). Un mot seulement : c'est une véritable petite école moderne d'Arts et Métiers.

Puis viennent les Écoles professionnelles, primaires supérieures : Turgot (69, Rue Turbigo, 3ᵉ arrondissement) ; Lavoisier (19, Rue Denfert-Rochereau, 5ᵉ arrondissement) ; Colbert (27, Rue Château-Landon, 10ᵉ arrondissement) ; Arago (4, Place de la Nation, 12ᵉ arrondissement) ; J.-B. Say, 11, Rue d'Auteuil, 16ᵉ arrondissement).

Sans compter d'autres écoles professionnelles spéciales : Boulle (arts et industries du mobilier) ; Estienne (Arts et industries du livre), etc. ; et les très nombreux Cours du soir gratuits.

IV. — ÉCOLES PRATIQUES DE COMMERCE ET D'INDUSTRIE

Pour y être admis, on doit réunir les conditions d'âge ci-dessus mentionnées à propos des écoles analogues, primaires supérieures professionnelles, qu'elles tendent manifestement à remplacer.

Bien que leurs programmes d'enseignement soient assez élastiques, on peut les figurer ainsi :

Matières enseignées	Heures par semaine		
	1ʳᵉ année	2ᵉ année	3ᵉ année
I. *Enseignement général*			
Langue française	3	3	1 1/2
Histoire et géographie	3	3	0
Histoire naturelle	0	1 1/2	1 1/2
Arithmétique	1 1/2	1 1/2	1 1/2
Physique et Chimie	1 1/2	3	1 1/2
Comptabilité	0	0	1 1/2
II. *Enseignement industriel*			
Géométrie	1 1/2	1 1/2	1 1/2
Mécanique	0	0	1 1/2
Dessin	6	6	6
Economie industrielle . . .	0	0	1 1/2
Atelier	30	30	33
III. *Etudes*	9	9	9
Totaux des heures par semaine. .	55 1/2	58 1/2	60

On verra plus loin quelle peut être l'utilité du certificat d'études pratiques industrielles, notamment pour les examens d'admission aux Ecoles d'Arts et Métiers.

Voici la liste de ces principales écoles pratiques : -

Corrèze. — Brive-la-Gaillarde.

Doubs. — Montbéliard.

Drôme. — Romans.

Finistère. — Brest.

Gard. — Nîmes.

Hérault. — Béziers.

Ille-et-Vilaine. — Rennes.

Isère. — Grenoble, Pont-de-Beauvoisin.

Jura. — Morez.

Loire. — Firminy, Saint-Chamond, Saint-Etienne.

Haute-Loire. — Saint-Didier-la-Séauve.

Lot-et-Garonne. — Agen.

Marne. — Reims.

Nord. — Fourmies, Lille.

Pas-de-Calais. — Boulogne-sur-Mer.

Sarthe. — Le Mans.

Loire-Inférieure. — Elbeuf, Le Havre, Rouen.

Tarn. — Mazamet.

Haute-Vienne. — Limoges.

V. — ÉCOLES PROFESSIONNELLES, PUBLIQUES OU PRIVÉES, NON CLASSÉES

Ce que nous avons dit au premier paragraphe, sur le choix d'une école préparatoire, peut s'appliquer notamment aux Écoles professionnelles libres. Sans y revenir ici, nous engageons nos lecteurs à bien se pénétrer de l'esprit de nos remarques qui vise dans son essence à l'avenir des futurs techniciens.

Au reste, voici les noms de quelques-unes de ces écoles :

Aisne. — Saint-Quentin (Ecole professionnelle régionale).

Bouches-du-Rhône. — Aix (Ecole professionnelle Dombre; Ecole professionnelle Mathieu).

Gironde. — Bordeaux (Institution Joulia).

Loire-Inférieure. — Saint-Nazaire (Section industrielle, annexe du Collège).

Maine-et-Loire. — Angers (Ecole municipale Chevrollier); Saumur (Ecole industrielle).

Marne. — Reims (Ecole Saint-Jean-Baptiste de la Salle).

Haute-Marne. — Joinville (Ecole primaire supérieure, professionnelle).

Meurthe-et-Moselle. — Longwy (Ecole industrielle, annexe du Collège).

Nièvre. — Nevers (Ecole professionnelle Saint-Louis).

Nord. — Douai (Ecole primaire supérieure, professionnelle); Fourmies (Ecole primaire supérieure, professionnelle); Haubourdin (Ecole primaire supérieure, professionnelle); Lille (Institut catholique des Arts et Métiers).

Orne. — Flers (Ecole industrielle).

Rhône. — Lyon (Ecole La Martinière).

Seine. — Asnières (Institut commercial et industriel); Choisy-le-Roi (Ecole professionnelle Hanley); Versailles (Ecole professionnelle, industrielle et commerciale Bertron).

Seine-Inférieure. — Montvilliers (Ecole primaire supérieure, professionnelle); Rouen (Ecole primaire supérieure).

Seine-et-Oise. — Versailles (Ecole professionnelle, industrielle et commerciale).

Somme. — Amiens (Ecole d'apprentissage).

Var. — La Seyne (Ecole primaire supérieure, professionnelle). Toulon (Ecole primaire supérieure Rouvière).

Vaucluse. — Valréas (Ecole primaire supérieure, professionnelle).

Vosges. — Epinal (Ecole industrielle des Vosges).

Yonne. — Bléneau (Ecole primaire supérieure, professionnelle); Saint-Fargeau (Ecole primaire supérieure, professionnelle).

VI. — ECOLES NATIONALES PROFESSIONNELLES

Ces Ecoles sont actuellement au nombre de quatre (Vierzon, Voiron, Armentières et Nantes); leur enseignement est identique en principe.

Mais voici les renseignements qu'a bien voulu joindre à son aimable lettre, M. le Directeur de l'Ecole nationale de Vierzon.

Historique de l'école.

L'Ecole Nationale professionnelle de Vierzon a été créée par un décret en date du 9 juillet 1881. Elle reçut ses premiers élèves le 1er octobre 1887.

Sa construction a coûté un peu moins de trois millions. Rien n'a été négligé pour rendre son aménagement confortable, pour que le matériel d'enseignement y soit au complet, pour que les plus récents progrès de la pédagogie moderne y soient réalisés. On a voulu que cette Ecole fût, en son genre, une école modèle : « Elle servira de type, dit le décret de fondation, aux établissements de même nature qui pourraient être créés. »

Grâce aux efforts d'un personnel aussi dévoué que capable, l'Ecole a atteint très rapidement un haut degré de prospérité et sa réputation, on peut le dire, s'étend aujourd'hui dans la France entière.

But de l'école.

L'Ecole Nationale a pour objet, en premier lieu, de fournir aux diverses industries de la région des sujets intelligents et instruits. Aujourd'hui que toutes les avenues des carrières administratives sont encombrées et que les emplois sont aussi rares que les candidats nombreux, on conviendra qu'elle a, plus que jamais, sa raison d'être.

Elle a encore pour objet de préparer les élèves aux Ecoles professionnelles d'un ordre plus élevé, telles que les Ecoles des Arts et Métiers et celles des Apprentis Mécaniciens de la Marine.

Le programme de l'Ecole est à la fois théorique et pratique.

D'une part, les élèves acquièrent les connaissances scientifiques qui leur permettront de comprendre l'organisation du travail moderne et d'en appliquer avec intelligence les méthodes et les procédés. La place d'honneur dans l'emploi du temps appartient au dessin industriel, à la technologie, à la mécanique, et, d'une façon plus générale, aux mathématiques.

D'autre part, les élèves sont initiés à la vie active des usines et des manufactures et dirigés en vue d'une profession librement choisie par eux.

Sous la conduite de chefs d'atelier et de contremaîtres expérimentés, ils sont soumis à un apprentissage méthodique et rationnel qui en fait des ajusteurs-tourneurs, des forgerons, des modeleurs, des menuisiers, des monteurs-mécaniciens, des monteurs-électriciens, des dessinateurs, etc. A cet effet, l'Ecole possède de vastes ateliers, bien outillés, que nous décrirons ci-après.

En présence de l'orientation nettement scientifique et pratique des études, il ne faudrait pas croire que l'instruction générale et tout spécialement la culture littéraire soient négligées. Une preuve suffira pour établir le contraire : l'enseignement des lettres (grammaire, style, littérature, histoire et géographie) comprend 12 heures en 1re année et 9 heures en 2e année.

Qu'on nous entende donc bien : le but de l'Ecole de Vierzon n'est pas uniquement de former des ouvriers ou de préparer des candidats à certains concours. Il est plus élevé et plus étendu. Nous voulons que ces ouvriers ou ces candidats soient capables de s'élever au-dessus des choses de leur profession ou de leur métier, qu'ils aient un esprit assoupli et cultivé, qu'ils aient des goûts quelque peu distingués, qu'ils puissent tenir une place honorable dans une société, en un mot, qu'ils soient à la fois des hommes instruits et bien élevés.

On dira peut-être que les travaux manuels auxquels se livrent les élèves doivent nuire à leur instruction. Mais c'est précisément le contraire qui est la vérité. L'alternance de l'effort physique et de l'effort mental produit les meilleurs effets aussi bien sur la vigueur de l'esprit que sur le développement corporel.

L'élève, au sortir des classes, est heureux de prendre de l'exercice aux ateliers; il y repose son esprit, s'il y fatigue ses muscles. Bientôt, son attention ayant repris des forces, il retourne gaîment en étude pour y écouter des leçons ou pour y faire des devoirs. L'aide réciproque que se prêtent ainsi la classe et l'atelier peut seule expliquer l'énorme somme de travail que fournissent nos élèves sans nuire à leur santé.

Education et discipline.

L'éducation des élèves est l'objet d'une attention soutenue et de tous les instants. Le Directeur s'y consacre tout spécialement. Il est secondé par un Surveillant Général et par un personnel de maîtres internes pourvus de grades universitaires et ayant l'habitude de diriger des jeunes gens.

La discipline est bienveillante et s'inspire des procédés de la famille. Directeur, professeurs et maîtres, en faisant appel à la raison et au cœur des enfants, s'efforcent d'enraciner en eux les habitudes d'ordre, de bonne tenue, de sincérité, de droiture, d'obéissance et de respect de soi que leurs parents leur ont inculquées.

Mais cette bienveillance n'exclut ni la vigilance, ni la fermeté. Tout maître sait que des enfants de 13 à 17 ans ont besoin d'être surveillés de près, et qu'on ne peut leur accorder qu'une confiance des plus limitées. Le règlement donne au Directeur et au Conseil de discipline les moyens de répression nécessaires, et, d'une façon générale, on n'hésite pas à éliminer tout élève qui donne le mauvais exemple et sur lequel les avertissements et les réprimandes sont sans effet.

Enseignement professionnel.

L'instruction professionnelle est confiée à un ingénieur chef des travaux, assisté de deux sous-chefs d'atelier et de huit contremaîtres.

L'Ecole possède de vastes ateliers pourvus des machines les plus modernes et de l'outillage le plus perfectionné.

La superficie de ces ateliers est de 1.482 mètres carrés. Ils sont au nombre de trois, savoir :

1° Un atelier d'ajustage d'une superficie de 600 mètres carrés. Il renferme 90 étaux, 6 machines à percer, 14 tours parallèles, 6 tours à crochet, 2 raboteuses, 3 étaux-limeurs, 3 fraiseuses, 1 mortaiseuse, 1 machine à tailler les fraises et les engrenages, etc.

2° Un atelier de forge d'une superficie de 282 mètres carrés. Il comprend 12 forges à ventilateur, un marteau-pilon, une cisailleuse-poinçonneuse, etc.

3° Un atelier de menuiserie et de modelage d'une superficie de 600 mètres carrés. Il renferme 46 établis avec l'outillage nécessaire, 1 scie à ruban, 8 tours au moteur, 1 fort tour à modèles, 1 dégauchisseuse, 1 toupie, 1 mortaiseuse, 1 scie alternative, etc.

Pendant la première année, on fait passer successivement les élèves des ateliers du bois à ceux du fer, afin de rechercher pratiquement leur aptitude.

Pendant leurs deux ou trois dernières années, ils ne quittent plus la spécialité qu'ils ont choisie. Toutefois, quand le nombre des demandes pour une spécialité est supérieur au nombre des places vacantes, celles-ci sont attribuées aux élèves les plus méritants.

La force motrice est produite par une Corliss de 45 chevaux, placée dans un bâtiment spécial situé entre les deux ateliers d'ajustage et de menuiserie.

Cette machine entraîne également les deux dynamos qui fournissent à l'Ecole son éclairage (300 lampes à incandescence et 12 lampes à arc) ; c'est elle enfin qui va puiser l'eau à 33 mètres de profondeur et l'élève jusqu'au château d'eau d'où elle se distribue dans tout l'établissement.

Une vaste salle de l'établissement, transformée en musée, contient une exposition permanente des travaux des élèves.

Le directeur accorde la permission de la visiter aux personnes qui lui en font la demande.

Organisation de l'enseignement.

La durée normale des études est de quatre années. Elle n'est que de trois ans pour les élèves qui se destinent à d'autres écoles techniques.

Nul n'est admis à passer d'une division dans la division supérieure, s'il n'en a été reconnu digne par son travail et sa conduite durant l'année écoulée. « Le Conseil des Professeurs. dit le Règlement, arrête, en fin d'année scolaire, la liste des élèves admis à passer dans une division supérieure. Les autres élèves redoublent leur année d'études, ou, s'il y a lieu, sont rendus à leurs familles. »

Les deux premières années sont consacrées à consolider et à étendre l'instruction générale des élèves en même temps qu'à commencer leur apprentissage industriel. On n'y admet aucune spécialisation, si ce n'est à l'atelier et à partir seulement de la deuxième année. En d'autres termes, au point de vue de l'instruction générale, tous les élèves, durant les deux premières années, suivent les mêmes cours, reçoivent les mêmes leçons, font les mêmes devoirs ; aucune distinction n'est faite entre eux.

Au début de la troisième année, les élèves se répartissent en deux sections bien distinctes, l'une dite *section normale*, l'autre dite *section spéciale*. Nous allons étudier successivement l'une et l'autre.

1º *Section Normale* — (*Deux années d'études*). — Dans la section normale se trouvent les élèves qui, au sortir de l'École, se proposent d'entrer immédiatement dans l'industrie pour y gagner leur vie et s'y créer une situation. En d'autres termes, elle est composée de ceux qui ne désirent pas continuer leurs études dans des établissements d'un ordre plus élevé.

Jusqu'en 1902, les études de ces élèves ne duraient qu'une

année. Depuis, on les a notablement renforcées et élevées, et on a dû les répartir sur deux années, la troisième et la quatrième.

Elles embrassent les mathématiques élémentaires (algèbre et logarithmes, géométrie, trigonométrie, géométrie descriptive) et leurs applications, la comptabilité, la mécanique et la technologie, la chimie et la physique. Elles comprennent notamment un cours très sérieux d'électricité industrielle.

D'un autre côté, les deux années d'études normales sont organisées de manière à préparer spécialement et directement les élèves à la vie industrielle. Aussi l'apprentissage, sous la forme de travaux d'atelier et de dessin, y joue-t-il un grand rôle. A cet égard, l'Ecole de Vierzon tient à honneur de n'être devancée par aucune autre école technique.

Pour compléter leur préparation pratique, les élèves sont instruits dans la construction et la conduite des différents moteurs employés dans l'industrie ; et, sous la conduite de leurs professeurs, ils visitent les établissements industriels de la localité et des villes voisines : Châteauroux, Montluçon, Commentry, Fourchambault, Imphy, Le Creusot, Guérigny, etc.

D'après ces quelques données, il est aisé de se rendre compte de la valeur professionnelle des élèves sortis de l'Ecole de Vierzon. Loin de nous la pensée de l'exagérer ; mais c'est rester dans la vérité que de la comparer à celle des élèves sortis, il y a quelques années, des écoles d'arts et métiers.

A la fin de leur quatrième année, les élèves subissent un examen, dit de *fin d'études*, qui, sous certaines conditions, leur donne droit à un *Diplôme* qui leur est officiellement délivré par M. le Ministre du Commerce et de l'Industrie et qui leur confère le titre d'*Elève Breveté des Ecoles Nationales Professionnelles.*

Ce n'est pas tout. Au moment de leur sortie, alors qu'ils sont munis de ce diplôme, l'Ecole ne les abandonne pas à

eux-mêmes. Le Directeur, secondé par le Comité de Patronage, s'occupe activement de leur trouver un emploi. On
peut dire que, depuis plusieurs années, aucun élève, ayant
fait ses preuves de capacité, n'est sorti de l'Ecole sans avoir
été mis à même de gagner avantageusement sa vie.

Nous ferons remarquer toutefois, et en y insistant, que le
Directeur et le Comité de Patronage ne s'occupent que des
élèves ayant obtenu à leur sortie le diplôme de fin d'études.
On comprend qu'ils ne veuillent et qu'ils ne puissent recommander que des élèves capables ; c'est le seul moyen de gagner de plus en plus la confiance des chefs d'industrie. A
tous les élèves qui n'auraient pu l'obtenir, nous conseillons
donc vivement le redoublement de leur quatrième année
d'études ; ils n'auront pas à s'en repentir dans la suite.

Dès maintenant, beaucoup d'établissements industriels
comptent dans leur personnel un certain nombre d'élèves de
l'Ecole de Vierzon. Ils ont débuté le plus souvent comme
ouvriers ou comme dessinateurs. Ils se sont familiarisés peu
à peu avec la vie active des usines ; grâce à leur instruction
générale et à leurs connaissances techniques, ils n'ont pas
tardé à se distinguer dans la masse des ouvriers. Aujourd'hui
ils sont, malgré leur jeunesse, chefs de chantier, contremaîtres, chefs de bureau d'études, directeurs d'usines, etc.
Qu'on consulte à ce sujet l'*Annuaire* que publie chaque
année la *Société des Anciens Elèves* ; la liste des situations
occupées par les sociétaires est une preuve éloquente et dé-
cisive de ce fait que les études normales à l'Ecole de Vierzon
forment des jeunes gens capables d'arriver à de belles situations dans l'industrie.

2° *Section Spéciale* — (*Une année d'études, sauf le cas de
redoublement*). — Dans la section spéciale se trouvent les
élèves qui se proposent de concourir pour l'entrée aux écoles
professionnelles d'ordre plus élevé que nous avons citées :
écoles d'arts et métiers, cours des apprentis mécaniciens de
la marine, instituts industriels, écoles de chimie, etc.

Ces élèves reçoivent un enseignement exactement calculé d'après les programmes des examens qu'ils ont à subir.

La durée de leurs études n'est que d'une année. Ceux qui échouent dans les concours peuvent être autorisés à redoubler, si leur conduite a été satisfaisante.

La préparation de ces élèves est telle, que l'Ecole de Vierzon a fait recevoir jusqu'ici plus des trois quarts des candidats qu'elle a présentés. En 1901, dans les trente premiers élèves reçus à l'Ecole d'Angers, il y en avait onze de l'Ecole de Vierzon, dont les deux premiers.

Au reste, et pour ne pas insister davantage, voici un tableau qui résume les succès de l'Ecole depuis sa fondation.

Succès de l'Ecole dans les concours

Années	Ecoles d'Arts et Métiers			Apprentis élèves mécaniciens de la Marine		
	Présentés	Reçus	%	Présentés	Reçus	%
1888	2	1	50	»	»	»
1889	4	3	75	3	3	100
1890	13	11	84	6	6	100
1891	11	9	82	2	1	50
1892	23	8	61	2	2	100
1893	14	9	63	3	2	66
1894	11	7	64	14	11	78
1895	17	7	41	7	5	71
1896	16	9	56	9	7	77
1897	24	13	55	6	3	50
1898	36	26	72	8	6	75
1899	32	19	59	7	6	85
1900	34	21	61	4	3	75
1901	20	11	55	5	3	60
1902	30	18	60	5	3	60

Qu'il nous soit permis de rassurer les familles que certains bruits perfidement répandus ont pu émouvoir. On a dit que l'Ecole de Vierzon ne préparerait plus aux écoles des arts et métiers et des mécaniciens de la marine. C'est une erreur. *L'Ecole de Vierzon continuera cette préparation comme par le passé, et elle fera en sorte que ses succès dans l'avenir répondent à ceux qu'elle a enregistrés jusqu'ici.*

Ses élèves auront même *cette faveur* d'être dispensés de produire le certificat d'études primaires supérieures exigé des autres candidats. Pour eux, ce certificat sera remplacé par un autre qui leur sera délivré, par une commission de leurs professeurs, après examen spécial subi à l'Ecole (art. 9 du décret du 13 février 1903).

Texte des sujets de composition
donnés au concours d'admission de 1902.

ORTHOGRAPHE ET GRAMMAIRE

Durée de l'épreuve, 1 heure 1/4 : de 10 heures 30 à 11 heures 45.

I. — Dictée.

LE VIGNERON FRANÇAIS. — Le vigneron est vigoureux, laborieux et tenace. Le vigneron est toujours en peine. Il est penché vers la terre. Le sol exerce sur lui une attraction si forte qu'il s'incline pour le saisir de plus près et que son corps en reste courbé. Il n'y a que le vigneron français que l'on voie ainsi plié en deux, dans sa vieillesse, par le travail de la houe. Il est, plus encore que l'herbager, propriétaire et petit propriétaire, car la terre de vigne coûte cher et le labeur est constant. Il est donc étroitement attaché au sol, car il l'aime plus pour le travail que pour la possession. Il tient plus à la vigne qu'au pays. Qu'on lui donne quelque part, en Algérie, ou en Tunisie, un coteau bien exposé, et le voilà parti : il s'attache à ce nouveau sol comme un cep transplanté.

Le vin qu'il boit lui donne de la gaieté, de la finesse, de l'œil, comme on dit, et de l'ouverture d'idée. Le pampre fleurit sur son visage. Le vigneron de Touraine, d'Anjou et de Poitou est toujours du pays de Rabelais. Le Bourguignon est de belle humeur, beau diseur, parfois éloquent. Tout cela fait un fond excellent ; et ces petits vignerons sont de la race de ces fantassins bien guêtrés, bien ficelés, secs et hâlés sous le shako, qui, d'un pas court et vif, ont fait le tour de l'Europe. Qui dira la grande misère qu'il y eut, en France, quand la vigne fut frappée? Nos maux viennent de là ; et c'est d'avoir su y porter remède que nous viendra, peut-être, la guérison.

G. HANOTAUX.

II. — Questions de Grammaire.

1° Analyser grammaticalement chacun des mots de la phrase suivante : *Il tient plus à la vigne qu'au pays.*

2° Conjuguer le verbe *plier* aux trois temps suivants :

a) *Imparfait, mode indicatif, voix active ;*

b) *Présent, mode conditionnel, voix passive ;*

c) *Imparfait, mode subjonctif, voix pronominale.*

3° Donner le sens du mot *herbager*. Énumérer les mots de la même famille en les définissant et, au besoin, en citant des exemples de leur emploi.

N. B. — Le texte sera lu, puis dicté et enfin relu. — La ponctuation ne sera pas dictée, sauf les points de la fin des phrases. — On ne devra rien écrire au tableau ni rien épeler.

COMPOSITION FRANÇAISE

Durée de l'épreuve : 1 heure et demie ; de 8 heures à 9 heures et demie.

SUJET. — Un enfant de votre âge rêvait qu'il était homme et qu'il était riche. Jouet de son imagination, il voyait son habitation, ses occupations, le bien qu'il faisait autour de lui... Puis son rêve s'envola et il revint au sentiment de la réalité.

Mettez-vous à sa place et décrivez vos conceptions et vos impressions.

N.-B. — Le texte ci-dessus sera dicté posément et écrit au tableau noir.

ÉCRITURE

Durée de l'épreuve : 45 minutes ; de 9 heures 30 à 10 heures 15.

TEXTE. — La paresse produit l'ignorance, l'inconduite et la misère ; elle laisse les champs en friche, les ateliers vides, les fermes, les villages et les villes sans bien-être, sans industrie, sans moralité.

Le texte ci-dessus sera dicté aux candidats, puis écrit au tableau noir.

Les candidats auront à le reproduire autant de fois que de besoin dans une page contenant :

2 lignes de grosse cursive à 8 $^{m/m}$ environ ;
4 lignes de moyenne cursive à 5 $^{m/m}$ environ ;
et 6 lignes de fine cursive.

HISTOIRE ET GÉOGRAPHIE

Durée de l'épreuve, 1 heure 1/2 : de 4 heures à 5 heures 1/2

I. — HISTOIRE. — Le Consulat. Comment a-t-il été amené et organisé? Quelle a été sa durée? Quelle a été son œuvre, tant à l'intérieur qu'à l'extérieur?

II. — GÉOGRAPHIE. — Que savez-vous sur chacune des villes suivantes : Nancy, Besançon, Nice, Lorient et Cette?

N.-B. — Pour faciliter la correction, la question d'histoire et la question de géographie devront être rédigées sur des feuilles distinctes.

ARITHMÉTIQUE

Durée de l'épreuve, 2 heures : de 2 à 4 heures.

I. — Un négociant vend une pièce d'étoffe dans les conditions suivantes :

1° les $\frac{2}{7}$ de la pièce à 2 fr. 45 le mètre ;

2° le tiers du reste à 2 fr. 80 le mètre ;

3° enfin ce qui reste à 2 fr. 10 le mètre ;

Sachant que ce dernier coupon était de 16 mètres et que le négociant a fait, dans l'ensemble de ces ventes, un bénéfice de 12 o/o sur le prix d'achat, on demande quel était son prix d'acquisition total.

II. — On emploie dans un atelier 36 ouvriers, hommes, femmes et enfants. Le nombre des hommes est double de celui des femmes, et celui-ci est les $\frac{5}{3}$ du nombre des enfants.

La journée d'un homme vaut 1 fr. 75 de plus que celle d'une femme et 3 fr. 25 de plus que celle d'un enfant. Le salaire total pour 6 journées de travail de ces 36 ouvriers s'élevant à 750 francs, on demande :

1° le nombre des ouvriers de chaque catégorie ;

2° le prix de la journée pour chaque sorte d'ouvriers.

N.-B. — Les problèmes ci-dessus seront lus, dictés, puis relus à haute voix.

Les nombres qu'ils renferment seront écrits très lisiblement au tableau noir.

On recommandera expressément aux candidats de reproduire, en marge de leur travail, toutes leurs opérations de calcul. Ils seront avertis que leurs notes seront abaissées s'ils n'observent pas cette prescription.

Par arrêté en date du 26 courant, l'art. 3 de l'arrêté du 28 décembre 1900, déterminant les conditions d'admission dans les Écoles nationales professionnelles, est modifié ainsi qu'il suit :

« Nul n'est admis à concourir, s'il n'est Français et s'il ne justifie qu'il aura eu *douze* ans au moins et *quinze* ans au plus au 1er *Octobre* de l'année du Concours. Aucune dispense d'âge ne peut être accordée.

CHAPITRE II

—

ARTS ET MÉTIERS
ARTS ET MANUFACTURES

—

ARTS ET MÉTIERS

Ecoles impériales ou royales.

La genèse des Ecoles d'Arts et Métiers est intimement liée à celle des arts mécaniques en général. Non pas que la création de la première Ecole La Rochefoucault suive de près l'invention du Principe de la machine à vapeur (Héron d'Alexandrie, IIe siècle N. J.-C., a décrit un appareil à vapeur qu'il dénommait *éolipyle à réaction*) ; mais elle concorde avec les perfectionnements sérieux qu'apporta Watt aux machines de Papin, de Smeaton, de Newcomen, grâce à ses découvertes sur la détente de la vapeur, les enveloppes des cylindres et divers régulateurs ou autres appareils fort utiles quoique secondaires. Et nous pouvons dire que, dès la deuxième moitié du XVIIIe siècle, puisque les Ecoles d'Arts et Métiers n'existaient pas encore, il fallait les créer !

Fiat lux ! La Rochefoucault dit : « Que l'Industrie progresse ! », — et il lança ses Ecoles.

A Liancourt, au sommet du magnifique point de vue d'où se déroule un vaste panorama aux verdoyants horizons, fut érigée l'Ecole dite de la *Montagne*. Le grand chef de famille y éleva, à ses frais, un premier noyau de vingt orphelins. C'était en 1788.

Trois ans après, on comptait une centaine d'élèves, et leurs professeurs, des sous-officiers, sortaient du régiment de dragons alors commandé par le duc. Les maîtres-ouvriers de ce même régiment vinrent enseigner : l'armurerie, la cordonnerie, la coupe des vêtements, etc.

Après avoir échappé au naufrage sous le souffle révolutionnaire, insensiblement, de transformation en transformation, l'Ecole fut de plus en plus orientée vers la destinée industrielle ; et lorsque, en janvier 1799, le duc put reprendre possession du seul domaine que lui avait conservé le partage des biens nationaux, il reconnut que l'emplacement assigné par la République ne répondait pas encore aux « exigences du service ». Il proposa alors les vastes locaux du château de Compiègne, et sa proposition fut ratifiée.

Fusionnant avec l'Ecole des tambours de Versailles, la nouvelle institution reçut le titre flatteur de *Prytanée français*, établissement essentiellement destiné (arrêté ministériel du 13 thermidor an IX) à fournir une éducation gratuite aux enfants des militaires tués au champ d'honneur, et des fonctionnaires civils, victimes de leurs fonctions. Le collège de Compiègne n'était d'ailleurs que le quatrième spécimen des institutions similaires de Paris, Saint-Cyr et Saint-Germain, et son orientation se tourna vers l'industrie. Sa première section, élémentaire, pourrait se comparer à nos Ecoles primaires d'aujourd'hui. La deuxième section devait avoir son niveau plus élevé ; elle fut d'ailleurs subdivisée en deux tronçons, et, suivant que les aspirants se destinaient aux arts mécaniques ou à la marine, ils apprenaient soit : orthographe, calcul, dessin, travaux manuels, etc.; soit : géographie, uranographie, astronomie, mathématiques, cartes marines, etc.

*
* *

A la suite d'une visite que fit le Premier Consul au Prytanée de Compiègne, il décréta (6 ventôse an XI — 25 février 1803, il y a plus d'un siècle), la création sur place de la *première École d'Arts et Métiers*, « destinée à former, dit le même général-consul, des sous-officiers pour l'Industrie », c'est-à-dire d'excellents contremaîtres pour les manufactures françaises. Ce décret réalisait dignement le rêve poursuivi par l'infatigable esprit de notre promoteur, le duc, qui fut nommé inspecteur général.

Peu après, Bonaparte, déjà consul à vie et dans l'anti-chambre de l'Empereur, désigna une commission spéciale (Monge, Berthollet, La Place, Costaz et Conté), chargée de lui soumettre un projet sur l'établissement, aux frais de l'Etat, de cette première Ecole d'Arts et Métiers.

Aux dépens du latin qui fut *complètement* supprimé (assu-rément à tort, cette suppression *complète* du latin), les cours de mathématiques et de dessin industriel s'accrurent considé-rablement ; et les murailles des premiers ateliers sortirent du sol. Bien qu'on visât surtout à la pratique de la fabrication des tissus, un certain nombre d'élèves furent exercés à la technique de métiers divers : forges, tours, ajustage, mo-dèles, menuiserie, charronnage, etc., sous la direction de maîtres habiles.

Il y eut aussi deux divisions qui subsistèrent jusqu'en 1808 : la division des *artistes*, la plus avancée ; puis celle des *com-mençants*. Et on admit une troisième catégorie d'enfants en bas-âge, la plupart orphelins de l'armée, et qu'on dénomma pittoresquement : *petits des femmes*, à cause des soins ma-ternels dont ils avaient encore besoin.

Entre temps, sur le rapport de la commission savante plus haut citée, un décret consulaire du 19 mars 1804 fondait la deuxième Ecole d'Arts et Métiers en Anjou, et Angers réunit les candidats de l'Ouest et du Centre.

Mais le princier domaine de Compiègne, aux poétiques dé-cors, ne devait pas longtemps subir le contact des ateliers noi-râtres. Après la première visite du consul Bonaparte, une nouvelle tournée de l'empereur Napoléon décida la restitution intégrale des magnifiques forêts, aux ébats de la Cour folâtre ; et, tambours battant, clairons sonnant, par le flanc droit et le pied gauche, on déambula vers Châlons-sur-Marne, dans les vieux bâtiments des couvents de Toussaint et de la Doctrine. Le décret porte la date du 5 septembre 1806.

Les nouveaux programmes, d'études théoriques plus élevées, comprirent alors des notions assez étendues de mécanique, de physique et de chimie qui, complétant le bagage scientifique déjà connu, permirent d'espérer, non plus seulement des ouvriers habiles, mais des contremaîtres instruits, voire même, par la suite — le travail aidant — des ingénieurs-directeurs réellement capables.

L'Ecole de la Champagne était la mieux partagée sous le rapport des études théoriques et pratiques. Celle de l'Anjou, alors logée dans le vieux collège de Beaupréau, ne comptait qu'un noyau de jeunes intelligences, que vinrent compléter et encadrer une soixantaine d'élèves de Châlons. Longtemps, l'Ecole de Beaupréau fut négligée, comme niveau d'instruction générale, surtout sous le rapport des ateliers non pourvus d'outillage. Et puis, les élèves cocardiers étaient détestés des populations royalistes dont ils choquaient les traditions, — à tel point qu'ils durent se défendre, aux Cent Jours, contre des bandes vendéennes.

Tous ces faits amenèrent la translation à Angers (fin mars 1815), dans les bâtiments de l'ancien couvent du Ronceray.

Peu de temps après, Châlons traversait une autre crise. Les élèves furent des plus remarqués sur les murs de la ville et sous les ailes déchiquetées du lamentable moulin Picot, repoussant les hordes de l'invasion étrangère...

*
* *

Enfin, Thiers vint, qui fit rendre l'ordonnance de septembre 1832, et on put lire en tête des nouveaux règlements :

Le régime des écoles est purement civil..

Les élèves n'eurent plus des galons, mais des abeilles distinctives ; ils ne furent plus *sergents* ou *caporaux*, mais *élèves-chefs* ou *élèves sous-chefs*. Quoique puérils en eux-mêmes, ces détails précisent pourtant l'esprit sain qui donnait une impulsion régénératrice à nos Ecoles. Mais rien n'est parfait, et le nouvel accoutrement devint même si bizarre, si lugubrement cocasse que les élèves ne purent résister à la joie terne de se baptiser : *croque-morts.*

Les réformes dans les programmes furent plus sérieuses et surtout plus utiles, en ouvrant le champ vaste aux fécondes idées de progrès. Quelques anciens élèves se virent appelés à insuffler la rénovation intellectuelle et manuelle, les uns comme professeurs théoriques, les autres comme chefs d'ateliers pratiques, en visant à la concentration de ces mêmes ateliers qui, en réalité, commandent à tous les arts mécaniques, — de même que le volant ou l'arbre principal qui supporte toute la puissance du moteur fait ses tributaires tous les arbres secondaires qu'il actionne successivement...

Jusqu'à cette époque (1832) on n'avait guère pensé qu'aux services relevant de l'architecture : agrandissements des études, des dortoirs, des cours, des magasins ; construction d'infirmeries, de musées, de jardins, etc., soucis fort louables en un sens ; mais quand tout cela fut exécuté, on s'aperçut, un peu tard, qu'on avait oublié... les ateliers et leur outillage !

Malgré ces imperfections notoires, les résultats s'affirmèrent tels, le besoin de chefs de travaux capables devint si urgent par toute la France industrielle, une dizaine d'années après cette période, que le ministre du Commerce d'alors, Cunin-Gridaine, fit décréter la création en principe d'une troisième Ecole d'Arts et Métiers dans la région méridionale. Et l'influent M. Thiers désigna sa ville natale, Aix (dite *Plassans*) pour l'emplacement à affecter à la nouvelle pépinière.

«... C'est là, estimait le ministre, une vaste et noble carrière qui s'ouvre pour la génération actuelle. Puisse-t-elle comprendre l'avenir qui se prépare pour elle, et se porter avec ardeur vers les études spéciales qui doivent l'associer aux conquêtes du génie moderne. »

Dans ces prophétiques paroles se condense la synthèse de la destinée de nos Ecoles. On pourrait les faire suivre de la flatteuse appréciation suivante, émanant, à la même époque (1843) des constructeurs et ingénieurs de France les plus éminents, consultés sur l'utilité des usines à gadz'arts. Textuellement :

« Les Ecoles d'Arts et Métiers ont une utilité tellement incontestable que, *si elles n'existaient pas, il faudrait les inventer*.

» Une foule d'emplois dans les chemins de fer et dans les grands ateliers ne sauraient être occupés aussi convenablement que par les Anciens élèves d'Arts et Métiers.

» Enfin, si, par impossible, les Ecoles venaient à être supprimées, *l'industrie nationale recevrait un contre-coup fâcheux*, qu'il serait alors trop tard de constater. »

Ecoles nationales

Mais. le tonnerre gronde, se répercute lugubrement aux flancs des montagnes de nos frontières d'Est... C'est hélas ! le pas de charge des lourds Teutons sur nos verdoyants coteaux lorrains, abreuvés de sang français. Nombreux furent les gadz'arts qui, soit comme simples soldats, soit comme sous-officiers ou officiers, périrent glorieusement sur le front, face à l'ennemi ! Et plus nombreux encore se comptent ceux qui se distinguèrent directement ou se rendirent utiles indirectement au cours des années terribles.

En août 1873, le programme des Ecoles d'Arts et Métiers fut augmenté et réparti en trois années bien tranchées :

1re *Année* (3e *Division*). Arithmétique, éléments d'algèbre, géométrie descriptive, dessin d'ornement, et lavis, grammaire, écriture.

2e *Année* (2e *Division*). Algèbre, géométrie, trigonométrie, topographie, géométrie descriptive, cinématique ou mécanique géométrique, dessin au trait de machines et d'épures, grammaire, écriture et comptabilité.

3° *Année* (1re *Division*). Mécanique, physique, chimie, dessin au trait et au lavis et démonstration de machines, langue française et géographie.

Constatons-le une fois de plus ici, malgré sa terrible débâcle de l'Année Épouvantable, la France s'était progressivement ressaisie, secouée, et avait repris sa triomphale marche en avant. Le Commerce et l'Industrie, en dix années de sève nouvelle, se trouvaient développés d'une façon vraiment remarquable ; et ces considérations, jointes à d'autres, toutes de premier ordre, militaient en faveur de la création d'une nouvelle École d'Arts et Métiers.

Et l'établissement de la quatrième École fut voté par les Chambres (novembre 1880). Le choix désigna Lille.

Et les idées de Progrès florissaient toujours. L'année 1885 marque une date dans l'histoire de ces Écoles, une date importante qui, en couronnant les persévérants efforts de nombreux et éminents anciens élèves directeurs à titres divers de leur Association amicale, tranche pour ainsi dire en deux, par un large palier, la progression ascendante des perfectionnements successivement apportés aux programmes de l'enseignement intérieur.

Comme l'exposait magistralement le célèbre rapporteur de la Commission permanente du Conseil supérieur de l'enseignement technique, M. de Comberousse : « l'introduction de ces matières dans les nouveaux Programmes permettra d'améliorer l'enseignement de la Mécanique dans une mesure considérable, en dégageant les anciennes leçons des démonstrations pesantes et d'une longueur fastidieuse qui ne font que déguiser l'emploi beaucoup plus rapide et plus satisfaisant des dérivées. Ainsi, la Mécanique pourra désormais être traitée dans les Écoles d'Arts et Métiers d'après le même esprit que celui qui prévaut aujourd'hui dans toutes les Écoles supérieures ».

De son côté, le savant et regretté M. Deligne, directeur
de l'Ecole d'Aix à l'époque de cette précieuse innovation,
termine ainsi l'Avant-Propos de ses *Notions complémentaires
de Mathématiques* (1887) :

« Notre ouvrage n'est pas seulement destiné aux jeunes
gens qui se trouvent actuellement sur les bancs des Ecoles
d'Arts et Métiers. Il est appelé à rendre encore, nous l'espérons du moins, un réel service aux anciens élèves de ces établissements. Constamment sollicités à étendre le cercle de
leurs connaissances techniques par les besoins nouveaux que
créent les besoins incessants de la science, et plus encore
par le goût de l'étude qui les caractérise en général, ils pourront, dans leurs heures de loisir, s'initier rapidement aux
procédés de l'Analyse, par la lecture de ce Traité, dégagé de
toutes les complications et longueurs qui existent dans les
grandes publications n'ayant pas cette destination spéciale.
Ainsi ils acquerront les moyens d'aborder sans difficulté les
Ouvrages de Mécanique d'un ordre supérieur et pourront,
comme leurs plus jeunes camarades mieux favorisés, bénéficier d'une des heureuses innovations dont les Ecoles nationales d'Arts et Métiers sont, pour une très large part, rede-
vables à la haute et habile initiative de M. Jacquemart,
inspecteur général de l'enseignement technique. »

Voilà donc nos gadz'arts, dès 1885, à même de s'assimiler, mathématiquement parlant, « l'esprit qui prévaut aujourd'hui dans toutes les Ecoles supérieures ». Cela ne corro-
bore-t-il pas exactement ce que souhaitaient les Anciens
élèves de la Commission de 1881, tendant à « faire de nos
Ecoles d'Arts et Métiers les véritables Ecoles supérieures des
facultés du travail technique, le troisième degré de l'enseignement professionnel »...

*
* *

A la suite de notre demande de renseignements, M. le Directeur Ricard (Angers, 1880) voulut bien nous répondre que

« l'Ecole nationale de Cluny fut créée par décret en date du 25 juillet 1891, avec la mission de former des ouvriers d'élite, aptes à devenir contremaîtres dans les industries des métaux et des bois, but qui avait été celui des Ecoles nationales d'Arts et Métiers à leur origine. L'Ecole de Cluny était donc intermédiaire entre les Ecoles professionnelles de Voiron, Vierzon, Armentières, etc., et les Ecoles actuelles d'Arts et Métiers. Les programmes des premières ayant été sensiblement augmentés, il n'y avait plus lieu de conserver une Ecole intermédiaire ; aussi l'Ecole de Cluny a-t-elle été décrétée Ecole nationale d'Arts et Métiers en juillet 1901... »

L'Ecole de Cluny, à l'instar des trois premières Ecoles d'Arts et Métiers, est abritée par des murs archaïques qui racontent d'eux-mêmes leur histoire rétrospective. Notre cinquième Ecole fut autrefois une célèbre abbaye de moines bénédictins dont la fondation remonte au x° siècle ; sa renommée s'étendait même en dehors de l'Europe. Au point de vue artistique, il est à regretter que l'ignorance (ignorance et cupidité, paraît-il) des aborigènes n'ait pas su conserver l'admirable église romane à cinq clochers, chef-d'œuvre que, seul, Saint-Pierre de Rome pouvait éclipser.

C'est là que l'infortuné Abeilard vint éteindre la tourmente de sa vie persécutée...

Enfin l'Ecole, ou plus exactement la future Ecole d'Arts et Métiers de Paris, très heureuse, n'a pas encore d'histoire. Sa création fut décidée en séance du 10 juillet 1901, au Conseil général de la Seine, avec cette particularité que le régime sera l'*externat* (comme à l'Ecole Centrale) et que la durée des études pourra être portée à quatre années.

Cette école sera édifiée sur un terrain de 20.000 mètres carrés, à prendre sur l'emplacement de l'abattoir de Villejuif, aujourd'hui désaffecté, et qui sera acquis à la Ville de Paris (près la place d'Italie, boulevard de l'Hôpital).

Rappelons encore, ici, que la récente décision du Conseil

général de la Seine fit l'objet d'antérieures propositions analogues dont la première remonte au 10 novembre 1871, et les
autres, au 11 novembre 1875 et au 27 novembre 1879. Il y
est dit, entre autres vérités, que « les élèves des Écoles d'Arts
et Métiers rendent les plus grands services à l'Industrie » ;
que « nulle part les élèves de ces écoles ne peuvent trouver,
comme à Paris, les notions pratiques qui font la base de
leur enseignement »...

La Société des Anciens élèves.

Pénétrons-nous bien de cet axiome de plus en plus clair :
« Tout homme isolé est un homme vaincu d'avance ».

Les anciens gadz'arts le devinèrent avant même de pouvoir
le constater chez eux, puisque des tentatives de groupement
s'ébauchèrent dès 1823 ; celle de 1846 fut la seule heureuse.

Leur premier annuaire parut en 1848, suivi par ces séries de *Bulletins technologiques* depuis longtemps appréciés
du monde industriel.

En 1859, M. le marquis de La Rochefoucauld-Liancourt
voulut bien — continuateur de son illustre père — léguer à
la nouvelle association une *rente perpétuelle de deux mille
francs*, ce qui permit d'obtenir du gouvernement le décret
reconnaissant comme *Établissement d'utilité publique*, la Société des Anciens Élèves des Écoles d'Arts et Métiers (1860).

Depuis, la vaillante et pacifique phalange ne fit que croître
et s'épanouir. Nous citerons au hasard du souvenir :

La progression ascendante du nombre des adhérents ;

La participation officielle de la *Société A et M* aux ob-
sèques des grands patriotes : Gambetta, Victor Hugo, Car-
not, Félix Faure, etc. ;

L'acquisition, en 1895, à la suite d'une souscription des
Anciens Élèves, du coquet hôtel qui leur sert depuis de siège
social (6, rue Chauchat). Ce magnifique immeuble, évalué
1.200.000 francs, fut inauguré en 1895, par Félix Faure
qu'accompagnait le Ministre du Commerce, M. André Lebon,

— mémorable cérémonie qui donna lieu à d'imposantes manifestations.

Parmi les principaux services organisés au Siège social des Arts et Métiers, nous citerons : le Bureau de Placement, les Travaux relatifs aux *Bulletins administratifs et technologiques* (examen des propositions, des articles techniques, des demandes de renseignements, attributions des prix et médailles, comptes rendus des séances, etc.) ; les Bibliothèques et Collections, où se trouve une salle de travail pour ceux qui ont le temps d'en jouir ; les périodes annuelles de Banquets, de Bals, etc., au profit de la Caisse de secours.

Et puisque nous parlons de cette admirable Caisse de secours (trésor aujourd'hui millionnaire !), rappelons que la solidarité fut toujours le meilleur lien entre les vrais gadz'arts.

Après les dons de MM. Poulot (20.000 fr.), Hunebelle (30.000 fr.) et autres variant entre 1.000 et 20.000, il convient de mentionner tout spécialement l'importante fortune léguée à l'Association, l'an dernier, par le regretté M. Goudineau, dont la vénérable veuve a transmis au Comité la somme de *six cents mille francs*. De pareils exemples s'enorgueillissent d'éviter tout commentaire.

Et les Gadz'arts (1), qui diffusent le génie industriel dans le monde entier et dont le nombre atteint aujourd'hui plus de dix mille diplômés vivants, sont fiers de compter, à la suite de leurs vénérés Bienfaiteurs, des hommes distingués honorifiquement par : 3 Grands Officiers de la Légion d'honneur, 5 Commandeurs, 34 Officiers, 192 Chevaliers, 1 Mandarin, 1 Bey-Moutamaïz, 7 Beys, et près de mille Officiers d'Instruction publique, d'Académie et ordres divers français et étrangers ; puis de compter encore une élite variée :

Des inventeurs ;

Des manufacturiers ;

(1) A leur dernier banquet annuel du Continental, assistaient comme ministres et anciens ministres : MM. Trouillot, Pelletan, André, Hanotaux...

Des entrepreneurs ;

Des constructeurs ;

Des directeurs d'études et de travaux ;

Des ingénieurs spécialistes ;

Des architectes ;

Des publicistes ;

Des explorateurs ;

(Mais ils sont trop !) ;

Enfin des députés, des sénateurs, des consuls, des offi-ciers, des peintres, des sculpteurs, etc., etc., voire même des avocats et des pharmaciens ! — les Ecoles d'Arts et Métiers étant, comme disait M. L'Autre : « ces pépinières condui-sant à tous les arts, à tous les métiers, et aux sciences qui les régissent ». Axiome qu'il fallait cependant démontrer comme un vulgaire théorème.

ARRÊTÉ

Du 1er décembre 1899,

Fixant le programme des conditions et des connaissances exigées pour l'admission aux Ecoles nationales d'Arts et Métiers.

Le Ministre du Commerce, de l'Industrie, des Postes et des Télégraphes,

Vu les dispositions du décret du 11 octobre 1899 rela-tives au concours d'admission dans les Ecoles nationales d'Arts et Métiers et, notamment, les articles 14, 15 et 16 ;

Sur la proposition du directeur de l'Enseignement technique, du Personnel et de la Comptabilité.

Arrête :

Article premier. — Le détail des connaissances exigées par l'article 14 du décret du 11 octobre 1899, pour l'admission, est fixé conformément au programme annexé au présent arrêté.

Art. 2. — Les épreuves se divisent en deux parties comprenant :

Première partie.

1° Une dictée :

2° Une page d'écriture ;

3° Une composition française ;

4° Une épure de dessin linéaire et un dessin d'ornement à la plume ;

5° Deux problèmes d'arithmétique et un problème d'algèbre ;

6° Deux problèmes de géométrie ;

7° Une composition de physique et de chimie ;

8° Une épreuve de travail manuel.

Deuxième partie.

Les interrogations suivantes :

1° Questions de grammaire ;

2° Questions d'histoire et de géographie ;

3° Questions d'arithmétique et d'algèbre ;

4° Questions de géométrie.

Art. 3. — Les diverses épreuves écrites et manuelles sont éliminatoires ; elles sont subies les mêmes jours et aux mêmes heures, au chef-lieu de chaque département, devant une Commission de surveillance dont les membres sont désignés par le préfet et qui est chargée d'assurer la sincérité du concours.

Ces épreuves sont appréciées par un jury siégeant à Paris, dont les membres sont désignés chaque année par le Ministre et choisis en dehors du personnel enseignant des Écoles. Toutes les copies de même nature sont jugées par le même membre.

Art. 4. — Les épreuves orales sont subies devant la Commission régionale constituée pour chaque École et qui se transporte dans les centres déterminés par arrêté ministériel.

Chaque Commission est composée de trois membres au moins pouvant comprendre un ou plusieurs professeurs des Écoles d'Arts et Métiers ; elle est présidée par un membre du Jury.

Art. 5. — Les Commissions régionales jugent et traduisent en chiffres, conformément aux indications du présent arrêté, le mérite de chaque candidat. Les notes attribuées sont transmises au jury qui dresse la liste de classement.

Une liste spéciale est établie pour chaque région.

ART. 6. — Les diverses épreuves sont appréciées de la manière suivante, savoir :

> 0, néant.
> 1, 2, très mal.
> 3, 4, 5, mal.
> 6, 7, 8, médiocre.
> 9, 10, 11, passable.
> 12, 13, 14, assez bien.
> 15, 16, 17, bien.
> 18, 19, très bien.
> 20, parfait.

ART. 7. — Les coefficients afférents à chacune des épreuves sont arrêtés ainsi qu'il suit :

Epreuves écrites

Orthographe	2	
Ecriture	1	
Composition française	3	
Epure de dessin linéaire	2	15
Dessin d'ornement à la plume	1	
Problèmes d'arithmétique et d'algèbre	2	
Problème de géométrie	2	
Physique et Chimie	2	
Travail manuel	2	

Epreuves orales

Questions de grammaire	2	
Questions d'histoire et de géographie	2	12
Questions d'arithmétique et d'algèbre	4	
Questions de géométrie	4	

Total.	29

ART. 8. — Les candidats ayant obtenu 204 points au moins aux épreuves écrites et manuelles et qui n'ont pas de notes inférieures à 6 peuvent seuls être admis à subir les épreuves orales.

ART. 9. — Ne peuvent être reçus à l'école que les candidats ayant réuni par l'ensemble des épreuves, 348 points au moins, soit les trois cinquièmes du maximum.

ART. 10. — Sont éliminés de plein droit, alors même que le total de leurs points serait supérieur au minimum fixé par le présent arrêté, tous ceux qui, aux épreuves orales, auraient une note inférieure à 6.

ART. 11. — Les épreuves orales sont publiques ; il y est procédé dans les conditions suivantes :

Les matières du programme d'examen sont réparties par les soins de la commission en autant de séries de questions qu'il est nécessaire. Ces séries comprennent dans leur ensemble la totalité du programme.

Chaque série comprend deux questions au moins et trois au plus. Les séries de questions sont d'importance et de difficultés sensiblement égales.

La durée de l'examen ne doit pas excéder vingt minutes par matière.

Le candidat tire sa série de questions au moment où celui qui le précède va être interrogé, de telle sorte qu'il ait un peu de temps pour préparer ses réponses. Il est accordé, dans le même but, un quart d'heure au candidat qui passe le premier.

Les jeunes gens qui ont tiré leurs questions sont placés sous les yeux des membres de la Commission, il leur est expressément interdit de communiquer d'une façon quelconque avec le public.

Les questions tirées sont mises à part, et elles ne peuvent être de nouveau utilisées que pour un autre centre d'examen.

ART. 12. — La rentrée des élèves admis est fixée au 1er octobre pour l'école d'Aix et au 15 du même mois pour les autres écoles.

Tout élève qui ne s'y est pas présenté, aux dates indiquées ci-dessus, est considéré comme démissionnaire, sauf les cas d'excuse légitime qui sont soumis à l'appréciation du Ministre.

ART. 13. — Les dispositions du présent arrêté sont applicables à partir du concours de l'année 1900, sauf en ce qui concerne les épreuves de physique et de chimie qui ne figureront effectivement dans le programme qu'à partir de l'année 1901.

En conséquence, à titre transitoire et par dérogation aux dispositions des articles 8 et 9 du présent arrêté, le minimum des points exigés en 1900 pour l'admissibilité sera de 180 pour les épreuves écrites et manuelles et de 324 pour l'ensemble des épreuves.

Paris, le 1er décembre 1899.

A. MILLERAND.

CIRCULAIRE AUX PRÉFETS

Du 15 mars 1900.

MONSIEUR LE PRÉFET,

Un décret du 11 octobre 1899 a remplacé le décret du 4 avril 1885 qui portait règlement des Ecoles nationales d'Arts et Métiers.

J'ai l'honneur de vous adresser, ci-inclus, un exemplaire de ce décret ainsi que les divers arrêtés ministériels rendus en vue de son exécution, savoir :

L'arrêté du 30 novembre 1899, portant règlement intérieur des Ecoles ;

L'arrêté du 1er décembre 1899, relatif aux épreuves du concours d'admission et à leurs coefficients ;

L'arrêté du 19 janvier 1900 déterminant les nouvelles circonscriptions des quatre Ecoles d'Arts et Métiers.

J'appellerai spécialement votre attention sur l'article 10 du décret susmentionné et relatif aux conditions d'âge. Aux termes de cet article, les candidats devaient justifier, pour se faire inscrire, qu'ils avaient plus de quinze ans et moins de dix-sept ans au 1er janvier de l'année du concours.

Or, un autre décret du 6 de ce mois (dont je vous adresse également le texte) a modifié les dispositions de cet article et a abaissé la limite d'âge minima au 1er octobre de l'année du concours. En conséquence, les candidats aux Ecoles d'Arts et Métiers devront, dorénavant, justifier qu'ils ont plus de quinze ans au 1er octobre et moins de dix-sept ans au 1er janvier de l'année du concours.

Ces dispositions sont applicables dès cette année.

D'autre part, d'après le même article 10 (§ 3), tout candidat doit être titulaire soit du certificat d'études pratiques industrielles, soit du certificat d'études primaires supérieures.

Toutefois, pour permettre aux candidats d'acquérir l'un des titres ci-dessus énumérés, cette disposition du règlement ne sera appliquée qu'à partir de 1903.

Enfin, dorénavant, le concours comprendra une épreuve de physique et de chimie (art. 15 du décret) ; mais pour ne pas prendre les candidats à l'improviste, cette épreuve ne figurera que l'année prochaine dans le programme du concours.

Je saisis cette occasion, Monsieur le Préfet, pour vous signaler l'inutilité d'exiger, dans l'avenir, que les engagements de payer la pension portent les mots : « à défaut de paiement aux époques fixées par le règlement, je déclare me soumettre à ce que le recouvrement soit poursuivi par voie de contrainte administrative, etc. »

L'administration des Finances ayant renoncé à recourir aux poursuites par voie de contrainte administrative, l'adjonction de cette formule à l'engagement de payer les frais de pension et les frais accessoires est devenue sans intérêt.

J'ajoute que, sauf en ce qui concerne les points que je viens d'indiquer, toutes les prescriptions contenues dans la circulaire ministérielle du 25 janvier 1885 restent en vigueur.

Vous trouverez également, ci-joint, un certain nombre de programmes relatifs : 1° aux conditions d'admission, et, 2° aux connaissances exigées des candidats. Ces imprimés sont à l'usage du public. Je vous prie, en conséquence, pour éviter toute confusion, de faire détruire les anciens programmes que votre préfecture pourrait encore posséder.

Je vous serai obligé de m'accuser réception de la présente circulaire.

Agréez, Monsieur le Préfet, l'assurance de ma considération la plus distinguée.

Le Ministre du Commerce, de l'Industrie,
des Postes et des Télégraphes,

A. MILLERAND.

DÉCRET

Du 23 octobre 1900

Concernant l'accès des élèves de l'enseignement secondaire aux Écoles nationales d'Arts et Métiers.

LE PRÉSIDENT DE LA RÉPUBLIQUE FRANÇAISE,

Vu l'article 10 du décret du 11 octobre 1899, portant règlement des Écoles nationales d'Arts et Métiers, et notamment le troisième paragraphe ainsi conçu :

« A partir de l'année 1903, tout candidat devra être titulaire soit du certificat d'études pratiques industrielles, soit du certificat d'études primaires supérieures. »

Sur le rapport du Ministre du Commerce, de l'Industrie, des Postes et des Télégraphes,

DÉCRÈTE :

ARTICLE PREMIER. — Par dérogation aux dispositions du troisième paragraphe de l'article susvisé du décret du 11 octobre 1899, pourra tenir lieu de l'un des titres énumérés à cet article, pour l'inscription sur la liste des candidats aux Écoles nationales d'Arts et Métiers, un certificat délivré, après examen, aux élèves des lycées nationaux et collèges communaux ayant terminé la quatrième classique ou moderne et constatant qu'ils ont suivi les cours avec fruit.

L'examen pour l'obtention de ce certificat portera sur les matières de la classe de quatrième et sera subi devant le conseil des professeurs, auxquels seront adjoints deux professeurs appartenant à d'autres établissements et désignés par le préfet du département.

ART. 2. — Le Ministre du Commerce, de l'Industrie, des Postes et des Télégraphes est chargé de l'exécution du présent décret.

Fait à Paris, le 23 octobre 1900.

EMILE LOUBET.

Par le Président de la République, Le Ministre
du Commerce, de l'Industrie, des Postes et des Télégraphes,

A. MILLERAND.

CIRCULAIRE AUX PRÉFETS
Concernant l'accès des élèves de l'enseignement secondaire
aux Ecoles nationales d'Arts et Métiers
Du 30 janvier 1901.

MONSIEUR LE PRÉFET,

Le décret du 11 octobre 1899, portant règlement des Ecoles nationales d'Arts et Métiers, prescrit, en son article 10, que les candidats à ces établissements devront, à partir de 1903, être titulaires du certificat d'études pratiques industrielles ou du certificat d'études primaires supérieures.

J'ai d'ailleurs appelé votre attention sur ce point dans ma circulaire du 15 mars 1900 relative à ce nouveau règlement.

J'ai l'honneur de vous annoncer qu'un décret en date du 23 octobre dernier, inséré au *Journal Officiel* du 5 décembre, vient de modifier, par voie d'addition, les dispositions susvisées.

Aux termes du décret du 23 octobre : « pourra tenir lieu de l'un des titres énumérés ci-dessus, pour l'inscription sur la liste des candidats aux Ecoles d'Arts et Métiers, un certificat spécial, délivré, après examen, aux élèves des lycées et collèges communaux ayant terminé leur quatrième classique ou moderne, et constatant qu'ils ont suivi les cours avec fruit.

« L'examen pour l'obtention de ce certificat portera sur les matières de la classe de quatrième et sera subi devant le Conseil des professeurs auxquels seront adjoints deux professeurs appartenant à d'*autres* établissements scolaires et désignés par le Préfet. »

Ces nouvelles dispositions ont été adoptées après entente avec M. le Ministre de l'Instruction publique, afin de ne pas fermer l'accès des Ecoles d'Arts et Métiers aux candidats qui font leurs études préparatoires dans les lycées et collèges, établissements où ils ne peuvent acquérir, sauf de rares exceptions, le certificat d'études primaires supérieures, ni, dans aucun cas, le certificat d'études pratiques insdustrielles.

Vous aurez donc, le cas échéant, et sur la demande des proviseurs et principaux, à désigner deux professeurs pour être adjoints au Conseil des professeurs de l'établissement intéressé.

Ces deux professeurs adjoints seront, comme le prescrit le décret du 23 octobre, toujours et nécessairement choisis en dehors du personnel de l'établissement où les candidats au certificat spécial font leurs études. Ils pourront d'ailleurs être pris parmi le personnel des institutions libres de la même ville, à défaut de professeurs appartenant à des établissements officiels.

Dans tous les cas, ils devront offrir toutes les garanties désirables au point de vue de la capacité et de l'impartialité. Ils auront voix délibérative et examineront les candidats dans les mêmes conditions que les professeurs de ceux-ci.

L'examen des candidats au certificat spécial sera organisé par les soins du directeur de l'établissement (lycée ou collège communal) auquel ils appartiennent. Il comprendra des épreuves écrites et orales et portera sur toutes les matières du programme de quatrième classique ou moderne, suivant le cas.

Le procès-verbal de l'examen devra mentionner avec soin le nom et l'adresse des deux professeurs adjoints. Cette mention sera reproduite sur les certificats spéciaux. Ces pièces seront délivrées par les directeurs des établissements intéressés et visées par vous ; elles ne seront assujetties à aucune autre forme.

Au surplus, si des élèves des lycées ou collèges ne se décidaient à se présenter aux Écoles d'Arts et Métiers qu'après avoir suivi les cours de la troisième classique ou moderne, ou d'une classe supérieure, rien ne s'opposerait à ce que l'examen prévu par le décret susvisé portât, à leur choix, sur les matières de leur dernière année d'études au lieu de porter sur le programme de la quatrième.

Dans le même ordre d'idées, les candidats aux Écoles d'Arts et Métiers qui posséderaient un des divers baccalauréats, ou seulement la première partie de l'un de ces diplômes, seraient *a fortiori*, dispensés de produire le certificat dont il s'agit.

J'ajoute que les fonctions, d'ailleurs passagères, des deux professeurs adjoints, devront, en principe, être considérées comme gratuites.

Recevez, Monsieur le Préfet, l'assurance de ma considération la plus distinguée.

*Le Ministre du Commerce, de l'Industrie,
des Postes et des Télégraphes.*
A. MILLERAND.

DÉCRET

Du 2 mai 1901.

Le Président de la République française,

Vu le décret du 11 octobre 1899 (modifié par les décrets du 6 mars et du 23 octobre 1900), portant règlement des Ecoles nationales d'Arts et Métiers ;

Sur le rapport du Ministre du Commerce, de l'Industrie, des Postes et des Télégraphes,

Décrète :

L'article 11 du décret du 11 octobre 1899 est modifié comme il suit :

Art. 11. — Les demandes d'admission au concours doivent être adressées par écrit, avant le 1er mai de chaque année, au préfet du département dans lequel la famille est domiciliée.

Ces demandes doivent être accompagnées des pièces suivantes :

1° L'acte de naissance du candidat ;

2° Un des titres énumérés à l'article 10, paragraphe 3 ;

3° Un certificat d'un docteur-médecin assermenté, constatant qu'il est d'une bonne constitution et, spécialement, qu'il n'est atteint d'aucune affection scrofuleuse ou maladie chronique contagieuse ;

4° Un certificat de revaccination constatant que cette opération a été effectuée dans l'année qui précède celle du concours ;

5° Un certificat de bonne vie et mœurs délivré par l'autorité locale, attestant de plus que le candidat est Français ;

6° Un relevé, certifié conforme, de ses notes de conduite et de travail pendant ses deux dernières années scolaires.

Les candidats dont les notes ne seraient pas satisfaisantes pourront être exclus du concours par décision ministérielle.

Cette décision sera notifiée aux intéressés huit jours au moins avant la date des épreuves ;

7° L'engagement pris par les parents d'acquitter la totalité ou la fraction de la pension laissée à leur charge, ainsi que le prix du trousseau et la somme destinée à constituer et à entretenir la masse particulière de l'élève.

Fait à Paris, le 2 mai 1901.

EMILE LOUBET.

Par le Président de la République, Le Ministre
du Commerce, de l'Industrie, des Postes et Télégraphes.

A. MILLERAND.

Extrait du Règlement général
des Écoles nationales d'Arts et Métiers.

Des examens, des prix et récompenses.

A la fin de chaque année scolaire a lieu un examen portant sur l'ensemble des matières enseignées pendant l'année. Cet examen a pour but de constater le degré d'instruction et les progrès des élèves. Deux commissions composées l'une du directeur assisté de deux professeurs, l'autre de l'ingénieur assisté pareillement de deux professeurs, procèdent à cet examen en présence du professeur chargé du cours. Les questions d'examen, préparées à l'avance par la Commission et choisies de manière à présenter toutes des difficultés équivalentes, sont tirées au sort par les élèves.

A la suite des examens, il est fait, d'après les moyennes générales obtenues par chaque élève, le classement de fin d'année, dont les résultats sont transmis au Ministre avec des propositions relatives aux promotions de classes et aux éliminations.

Les conditions dans lesquelles ont lieu les promotions de classes et les éliminations sont identiques à celles qui donnent lieu à la délivrance ou à la privation de brevet à la fin de la troisième année d'études (11 de moyenne sur l'ensemble et aucune moyenne particulière inférieure à 6).

A la fin du premier semestre de chaque année scolaire a

4

lieu un examen portant sur l'ensemble des matières enseignées pendant ce semestre. D'après le résultat de ces examens,
on établit un classement de semestre, en tenant compte des
notes obtenues durant le cours des six premiers mois de
l'année, d'après la règle établie ci-dessous pour le calcul des
moyennes générales de fin d'année. Ce classement est transmis au Ministre.

Les coefficients attribués aux différents éléments du classement sont les suivants :

Désignation		1re Année	2e Année	3e Année
Enseignement pratique	Atelier	14	14	14
	Dessin et technologie. . .	6	8	8
Enseignement théorique	Mécanique.	»	»	11
	Mathématiques . . .	9	10	»
	Physique et chimie . . .	»	7	7
	Langue française et géogra-phie	5	5	6
	Comptabilité et économie industrielle	»	»	2
Conduite		4	4	4
Totaux		38	48	52

La moyenne générale des notes de chaque année d'études
sera déterminée comme il suit :

On fera la somme des produits résultant de la multiplication, par le coefficient correspondant, de chacune des
moyennes spéciales de l'année pour chaque faculté, et on di-
visera le total par la somme des coefficients.

La moyenne spéciale de fin d'année pour la mécanique, les
mathématiques, la physique et la chimie, la langue française
et la comptabilité, sera déterminée en prenant la moitié de la
somme obtenue, en ajoutant à la moyenne des notes de l'année celle de l'examen général.

Pour le dessin et l'atelier, le professeur de dessin ou le chef d'atelier donnera simplement à l'élève une note qui devra être à la fois basée sur la qualité et sur la quantité des dessins ou pièces exécutées par l'élève, d'après une règle arrêtée par le directeur, de concert avec l'ingénieur et le professeur ou chef d'atelier, sans préjudice du droit qui appartient à la commission, composée à cet effet par le directeur, d'exprimer son appréciation par une note dont la moyenne avec celle du professeur ou du chef d'atelier serait la note spéciale pour le classement.

Pour la conduite, la moyenne s'obtiendra en multipliant par 6 la moyenne des notes des adjudants, par 3 la note donnée par le chef d'atelier, par 1 la moyenne des notes des professeurs, en ajoutant l'un à l'autre ces trois produits et en divisant la somme par 10.

Le classement des élèves à la fin de la première année d'études résultera pour chacun de la moyenne générale de ses notes de l'année, calculée comme il a été dit ci-dessus.

Le classement à la fin de la deuxième année s'obtiendra en ajoutant à la moyenne générale de la première année la moyenne générale de la deuxième année, multipliée par 3.

Le classement de sortie s'obtiendra en ajoutant la moyenne générale de première année, la moyenne générale de deuxième année multipliée par 3, et la moyenne générale de troisième année multipliée par 6.

Il y a dans chaque école dix élèves gradés par division : un sergent-major, un sergent-fourrier, quatre sergents et quatre caporaux.

Les grades sont attribués, à la suite de chaque classement semestriel ou de fin d'année, aux dix élèves classés les premiers. Pour les nouveaux élèves, les grades sont conférés à ceux qui sont portés les premiers sur la liste d'admission.

Les élèves qui ont terminé leurs études et satisfait aux épreuves finales, reçoivent un diplôme leur conférant le titre d'*élèves brevetés des Ecoles nationales d'Arts et Métiers,* dans les conditions ci-dessus indiquées.

Les diplômes sont d'un modèle uniforme pour toutes les Ecoles nationales d'Arts et Métiers. Ils sont signés du ministre.

Les élèves de troisième année, inscrits en tête de la liste de classement et qui auront obtenu une moyenne générale au moins égale à 15 et aucune moyenne particulière inférieure à 11, recevront des médailles d'argent portant leur nom avec ces mots : *Ecoles nationales d'Arts et Métiers. — Récompense.*

L'élève de troisième année porté le premier sur la liste de sortie, et qui aura rempli les mêmes conditions, recevra spécialement une médaille en or avec la même inscription.

Les élèves médaillés recevront un brevet spécial, où il leur sera conféré le titre d'*Elève breveté et médaillé des Ecoles nationales d'Arts et Métiers.*

Les élèves médaillés pourront, sur la proposition du conseil de l'école et jusqu'à concurrence de quinze par promotion, recevoir une indemnité de 500 francs après constatation d'une année de travail manuel dans l'industrie.

Sujets de composition pour l'admission aux Ecoles nationales d'Arts et Métiers [1]

Concours de 1903

Nous résumons les questions posées aux examens d'admissibilité à nos Ecoles, et nous y joignons les solutions des problèmes que notre excellent Camarade ARNAL (Aix 1869) a bien voulu traiter en vue de rendre ces communications plus intéressantes.

[1] Extrait du *Bulletin de la Société des Anciens Elèves des Ecoles nationales d'Arts et Métiers.*

ORTHOGRAPHE

45 minutes

La dictée, comprenant 17 lignes de 50 lettres environ chaque, est extraite de l'ouvrage de Victor Duruy : *Histoire des Romains.*

ÉCRITURE

30 minutes

Copie, à main posée du premier tiers environ de la dictée. Le texte est à nouveau rapidement dicté aux candidats après que leurs compositions d'orthographe ont été relevées. Ils en reproduisent les trois premières en ronde ou en bâtarde, à leur choix, et le reste en écriture anglaise courante.

COMPOSITION FRANCAISE

Trois heures

SUJET. — La fin de la journée ; quels sentiments éprouvez-vous ? Comment passez-vous la soirée, au collège ou à l'école, dans la famille, au village, à la ville ?

ARITHMÉTIQUE ET ALGÈBRE

Trois heures

I. — *Un négociant dispose d'une somme de 24,000 francs qu'il pourrait placer au taux de 5 % l'an.*

Il préfère acheter deux sortes de vin, qu'il paye respectivement 110 francs et 130 francs l'hectolitre et dont il fait un mélange qu'il revend ensuite à raison de 124 fr. 70 l'hectolitre. Il met 18 mois pour écouler sa marchandise.

Combien a-t-il acheté d'hectolitres de chaque sorte ; sachant qu'il a réalisé le même bénéfice total que s'il avait placé son capital pendant le même temps ?

On calculera les quantités de vin achetées à un décilitre près.

Solution

100 francs, rapportant 7 fr. 5o c. d'intérêts en 18 mois, deviennent au bout de ce temps 107 fr. 5o c. ; donc l'hecto-litre de mélange revient à :

$$\frac{124.70 \times 100}{107.50} = 116 \text{ francs.}$$

Le nombre d'hectolitres achetés $= \frac{24.000}{116}$.

On pourrait trouver également ce nombre d'hectolitres en remarquant que 24.000 francs deviennent au bout de 18 mois

$$25.000 + 240 \times 7,5o = 25.800 \text{ francs.}$$

d'où le nombre d'hectolitres $= \frac{25.800}{124,70}$.

Le prix de revient de l'hectolitre de mélange étant 116 francs, on a la règle de mélange suivante :

$$\begin{matrix} 110 & & 14 \\ & 116 & \\ 130 & & 6 \end{matrix}$$

c'est-à-dire que le négociant doit acheter 14 parties du pre-mier vin, pour 6 du second. Il faut donc partager le nombre d'hectolitres $\frac{24.000}{116}$ en parties proportionnelles aux nombres 15 et 6, ce qui donne :

Nombre d'hectolitres à 110 francs $= \dfrac{24.000 \times 14}{116 \times 20} = 144 \, hl \, 827$,

Nombre d'hectolitres à 13o francs $= \dfrac{24.000 \times 6}{116 \times 20} = 62 \, hl \, o68$.

Remarque. — On aurait pu résoudre le problème en cherchant ce que deviennent 110 et 13o francs au bout de 18 mois, soit :

$$110 + 1,10 \times 7,5 = 118,25 \text{ francs,}$$
$$13o + 1,3o \times 7,5 = 139,75 \text{ francs,}$$

d'où la règle de mélange suivante :

$$118,25 \qquad\qquad 15,05$$
$$124,70$$
$$139,75 \qquad\qquad 6,45$$

et diviser le nombres d'hectolitres $\dfrac{25.800}{124,70}$ ou $\dfrac{24.000}{116}$ proportionnellement aux nombres 15,04 et 6,45.

II. — *Étant donnée l'expression algébrique*

$$y = \frac{ax^2 + bx + c}{a'x^2 + b'x + c'}$$

on demande :

1° de déterminer les coefficients b *et* c, *de manière que le numérateur soit divisible par* $(x + p)^2$;

2° de déterminer b′ *et* c′ *de manière que le dénominateur soit divisible à la fois par* x + m *et par* x — n ;

3° de choisir les valeurs de x *de telle manière que la fraction* y *soit une valeur positive, soit une valeur négative* ;

4° D'établir les conditions nécessaires pour que la fraction y *prenne la forme* $\frac{o}{o}$. *Quelle est alors sa vraie valeur ?*
(On supposera que les coefficients a *et* a′ *ont des valeurs données et de signes contraires).*

Solution

1° Il faut exprimer que le reste de la division de $ax^2 + bx + c$ par $(x + p)^2 = x^2 + 2px + p^2$ est nul.

Ce reste est :

$$x(b - 2ap) + c - ap^2,$$

d'où

$$x(b - 2ap) + c - ap^2 = 0 ;$$

par suite

$$b - 2ap = 0 \qquad \text{ou} \qquad b = 2ap$$
$$c - ap^2 = 0 \qquad \text{ou} \qquad c = ap^2.$$

2° Le dénominateur devant être divisible par $x + m$ et par

$x - n$ sera divisible par $(x - m)(x + n) = x^2 + x(m - n) - m.n$.

Il faut exprimer que le reste de la division est nul, ou

$$x\left[b' - a'(m - n)\right] + a'm.n + c' = 0,$$

ce qui conduit à

$$b' - a'(m - n) = 0 \quad \text{ou} \quad b' = a'(m - n),$$
$$a'm.n + c' = 0 \quad \text{ou} \quad c' = - a'm.n.$$

3° Pour résoudre cette troisième partie nous nous servirons des principes suivants.

PRINCIPE I. — Le quotient $\dfrac{A}{B}$ a le même signe que le produit A.B ; par suite les inégalités $\dfrac{A}{B} \gtrless 0$ et $A.B \gtrless 0$ sont équivalentes.

PRINCIPE II. — Le produit d'un nombre pair de facteurs négatifs est positif; si le nombre des facteurs est impair le produit est négatif.

Cela posé, représentons par α et β, les racines du trinome numérateur et par α' et β' celles du trinome dénominateur.

On aura :

$$y = \frac{ax^2 + bx + c}{a'x^2 + b'x + c'} = \frac{a(x - \alpha)(x - \beta)}{a'(x - \alpha')(x - \beta')},$$

d'où les inégalités :

$$\frac{a(x - \alpha)(x - \beta)}{a'(x - \alpha')(x - \beta')} \gtrless 0,$$

et, d'après le principe I, les inégalités équivalentes :

$$aa'(x - \alpha)(x - \beta)(x - \alpha')(x - \beta') \gtrless 0.$$

Rangeons, sur une droite, par ordre de grandeur croissante

les valeurs qui annulent les facteurs, ainsi que $-\infty$ et $+\infty$ et supposons que cet ordre soit α, β, α', β', on aura :

1° Si a et a' ont le même signe, la fraction y aura une valeur positive pour toutes les valeurs de x comprises entre $+\infty$ et β' ; entre α' et β et entre α et $-\infty$; elle aura une valeur négative pour les valeurs de x comprises entre β' et α' entre β et α.

2° Si a et a' ont des signes différents, la fraction y sera positive pour toutes les valeurs de x comprises entre β' et α', et entre β et α ; elle sera négative pour les valeurs de x comprises entre les autres intervalles.

4° La fraction

$$y = \frac{ax^2 + bx + c}{a'x^2 + b'x + c'} = \frac{a(x - \alpha)(x - \beta)}{a'(x - \alpha')(x - \beta')}$$

prendra la forme $\frac{0}{0}$.

1° Si les deux trinomes, numérateur et dénominateur, ont une racine commune autre que o.

Cherchons la condition pour que les équations

$$\begin{cases} ax^2 + bx + c = 0 \\ a'x^2 + b'x + c' = 0 \end{cases}$$

aient une racine commune.

Cela posé, toute racine commune à ces deux équations vérifie une combinaison quelconque formée avec elles.

Cherchons à former une combinaison du premier degré.

Éliminons x^2 ; pour cela, multiplions la première par a', la deuxième par $-a$ et ajoutons :

(1) $\qquad (ba' - ab')\, x + ca' - ac' = 0.$

On peut former une combinaison du premier degré, en éliminant les termes connus c et c' ; pour cela, multiplions la première par c' et la deuxième par $-c$ et ajoutons ; il vient :

$$(ac' - ca')\,x^2 + (bc' - cb')\,x = 0.$$

Divisons par x ; on ne supprime pas la solution commune, car on enlève la solution $x = 0$ qui par hypothèse n'est pas la solution commune.

On obtient ainsi :

$$(2) \qquad (ac' - ca')\,x + (bc' - cb') = 0.$$

La question est donc ramenée à chercher la condition pour que les deux équations du premier degré (1) et (2) aient une racine commune.

Il suffit que les valeurs de x tirées de (1) et de (2) soient égales. Il faut donc que l'on ait

$$\frac{ac' - ca'}{ba' - ab'} = \frac{cb' - bc'}{ac' - ca'}.$$

ou encore

$$(ac' - ca')^2 = (cb' - bc')(ba' - ab').$$

Telle est la condition. Quant à la racine commune, elle est égale à

$$x = \frac{ac' - ca'}{ba' - ab'} \qquad \text{ou} \qquad \frac{cb' - bc'}{ac' - ca'}.$$

REMARQUE I. — La condition ci-dessus peut être traitée par la considération des propriétés des racines de l'équation du second degré.

Soient α et β les racines de $ax^2 + bx + c = 0$.
Soient α' et β' les racines de $a'x^2 + b'x + c = 0$.

On a :

$$\alpha + \beta = -\frac{b}{a} ;$$

$$\alpha\beta = \frac{c}{a} ;$$

$$\alpha + \beta' = -\frac{b'}{a'} ;$$

$$\alpha\beta' = \frac{c'}{a'} ;$$

en éliminant α, β et β' entre ces quatre équations, on retrouve la condition

$$(ac' - ca')^2 = (cb' - bc')(ba' - ab').$$

REMARQUE II. — On peut encore raisonner comme il suit : soit α la racine commune, on a :

$$a\alpha^2 + b\alpha + c = 0 ;$$
$$a'\alpha^2 + b'\alpha + c' = 0.$$

Eliminons α entre ces deux équations ; pour cela posons

$$\alpha^2 = z ;$$

il vient :

$$az + b\alpha + c = 0 ;$$
$$a'z + b'\alpha + c' = 0,$$

équations d'où l'on tire

$$z = \frac{bc' - cb'}{ab' - ba'},$$

$$\alpha = \frac{ca' - ac'}{ab' - ba'},$$

en remplaçant $\alpha^2 = z$ et, en simplifiant, on obtient :

$$(ac' - ca')^2 = (bc' - cb')(ab' - ba').$$

REMARQUE III. — D'après ce qui précède, on voit que si les deux trinomes du second degré à *coefficients réels* ont une racine commune, *cette racine est toujours réelle.* Si les coefficients sont *commensurables,* la racine commune est *commensurable.*

La fraction donnée y prendra aussi la forme $\frac{0}{0}$ si le numérateur $ax^2 + bx + c$ et le dénominateur $a'^2x + b'x + c$ ont deux racines communes.

Pour trouver la condition, égalons à 0 chaque trinome

$$ax^2 + bx + c = 0,$$
$$a'x^2 + b'x + c' = 0.$$

En désignant par α et β les racines communes, on aura :

$$\alpha + \beta = -\frac{a}{b},$$

$$\alpha\beta = \frac{c}{a},$$

$$\alpha + \beta = -\frac{b'}{a'},$$

$$\alpha\beta = \frac{c'}{a'}.$$

Ces relations donnent immédiatement

$$\frac{b}{a} - \frac{b'}{a'} \qquad \text{ou} \qquad \frac{a}{a'} = \frac{b}{b'},$$

$$\frac{c}{a} = \frac{c'}{a'} \qquad \text{ou} \qquad \frac{a}{a'} = \frac{c}{c'},$$

d'où

$$\frac{a}{a'} = \frac{b}{b'} = \frac{c}{c'},$$

c'est-à-dire qu'*il faut que les coefficients du trinome du numérateur soient proportionnels aux coefficients du trinome du dénominateur.*

Vraie valeur. — Dans le cas ou y prend la forme $\frac{0}{0}$, lorsque le numérateur et le dénominateur ont une racine commune α, la fraction y, est après la suppression du facteur $(x - \alpha)$ aux deux termes

$$y = \frac{a\,(x - \beta)}{a^2\,(x - \beta')},$$

et si dans cette expression on remplace x par α, la vraie valeur devient

$$\frac{a\,(\alpha - \beta)}{a'\,(\alpha - \beta')}.$$

Dans le second cas, où les deux termes de y ont deux racines communes, la vraie valeur de y est :

$$\frac{a}{a'} = \frac{b}{b'} = \frac{c}{c'}.$$

GÉOMÉTRIE

(Deux heures)

I. — *On donne deux circonférences* O *et* O' *tangentes en* A, *et de rayons* R *et* r. *On trace la tangente commune* MM'.

Démontrer que la longueur MM' *est moyenne proportionnelle entre les diamètres des deux circonférences.*

Calculer l'aire du quadrilatère obtenu en joignant d'une part le point de contact A *aux points* M *et* M', *et, d'autre part, le milieu* P *de la droite* MM' *aux centres* O *et* O'.

Calculer le rayon de la circonférence lieu des points d'où l'on voit OO' *sous un angle égal à l'angle formé par* MM' *et* OO', *ainsi que les distances de son centre à* OO' *et à la tangente en* A. *Discuter.*

On circonscrit au triangle MAM' *une circonférence* O″ *et on considère les trois circonférences* O, O' *et* O″ *comme les bases de trois cônes quelconques. A quelle condition devront satisfaire les sommets de ces trois cônes pour que les aires des trois sections obtenues en les coupant par un même plan paral-*

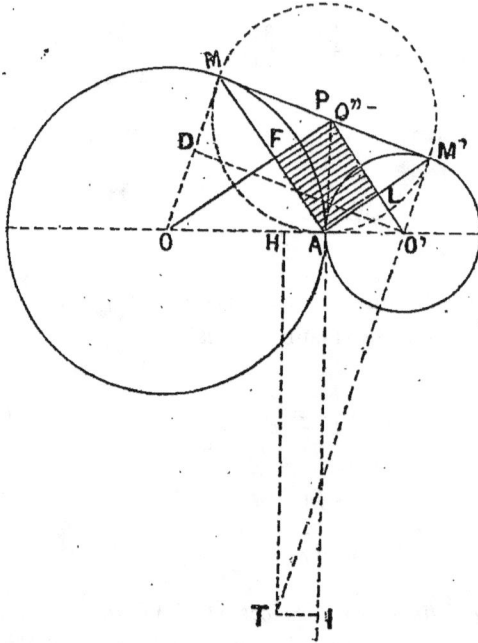

lèle aux bases satisfassent à la même relation que les aires des trois bases.

Expliciter cette relation et indiquer les particularités que peuvent présenter les trois cônes choisis.

Solution.

Valeur de MM'. — La parallèle O'D à la tangente MM', détermine un triangle rectangle ODO', lequel donne

$$\overline{O'D}^2 = \overline{MM'}^2 = \overline{OO'}^2 - \overline{OD}^2$$

or

$$OO' = R + r, \qquad OD = R - r,$$

d'où

$$\overline{MM'^2} = (R+r)^2 - (R-r)^2 = R^2 + r^2 + 2\,Rr - R^2 - r^2 + 2Rr$$

$$\overline{MM'^2} = 4\,Rr = 2\,R\,.\,2r.$$

Aire du quadrilatère AFPL. — Ce quadrilatère est un rectangle ; en effet : la tangente au point de contact étant l'axe radical des deux cercles, où le lieu des points d'où les tangentes aux deux circonférences sont égales, passe par le milieu P de MM' ; par suite PM = PA = PM' et les droites PO, PO', étant les bissectrices des deux angles en P supplémentaires, sont à angle droit ; de plus les angles en F et L sont droits. L'angle MAM' est d'ailleurs droit puisque la médiane AP du triangle MAM' est la moitié de MM'.

La surface S du rectangle AFLP est

$$S = PF \times FA.$$

Le triangle rectangle OMP donne

$$\overline{MP^2} = OP \times PF,$$

d'où

$$PF = \frac{\overline{MP^2}}{OP} = \frac{\overline{MM'^2}}{4\,.\,OP} = \frac{R\,.\,r}{OP};$$

mais

$$OP = \sqrt{\overline{OM^2} + \overline{MP^2}} = \sqrt{R^2 + Rr},$$

par suite

$$PF = \frac{Rr}{\sqrt{R^2 + Rr}}.$$

Le triangle rectangle AFP donne

$$FA = \sqrt{\overline{AP^2} - \overline{PF^2}} = \sqrt{Rr - \frac{R^2 r^2}{R^2 + Rr}}$$

ou

$$FA = \frac{R\sqrt{Rr}}{\sqrt{R^2 + Rr}}.$$

En remplaçant PF et FA par leurs valeurs on a

$$S = \frac{Rr}{\sqrt{R^2 + Rr}} \times \frac{R\sqrt{Rr}}{\sqrt{R^2 + Rr}} = \frac{R^2 r \sqrt{Rr}}{R^2 + Rr}$$

$$S = \frac{Rr\sqrt{Rr}}{R + r}.$$

Calcul du rayon de la circonférence lieu des points d'où l'on voit OO' *sous un angle égal à l'angle formé par* MM' *et* OO'.

Cet angle est égal à l'angle DO'O. Pour avoir le centre du segment capable de cet angle construit sur OO', il suffit d'élever une perpendiculaire O'T à O'D, et une perpendiculaire HT sur le milieu de OO'. Le point T est le centre du segment capable.

Le rayon TO' du segment peut s'obtenir en considérant les deux triangles semblables ODO' et THO' qui donnent

$$\frac{TO'}{OO'} = \frac{HO'}{OD},$$

d'où

$$TO' = \frac{OO' \times HO'}{OD} = \frac{(R + r)\dfrac{R + r}{2}}{R - r} = \frac{(R + r)^2}{2(R - r)}.$$

Calcul de TH. — Les mêmes triangles semblables donnent

$$\frac{TH}{O'D} = \frac{O'H}{OD},$$

d'où

$$TH = \frac{O'D \times O'H}{OD} = \frac{MM' \times O'H}{OD};$$

$$TH = \frac{2\sqrt{Rr} \times \dfrac{R + r}{2}}{R - r};$$

$$TH = \frac{(R + r)\sqrt{Rr}}{R - r}.$$

Calcul de TI. — La distance du point T à la tangente en A est TI = HA.

$$\text{HA} = \text{HO}' - \text{AO}' = \text{OA} - \text{OH} = R - \frac{R+r}{2} = \frac{R-r}{2}.$$

Dans la discussion de TO', TH et HA, il suffit de faire varier l'un des rayons R, par exemple, depuis O jusqu'à ∞ en passant par R = r, et on trouvera les valeurs correspondantes qui d'ailleurs se vérifient géométriquement.

Pour résoudre la dernière partie de la question, remarquons que le triangle MAM' étant rectangle, le centre O" de la circonférence circonscrite se confond avec le point T.

D'après le théorème du Livre VI : *Si dans deux pyramides qui ont même hauteur, on fait des sections par des plans parallèles aux bases et situés à la même distance des sommets, les surfaces des sections sont proportionnelles aux bases des deux pyramides.* Ce théorème qui par extension s'applique à deux cônes de même hauteur, permet de déduire que les cônes ayant pour bases les cercles O, O' et O" doivent avoir la même hauteur.

La question peut s'expliciter comme suit :

Soient S, S', S", les aires des cercles O, O', O" ;

Soient s, s' s'', les sections faites par un même plan parallèle aux bases et à une distance m ;

Soient h, h', h'', les hauteurs correspondantes des 3 cônes.

D'après le théorème : *Que les sections parallèles d'un cône sont entre elles comme les carrés des distances du sommet du cône aux plans sécants*, on a :

$$\frac{S}{s} = \frac{h^2}{(h-m)^2};$$

$$\frac{S'}{s'} = \frac{h'^2}{(h'-m)^2};$$

$$\frac{S''}{s''} = \frac{h''^2}{(h''-m)^2};$$

Or, d'après l'énoncé on doit avoir :

$$\frac{S}{s} - \frac{S'}{s'} = \frac{S''}{s''};$$

donc

$$\frac{h^2}{(h - m)^2} = \frac{h'^2}{(h' - m)^2} = \frac{h''^2}{(h'' - m)^2},$$

ou

$$\frac{h}{h - m} = \frac{h'}{h' - m} = \frac{h''}{h'' - m},$$

et en appliquant une propriété connue des proportions

$$\frac{h}{-m} = \frac{h'}{-m} = \frac{h''}{-m},$$

donc $h = h' = h''$, c'est-à-dire que les trois cônes ont même hauteur.

Particularités que présentent ces trois cônes. — Le rayon $\frac{MM'}{2}$ du cercle O″ est égal à $\sqrt{Rr}$ c'est-à-dire qu'il est moyen géométrique entre les rayons des cercles O et O'. Donc la somme des volumes des trois cônes, ayant même hauteur, est égale au volume du tronc de cône de même hauteur et dont les bases sont les cercles O et O'.

D'ailleurs :

$$\text{Volume du 1}^{er}\text{ cône} = \frac{\pi R^2 h}{3},$$

$$\text{Volume du 2}^{e}\text{ cône} = \frac{\pi r^2 h}{3},$$

$$\text{Volume du 3}^{e}\text{ cône} = \frac{\pi R r h}{3}.$$

d'où en additionnant :

$$V = \frac{\pi h}{3} (R^2 + r^2 + Rr),$$

qui est bien le volume d'un tronc de cône à bases parallèles circulaires.

II. — *Établir les conditions pour qu'on puisse former un trièdre avec trois dièdres donnés.*

Cette question est traitée dans tous les cours de géométrie, néanmoins, nous la résumons comme il suit :

Les conditions nécessaires et suffisantes pour qu'on puisse former un trièdre avec trois dièdres donnés sont que la somme des angles dièdres soit comprise entre deux droits et six droits et que le plus petit angle dièdre augmenté de deux angles droits, surpasse la somme des deux autres.

1° Les conditions sont nécessaires, en effet :

Soient A, B, C les angles dièdres d'un trièdre, et a', b', c' les faces du trièdre supplémentaire. On a par définition (¹) :

$$A + a' = 2 \text{ droits,}$$
$$B + b' = 2 \text{ droits,}$$
$$C + c' = 2 \text{ droits;}$$

en additionnant :

$$A + B + C = 6 \text{ droits} - (a' + b' + c').$$

Or, dans un trièdre, la somme des faces est comprise entre o et 4 droits, c'est-à-dire :

$$0 < a' + b' + c' < 4^{\text{dr}};$$

donc

$$2^{\text{dr}} < A + B + C < 6^{\text{dr}}.$$

En représentant par a' la plus grande face du trièdre supplémentaire, d'après un théorème connu : *Dans un trièdre, la plus grande face est moindre que la somme des deux autres,* on a :

$$a' < b' + c'$$

(¹) On dit que deux trièdres sont supplémentaires, lorsque les faces de l'un sont les suppléments des dièdres de l'autre et réciproquement.

et, en remplaçant a', b', c', par leurs valeurs en fonctions de A, B, C,

$$2^{dr} - A < 2^{dr} - B + 2^{dr} - C,$$

ou

$$A + 2^{dr} > B + C.$$

Or, a' ou $2^{dr} - A$ étant la plus grande face du trièdre supplémentaire, A est le plus petit angle dièdre du trièdre donné. Donc...

2° Les conditions sont suffisantes, en effet :

Soient A, B, C, les dièdres donnés, A étant le plus petit, on a par hypothèse :

$$2^{dr} < A + B + C < 6^{dr},$$
$$A + 2^{dr} > B + C.$$

Soient a', b', c', les faces du trièdre supplémentaire, on a :

$$a' + A = 2^{dr} \quad b' + B = 2^{dr} \quad c' + C = 2^{dr}.$$

Si dans les inégalités données on remplace A, B, C, par $2^{dr} - a$, $2^{dr} - b'$, $2^{dr} - c'$, on déduit

$$2^{dr} < 2^{dr} - a' + 2^{dr} - b' + 2^{dr} - c' < 6^{dr},$$

ou

$$0 < a' + b' + c' < 4^{dr},$$

et

$$2^{dr} - a' + 2^{dr} > 2^{dr} - b' + 2^{dr} - c',$$

ou

$$a' < b' + c'.$$

A, étant le plus petit des dièdres donnés, a' est la plus grande des faces du trièdre supplémentaire. Donc les faces a', b', c', sont telles, que leur somme est comprise entre 0 et 4 droits et que la plus grande est plus petite que la somme des deux autres. On peut donc, avec ces trois faces construire deux trièdres symétriques. En prenant les trièdres supplé-

mentaires de ces deux trièdres, on obtient deux trièdres symétriques qui ont pour angles dièdres les trois angles donnés.

PHYSIQUE ET CHIMIE

Deux heures

I. — On suspend à un ressort à boudin, de volume négligeable, une boule pleine pesant 5 kilogrammes, et l'on
accroche le système dans un récipient
clos où l'on comprime ensuite de l'air
à la température constante de 0°.

On demande quelle pression il
faudra réaliser dans le récipient pour
que la boule remonte de 5 millimètres. Données :

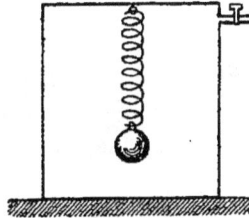

1° allongement du ressort (proportionnel à la charge),
1 centimètre par kilogramme ;

2° densité de la boule, 2 ;

3° 1^{gr},3 d'air, à 0° et sous la pression d'une atmosphère,
occupe un volume de un litre.

II. — Préparation et propriétés de l'hydrogène sulfuré.

N.-B. — Le temps accordé pour ces compositions est compté
à partir du moment où le texte des problèmes a été dicté et
relu.

Les canditats doivent indiquer le raisonnement qu'ils ont
suivi, mais il leur est recommandé d'être concis.

Tout calcul doit figurer *in extenso* dans le corps ou en marge
de la composition : à défaut, on a droit de supposer les résultats
même exacts, sus par cœur ou empruntés au voisin.

ÉPURE DE DESSIN LINÉAIRE

Quatre heures

Dessin, à l'échelle de 6/10, d'un *Excentrique,* suivant
modèle donné d'échelle 4/10 et coté en millimètres.

DESSIN D'ORNEMENT

Trois heures

Dessin à la plume, à l'échelle de 3/2, d'un modèle donné en vrai grandeur et coté en millimètres.

TRAVAIL MANUEL

Quatres heures

AJUSTAGE

Étant donné un morceau de fer parallélipipède rectangle de 58 millimètres de hauteur, et dont la base a 55 milli- mètres sur 20 millimètres, exécuter une pièce conforme aux indications du croquis coté ci-contre.

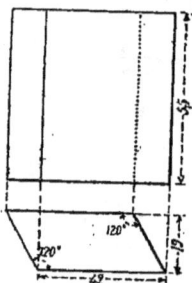

Outils nécessaires : une lime plate de une au paquet ; une lime plate bâtarde de 25 centimètres de long ; une lime plate demi-douce de 22 centimètres de long ; un marteau ; deux burins ; deux becs d'âne de 5 millimètres de largeur ; une pointe à tracer ; un pointeau ; une équerre à 90° ; une équerre à 120° ; un compas à pointes ; un compas d'épaisseur ; un mètre. Un marbre et un trusquin doivent, en outre, être mis à la disposition des candidats.

FORGE

Étant données trois pièces de fer méplates réunies par une de leurs extrémités, les souder et les corroyer de manière à en faire un hexagone sur la moitié de la longueur et un cylindre sur l'autre moitié, conformément aux cotes du croquis ci-dessous.

Puis, sur la partie cylindrique, à 40 millimètres du bout, souder une embase de 32/12 prise dans une barre carrée de 14 millimètres de côté et de 250 millimètres de longueur.

Outils nécessaires : une paire de tenailles droites rainées pouvant serrer 35 millimètres ; une paire de tenailles droites rainées pouvant serrer 25 millimètres ; un marteau à main ;

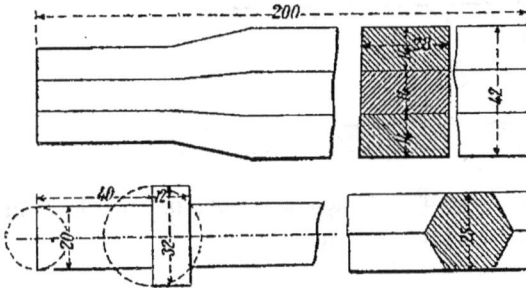

un compas d'épaisseur ; une équerre à angle droit ; une équerre à 6 pans ; un mètre ; un dessus et un dessous d'étampe de 20 millimètres et de 32 millimètres ; un marteau à devant pour le frappeur ; une chasse carrée.

FONDERIE

Moulage d'une lance au moyen des outils suivants :

Deux châssis de 300 millimètres de long, 100 millimètres de large et 40 millimètres d'épaisseur ; une truelle, une spatule, une pilette.

La pièce sera moulée en sable vert, et coulée en plomb. A sa sortie du moule, elle ne devra pas être ébarbée.

MENUISERIE

Étant donné un morceau de bois de 55 millimètres de largeur et de 30 millimètres d'épaisseur sur une longueur de 450 millimètres, exécuter un trait de Jupiter sans clef, suivant le dessin ci-contre.

Outils nécessaires : une varlope ; une demi-varlope ; un rabot ; une équerre à angle droit ; un compas à pointes ;

un ciseau de 25 millimètres de largeur ; un bec-d'âne de

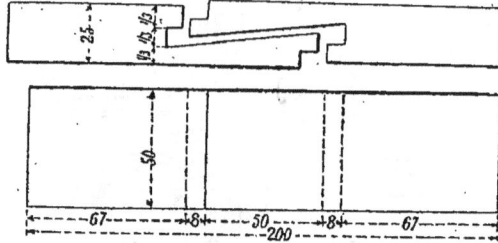

7 millimètres de largeur ; une scie à araser ; un maillet ; un mètre ; un trusquin ; un marteau.

ARTS ET MANUFACTURES

—

PROGRAMME DES CONDITIONS POUR L'ADMISSION DES ÉLÈVES

—

RENSEIGNEMENTS GÉNÉRAUX

(gracieusement communiqués par la Direction de l'École.)

L'École Centrale des Arts et Manufactures établie à Paris est spécialement destinée à former des Ingénieurs pour toutes les branches de l'industrie et pour les travaux et services publics dont la direction n'appartient pas nécessairement aux Ingénieurs de l'État.

Des *Diplômes d'Ingénieur des Arts et Manufactures* sont délivrés chaque année par le Ministre du Commerce, de l'Industrie, des Postes et des Télégraphes aux élèves désignés par le Conseil de l'École comme ayant satisfait d'une manière complète à toutes les épreuves du concours. Des *Certificats de capacité* sont accordés à ceux qui, n'ayant satisfait que partiellement aux épreuves, ont néanmoins justifié de connaissances suffisantes sur les points les plus importants

de l'enseignement. Le *Journal officiel* publie la liste des.
élèves qui ont obtenu le Diplôme ou le Certificat de capa‑
cité.

L'École ne reçoit que des élèves externes. Les étrangers y
peuvent être admis comme les nationaux ; leur admission a
lieu aux mêmes conditions.

Les élèves ne portent aucun uniforme, ni aucun signe dis‑
tinctif au dehors de l'École.

La durée des études est de trois ans.

Le prix de l'enseignement, y compris les frais qu'en‑
traînent les diverses manipulations, est établi conformément
au tableau suivant, et exigible en trois termes :

Désignation	Première année d'études (3ᵉ division)	Deuxième année d'études (2ᵉ division)	Troisième année d'études (1ʳᵉ division)
Avant l'ouverture des cours	450 fr.	500 fr.	500 fr.
Le 1ᵉʳ février. . . .	225	250	250
Le 1ᵉʳ mai	225	250	250
Total	900 fr.	1 000 fr.	1 000 fr.

En outre, il sera perçu pour le concours de sortie des
études de troisième année (1ʳᵉ division) un droit de concours
de 100 francs. Une somme de 50 francs sera remboursée aux
élèves n'ayant pas obtenu le diplôme.

Toute somme versée, autre que le droit de concours, de‑
meure acquise à l'établissement.

Les frais que nécessitent les travaux graphiques et les four‑
nitures de bureau sont à la charge des élèves.

Indépendamment du prix de l'enseignement, les élèves
sont tenus de verser à la caisse de l'École, au commencement
de chaque année et à titre de dépôt, une somme de 35 francs
destinée à garantir le payement des objets perdus, cassés ou

détériorés par leur faute. Ce dépôt leur est remboursé à la fin de l'année ou lorsqu'ils quittent l'Ecole pour une cause quelconque, sur le vu de la quittance délivrée par l'agent comptable pour solde de leur compte définitif.

Chaque élève, en entrant à l'Ecole, doit être pourvu d'objets dont la nomenclature lui est indiquée au moment de son entrée. Un magasin établi à l'Ecole livre ces objets à des prix qui ne s'écartent pas sensiblement des prix de revient. Le boni de ce magasin, quand il y en a un, est versé à la caisse de secours des élèves.

Subventions de l'Etat.

Des subventions peuvent être accordées sur les fonds de l'Etat aux élèves français qui se recommandent à la fois par l'insuffisance constatée des ressources de leur famille et par leur rang de classement, soit à la suite des examens d'admission, soit après les épreuves de passage d'une division dans la division supérieure. Ces subventions ne sont accordées que pour un an; mais elles peuvent être continuées ou même augmentées en faveur des élèves qui s'en rendent dignes par leurs progrès.

Les subventions sur les fonds de l'Etat peuvent être cumulées avec les allocations accordées aux élèves par les départements et les communes.

Le montant de ces subventions est versé à la caisse de l'Ecole au moyen d'un mandat ordonnancé au nom de l'agent comptable, qui en donne quittance.

Si la somme des subventions obtenues par un élève dépasse le prix de l'enseignement, le surplus lui est payé, à titre de pension alimentaire, sur un mandat du Directeur.

Les candidats qui désirent avoir part aux subventions de l'Etat doivent en faire la déclaration sur papier timbré *avant le 10 juin* à la préfecture de leur département. (Toute demande postérieure à cette date, de quelque manière qu'elle se présente et quelles que soient les causes du retard, sera irrévocablement écartée.)

Cette déclaration est accompagnée d'une demande sur papier timbré adressée au Ministre, appuyée d'un certificat du Maire de la commune du candidat attestant sa qualité de Français et d'un certificat de moralité délivré par le chef de l'Établissement dans lequel il a accompli sa dernière année d'études ou, à défaut, par le Maire. Ces quatre pièces doivent être adressées directement au Préfet du département dans une seule enveloppe.

La demande est communiquée par le Préfet au Conseil municipal du domicile de la famille du candidat, afin que le Conseil vérifie si la famille est dépourvue des ressources suffisantes pour subvenir à l'entretien de l'élève à Paris, et au payement total ou partiel du prix de l'enseignement pendant la durée des études.

Le Préfet transmet au Ministre, *avant le 1er octobre*, la délibération motivée du Conseil municipal, avec les pièces justificatives à l'appui, et il y joint son avis personnel.

Nota. — Les candidats appartenant au département de la Seine devront adresser, en outre des pièces énoncées ci-dessus, mais cette fois directement au Ministre du Commerce, de l'Industrie, des Postes et des Télégraphes, une copie identique à la demande sur papier timbré qu'ils ont jointe aux pièces adressées au Préfet de la Seine.

Cette copie, qui peut être établie sur papier libre, devra porter dans le haut de la feuille, à gauche, la mention « *duplicata* ».

Elle s'enverra seule et sans affranchir, toujours *avant le 10 juin*.

Concours.

Nul n'est admis à l'Ecole que par voie de concours.

Le concours a lieu tous les ans à Paris, et comprend deux sessions distinctes entre lesquelles les candidats ont le droit d'opter.

Toutefois, ceux qui auront subi les épreuves de la première session ne pourront se présenter à la seconde.

Pour être admis à concourir, il suffit d'en faire la demande par écrit *avant le 10 juin* pour la 1re session, et *avant le 5 septembre* pour la 2e session. Toutefois, les candidats de l'une et l'autre session, qui aspirent aux subventions de l'Etat, doivent toujours avoir envoyé leurs demandes de subvention à la Préfecture de leur département avant le *10 juin* ainsi qu'il est dit précédemment.

La demande d'inscription pour le concours, rédigée dans la forme indiquée ci-après, doit être adressée à M. le secrétaire du jury du concours d'admission, à l'Ecole centrale des Arts et Manufactures, rue Montgolfier, n° 1.

Je soussigné (nom et prénoms), né à , département de , le (jour, mois, année), domicilié à , département de , déclare avoir l'intention de prendre part, cette année, au concours pour l'admission à l'Ecole Centrale des Arts et Manufactures — *première* (ou *deuxième)* session.

Je désire être interrogé sur la ou les langues suivantes (Anglais, Allemand, Espagnol, Russe) :

Ou bien : Je ne désire pas être interrogé sur les langues (1).

Je ne demande aucune subvention de l'Etat.

Ou bien : J'ai adressé le (jour, mois), à M. le Préfet du département de , pour être transmise à M. le Ministre du Commerce, de l'Industrie, des Postes et des Télégraphes, une demande de subvention de l'Etat.

La lettre de convocation pour le concours devra m'être adressée à chez M. (nom, profession, demeure).

A le 190

(Signature du Candidat).

Les candidats, en se présentant au secrétariat de l'Ecole au jour fixé par leur lettre de convocation, doivent :

(1) Voir plus loin le paragraphe intitulé : *Epreuve facultative.*

Justifier qu'ils ont dix-sept ans accomplis au 1er janvier de l'année dans laquelle ils se présentent au concours ;

Produire un certificat de vaccine et un certificat de moralité délivré par le chef de l'Etablissement dans lequel ils ont accompli leur dernière année d'études, ou, à défaut, par le Maire de leur dernière résidence.

Le concours est public. Les épreuves sont de deux sortes : les épreuves obligatoires et une épreuve facultative.

1° *Epreuves obligatoires.* — Elles consistent en compositions écrites et en examens oraux qui portent sur les connaissances ci-après et limitées par les programmes qui suivent :

1° La Langue française ;

2° L'Arithmétique ;

3° La Géométrie élémentaire ;

4° L'Algèbre ;

5° La Trigonométrie ;

6° La Géométrie analytique à deux et à trois dimensions ;

7° La Géométrie descriptive ;

8° La Mécanique ;

9° La Physique ;

10° La Chimie ;

11° Le Dessin à main levée, le Dessin au trait et le Lavis.

Toutes les matières comprises dans les programmes détaillés ci-après sont également obligatoires. Les candidats dont les connaissances sur l'une quelconque des matières seraient reconnues insuffisantes ne pourront être admis. Le programme est remis à toutes les personnes qui en font la demande au Secrétariat de l'Ecole.

Les compositions écrites peuvent s'appliquer à toutes les divisions du programme ; une rédaction correcte et méthodique, ainsi qu'une écriture régulière et très lisible, en sont les conditions essentielles.

Les coefficients attachés aux examens oraux et aux compositions écrites sont fixés comme il suit :

Oral

Géométrie analytique et Mécanique	5
Arithmétique, algèbre, trigonométrie	5
Géométrie élémentaire et descriptive	5
Physique	5
Chimie	5

Compositions écrites

Trigonométrie et calcul logarithmique	3
Mathématiques	5
Physique	2
Chimie	2
Epure	3
Dessin d'architecture	4
Dessin de machines	2
Croquis de machines	2

Quinze points seront ajoutés au total des points obtenus par ceux des candidats qui produiront soit le certificat relatif à la première partie des épreuves du baccalauréat de l'enseignement secondaire *classique* ou *moderne*, soit le diplôme des Ecoles nationales des Arts et Métiers.

Tout candidat de nationalité française dont les compositions écrites présenteront de graves incorrections au point de vue de la rédaction ou de l'orthographe, sera, de ce fait, déféré au jury d'admission réuni en séance plénière et pourra être exclu du concours, alors même que l'ensemble de ses épreuves le classerait en rang utile pour être admis.

2° *Epreuve facultative.* — En raison de l'importance croissante qu'a pour les Ingénieurs la connaissance des langues, tout candidat, quelle que soit sa nationalité, sera admis, s'il en fait la demande dans la forme spécifiée plus haut à l'article : « Concours », à passer un examen sur une ou plusieurs des langues suivantes : Anglais, Allemand, Espagnol et Russe. L'examen sera oral et public comme les épreuves obligatoires. Il consistera en :

1° La traduction française d'un texte écrit dans la langue sur laquelle porte l'épreuve ;

2° Une conversation en ladite langue.

Les points obtenus dans cette épreuve au-dessus de la note 10, seront affectés du coefficient 2 et compteront pour l'admission.

Si un candidat passe sur deux ou trois langues, le coefficient 2 s'appliquera dans les conditions ci-dessus, à la langue sur laquelle il aura obtenu la plus haute note, les points au-dessus de 10, obtenus sur les autres langues, s'ajoutant purement et simplement.

Admission

Après la clôture du concours, la liste des élèves admis sera définitivement arrêtée par le Ministre, sur la proposition du Conseil de l'Ecole et publiée au *Journal officiel*.

Tout candidat nommé élève, qui ne se sera pas présenté au Directeur au jour indiqué dans sa lettre d'admission, sera considéré comme démissionnaire.

Les parents qui ne résident pas à Paris sont tenus d'y avoir un correspondant pouvant les représenter auprès du Directeur de l'Ecole et surveiller la conduite de l'élève hors de l'établissement.

Les épreuves du concours commencent du 1er au 10 juillet pour la première session, du 15 septembre au 1er octobre pour la seconde session.

Le Ministre du Commerce, de l'Industrie,
des Postes et des Télégraphes,

MILLERAND.

Service militaire.

Loi du 11 novembre 1892 portant modification à l'article 28
de la loi du 15 juillet 1889.

ARTICLE PREMIER. — L'article 28 de la loi du 15 juillet 1889 est modifié ainsi qu'il suit :

ART. 28. — Les jeunes gens reçus à l'École polytechnique, à l'Ecole forestière ou à *l'Ecole centrale des Arts et Manufactures*, qui sont reconnus propres au service militaire, n'y sont définitivement admis qu'à la condition de contracter un engagement volontaire de trois ans pour les deux premières Ecoles, *de quatre ans pour l'Ecole Centrale*.

Ils sont considérés comme présents sous les drapeaux dans l'armée active pendant tout le temps passé par eux dans les dites écoles. Ils reçoivent, dans ces écoles, l'instruction militaire complète et sont à la disposition du Ministre de la Guerre.

S'ils ne peuvent satisfaire aux examens de sortie ou s'ils sont renvoyés pour inconduite, ils sont incorporés dans un corps de troupe pour y terminer le temps de service qu'il leur reste à faire...

Les élèves de l'Ecole centrale des Arts et Manufactures quittant l'école après avoir satisfait aux examens de sortie, sont admis à subir des épreuves d'aptitude au grade de sous-lieutenant de réserve déterminées par le Ministre de la Guerre.

Ceux de ces élèves qui satisfont à ces examens sont nommés sous-lieutenants de réserve et accomplissent, en cette qualité, dans un corps de troupes, leur quatrième année de service.

Ceux qui n'ont pas été jugés susceptibles d'être nommés immédiatement sous-lieutenants de réserve sont incorporés dans un corps de troupes comme simples soldats et accomplissent une année de service. A la fin de cette année de service, ils peuvent être sous-lieutenants de réserve, s'ils satisfont aux conditions d'aptitude fixées par le Ministre.

Les jeunes gens qui, en sortant de l'Ecole polytechnique, de l'Ecole forestière ou de l'Ecole centrale, ont été nommés sous-lieutenants de réserve, et qui donneraient leur démission avant la fin de l'année de service qu'ils doivent accomplir dans un corps de troupes, n'en resteront pas moins soumis à toutes les conséquences de l'engagement volontaire de trois ou quatre ans contracté par eux lors de leur entrée à l'école.

Les conditions d'aptitude physique, pour l'entrée à ces écoles, des jeunes gens qui, au moment de leur admission, ne sont pas aptes au service militaire, sont fixées par un règlement d'administration publique.

Décret du 28 septembre 1889.

ART. 5. — Le jeune homme qui demande à s'engager se présente devant un commandant de bureau de recrutement.

Cet officier supérieur, après s'être assuré, avec l'assistance d'un médecin militaire, ou, à défaut, d'un docteur en médecine désigné par l'autorité militaire, que le jeune homme n'a aucune infirmité ni maladie apparente ou cachée, qu'il est d'une constitution saine et robuste, qu'il a la taille et qu'il réunit les conditions exigées pour servir dans le corps où il désire entrer, lui délivre un certificat d'aptitude.

Le chef du corps où désire entrer l'engagé peut également délivrer ce certificat après visite d'un des médecins sous ses ordres.

ART. 19. — Les jeunes gens reçus à l'Ecole polytechnique, à l'Ecole forestière ou à l'Ecole centrale des Arts et Manufactures sont tenus de contracter un engagement dont la durée est de trois ans pour les deux premières, et de quatre ans pour la dernière.

Ces engagements courent du 1er octobre de l'année de l'entrée à l'école.

Si, pendant la durée des études, un élève est admis à redoubler une année à l'école, cette année ne compte pas dans la durée de l'engagement.

ART. 20. — Ces engagements sont contractés au moment de l'admission à l'école :

Devant le maire de l'un des arrondissements de Paris, par les élèves de l'Ecole polytechnique et de l'Ecole centrale des Arts et Manufactures ;

Devant le maire de Nancy, par les élèves de l'Ecole forestière.

Le contractant n'est assujetti à aucune condition d'âge
autre que celles qui sont exigées pour l'admission à l'école.
Il en justifie par la production du certificat d'admission.

Il produit en outre :

1° L'extrait de son casier judiciaire ;

2° Le certificat d'aptitude visé à l'article 5 du présent décret.

Ce certificat est délivré :

Pour l'Ecole polytechnique, par le général commandant
l'Ecole ;

Pour l'Ecole forestière, par le commandant du bureau de
recrutement de la subdivision de Nancy ;

Pour l'Ecole centrale des Arts et Manufactures, par le commandant du bureau de recrutement de la Seine.

Décret du 1er mars 1890.

ART. 3. — Les jeunes gens reçus à l'Ecole centrale des
Arts et Manufactures, non aptes au service militaire au moment de l'entrée à ladite école, y sont admis sans avoir à faire
preuve de conditions d'aptitudes physiques autres que celles
qui sont nécessaires pour suivre les cours de l'école. Toutefois, les dispositions des articles 4 et 5 ci-après ne sont applicables qu'à ceux d'entre eux qui ont été reconnus aptes
à prendre part aux exercices militaires prévus par l'article 28
de la loi du 15 juillet 1889.

L'aptitude physique de ces jeunes gens est constatée par
une commission composée du directeur de l'école, du commandant de recrutement de la Seine et d'un médecin militaire désigné par le Ministre de la Guerre.

Cette commission, après s'être assurée que les vices de conformation et les infirmités dont ces jeunes gens sont atteints
ne sont pas de nature à les mettre hors d'état de suivre les
cours de l'école, désigne ceux d'entre eux qui seront tenus
de prendre part aux exercices militaires.

Les décisions de la commission sont prises à la majorité des voix et sont sans appel.

Art. — Tout élève non engagé des écoles ci-dessus visées qui est devenu apte au service militaire peut souscrire, pendant son séjour à l'école, soit avant sa comparution devant le conseil de revision, soit au moment de cette comparution, un engagement de trois ans pour les deux premières écoles et de quatre ans pour l'École centrale, remontant au 1er octobre de l'année de son entrée à l'école. Il sera soumis aux mêmes obligations que les élèves de sa promotion engagés au moment de leur admission.

Art. 5. — Tout élève non engagé desdites écoles, appelé après sa sortie devant le conseil de revision et reconnu apte au service militaire, ne sera tenu d'accomplir qu'une seule année de service effectif dans les conditions auxquelles il aurait été soumis s'il s'était engagé au moment de son admission à l'école, pourvu, toutefois, qu'il ait satisfait aux examens de sortie à l'école à laquelle il a appartenu.

Nota. — En vertu de l'arrêté Ministériel du 9 octobre 1890, les élèves de l'École centrale des Arts et Manufactures doivent contracter leur engagement de quatre ans exclusivement dans l'arme de l'artillerie.

Costume militaire — Équitation.

Les frais du costume militaire, exigé des élèves ayant contracté un engagement, sont entièrement à la charge des familles. Ce costume doit rester à l'école pendant tout le temps des études ; il est rendu aux élèves à leur sortie.

Les élèves sont tenus de prendre des leçons d'équitation, dans l'un des manèges de Paris, sous la surveillance des Instructeurs militaires.

Renseignements généraux sur l'esprit dans lequel ont été faites les modifications au programme

*Les modifications apportées au programme ont été faites dans le but de le **simplifier**, de le **préciser** et de le **dévelop-***

per *dans le sens dans lequel les élèves eux-mêmes sont appelés à se diriger après leur entrée à l'école.*

1° **Simplifications.** On a supprimé toutes les questions pouvant donner lieu à des discussions sur les principes : ces questions qui touchent à la philosophie des mathématiques seraient intéressantes et utiles pour des élèves se destinant à l'enseignement ; elles ne peuvent même pas être comprises d'un élève de lycée. Personne ne songerait à demander à des candidats à l'École centrale d'approfondir et de justifier les définitions de la ligne droite et du plan, de discuter le postulatum d'Euclide : les notions simples et intuitives fournies par le bon sens ne peuvent qu'être obscurcies par des discussions prématurées. La même prudence s'impose en arithmétique, en algèbre et en mécanique.

C'est ainsi que, pour l'algèbre et l'arithmétique, on a supprimé du programme toutes les questions pouvant donner lieu à des développements ou à des interrogations sur les nombres incommensurables en général, sur l'idée générale de limite, sur la continuité en un point ou dans un intervalle, sur l'existence des dérivées et des fonctions implicites... : ce genre de notions se trouvera précisé par les exemples particuliers qui s'en présentent dans le cours ; l'idée d'incommensurable par le rapport de la diagonale du carré au côté ; l'idée de limite par les progressions géométriques décroissantes, les séries, les dérivées,... ; pour éviter toute difficulté pour la continuité on a indiqué au programme que l'idée d'un trait continu pour la représentation graphique de la fonction suffirait à définir la continuité ; on a, d'une façon générale, introduit dans toutes les questions d'analyse et d'algèbre la représentation graphique ; par exemple, on a indiqué que, pour le théorème des accroissements finis, $\dfrac{f(b) - f(a)}{b - a} = f'(c)$, on peut le déduire de cette remarque que, sur l'arc de courbe $y = f(x)$ entre les deux points $x = a$ et $x = b$, existe un point $x = c$ où la tangente est parallèle à la corde, pourvu que la dérivée

remplisse les conditions connues ; de même la représentation
graphique doit jouer un rôle fondamental dans tout ce qui
touche à la théorie des équations à coefficients réels, théorème de Rolle, méthode d'approximation Newton et des parties proportionnelles...

Pour les séries, on ne demandera que l'étude de celles
dont la convergence ou la divergence puisse s'étudier par
l'application directe des théorèmes indiqués au programme.

En mécanique, les interrogations ne porteront pas sur les
principes. Les candidats devront être exercés aux questions
du programme accompagnées d'applications simples ; par
exemple les conditions générales d'équilibre d'un corps solide devront être appliquées aux cas simples d'un corps solide sollicité par deux forces, par trois forces, par des forces
parallèles, par des forces dans un même plan...

Une autre simplification du programme a consisté à supprimer les petites questions traitées par des méthodes spéciales
et compliquées, quand il existe des méthodes générales plus
simples.

Enfin, une dernière simplification en mathématiques a
consisté à diminuer en géométrie analytique la place excessive
prise par la théorie des courbes et surfaces du second ordre,
principalement en supprimant des questions relatives à ces
courbes ou surfaces rapportées à des axes quelconques. On a
supprimé toutes les formules générales qui ne sont que des
exercices de mémoire ou des jeux d'écriture ; exemples : condition de contact d'une droite et d'une conique, équation
quadratique des tangentes menées d'un point, équation
quadratique des asymptotes dans l'équation générale, théorie générale des foyers et des directrices...

De même, dans l'espace, on a supprimé ce qui se rapporte
à la réduction de l'équation générale du deuxième degré ; par
contre, on a précisé les points sur lesquels portera l'étude
des quadriques avec les formes réduites.

Pour éviter de charger la mémoire de formules compliquées, on a spécifié en géométrie analytique que, dans toutes les questions relatives aux angles et aux distances, on emploierait les coordonnées rectangulaires.

Dans le même ordre d'idées, on a supprimé les notions de sciences naturelles précédemment exigées.

2° **Précision**. — L'ancien programme contient quelques expressions trop vagues ou trop générales, de telle sorte que les professeurs, ne sachant jusqu'où l'examinateur ira, fatiguent les élèves à force de vouloir prévoir des questions possibles. Dans cet ordre d'idées, rentrent d'abord des questions sur les principes qui sont déjà écartées, puis des questions comme les suivantes :

En trigonométrie :

Application à la résolution de *certaines* équations trigonométriques.

En algèbre :

Fonctions primitives qui s'obtiennent comme conséquences immédiates des dérivées ci-dessus indiquées.

En géométrie analytique :

Recherche des asymptotes à une courbe : *application aux courbes algébriques.*

Equations générales de coniques assujetties à *certaines* conditions. Equations d'un plan assujetti à *certaines* conditions, etc.

Ces questions ont été précisées et on a énuméré les applications demandées, ce qui allonge le texte, mais diminue le programme.

3° **Développement**. — Enfin, on s'est proposé de développer le programme. Il y a actuellement une tendance à faire tourner toute la géométrie analytique autour de l'étude des courbes et surfaces du second ordre *définies par leurs équations générales* et de la recherche de *lieux géométriques artificiels* ; les élèves apprennent par cœur des formules et des équations tout à fait inutiles. Comme nous l'avons déjà dit, on a supprimé dans le programme tout ce qui pourrait

pousser les professeurs dans cette voie où les élèves se fatiguent sans aucun développement de l'intelligence et acquièrent le dédain des questions simples et précises, des applications numériques, des calculs entièrement terminés.
Beaucoup d'élèves sont incapables de construire une courbe
définie par une équation numérique explicite $y = f(x)$, de
calculer les maxima, minima, les points d'inflexion, etc. On
a, en conséquence, introduit quelques questions qui oblige-
ront les élèves à approfondir la représentation d'une fonction
par une courbe sur des exemples numériques et à pousser
les calculs jusqu'au bout. C'est pourquoi on a divisé la partie du programme relatif aux courbes en trois parties :

A) Étude des courbes définies par une équation explicite
$y = f(x)$, cas très important au point de vue des applications :

B) Étude des courbes telles que les coordonnées d'un de
leurs points soient exprimées en fonctions d'un paramètre,
cas qui se présente constamment en cinématique ;

C) Courbes définies par une équation implicite. cas sur lequel portaient presque toutes les questions de l'ancien programme.

En trigonométrie on a ajouté la formule de Moivre et la
formule d'Euler

$$e^{ix} = \cos x + i \sin x.$$

Pour établir cette formule, on remarquera que, en prenant
la dérivée de

$$y = L(\cos x + i \sin x)$$

par les règles ordinaires et réduisant, on trouve :

$$y'_x = i$$

on en conclut $y = ix + C$,

$$\cos x + i \sin x = A e^{ix};.$$

et en faisant $x = 0$, $A = 1$. Il ne sera soulevé aucune difficulté au sujet de cette démonstration.

Enfin le programme se trouve complété, dans le sens que nous avons indiqué, par l'introduction de quelques notions de cinématique et de mécanique.

Si, pour les parties déjà anciennes et depuis longtemps classiques du programme, on a tenu à le préciser, à plus forte raison, en est-il ainsi dans ces parties nouvelles.

Ce qu'on a voulu tout d'abord, c'est que de futurs ingénieurs acquièrent le plus tôt possible quelques notions précises sur les machines les plus simples et que, sur chacune d'elles, il leur soit montré clairement qu'on ne peut pas gagner à la fois en force et en chemin parcouru, ce qui n'exige en aucune façon qu'on leur donne et surtout qu'on leur développe la notion du travail mécanique.

Galilée, sans cette notion, pouvait déjà dire à ses contemporains que celui qui chercherait un dispositif mécanique ayant par lui-même la double vertu de faire gagner à la fois de la force et du temps ne mériterait pas d'avoir du temps, parce qu'il l'emploierait trop mal. C'est ce que les machines comprises au programme suffisent à faire concevoir.

Si ce but avait été le seul utile, le programme de statique y eût suffi. Si l'on y a ajouté les premiers éléments de la cinématique et de la dynamique du point, c'est surtout en vue de l'enseignement de la physique, cette science dont l'importance en industrie grandit chaque jour. Les professeurs de physique n'ont jamais pu se passer d'employer des notions de mécanique plus ou moins déguisées. Il a paru préférable de les donner franchement en les réduisant à ce qui est indispensable dans la physique élémentaire et restera indispensable dans la physique la plus industrielle, à savoir : la notion du champ de forces uniformes et celle du champ de forces centrales variant en raison directe de la distance au centre. C'est à bien en imprégner les débutants que s'attache le programme dès ses premières lignes, dès qu'on a défini l'accélération.

On ne demandera d'ailleurs aucun des théorèmes généraux relatifs à la dynamique du point.

En statique, on a, dès le début, et contrairement à l'usage, introduit la notion du frottement. C'est la réalité, ce que chacun conçoit. Elle est de nature à donner aux débutants des idées beaucoup plus justes que l'abstraction sur laquelle, d'ordinaire, on les tient peut-être un peu longtemps et non au profit de la claire vue des choses.

Nota. — Le programme qui suit indique l'ensemble des connaissances exigées pour l'entrée à l'Ecole Centrale ; il va de soi que toute latitude est laissée aux professeurs pour l'ordre dans lequel ils jugeront préférable d'exposer les questions.

LA COMPOSITION DE MATHÉMATIQUES
AU CONCOURS D'ADMISSION

Le nouveau programme du Concours d'Admission à l'Ecole centrale des Arts et Manufactures stipule que les Candidats auront à faire une composition de *mathématiques*.

A l'avenir, cette composition portera sur deux sujets distincts :

1° Une question de cours prise dans la partie du programme relative à la mécanique ou à la cinématique, avec application numérique, s'il y a lieu ;

2° Un problème de géométrie analytique ou de cinématique, consistant : soit dans la recherche, la discussion et la représentation d'un lieu géométrique ou d'une trajectoire d'après des conditions géométriques ou cinématiques données ; soit dans la discussion et la représentation d'une courbe ou d'un mouvement directement définis par des équations numériques données.

Pas plus que par le passé, on ne proposera des questions

d'arithmétique pure ou d'algèbre pure. Ces deux sciences n'interviendront qu'à titre d'auxiliaires.

Ce que l'on désire, c'est que les candidats soient exercés à discuter et à suivre, par les moyens analytiques, géométriques ou cinématiques dont ils disposent, l'allure d'une fonction d'une variable ; qu'ils soient exercés à la recherche des tangentes, des maxima et minima, des points d'inflexion et, en cinématique, à celle des vitesses et des accélérations tangentielles.

On ne s'interdit pas d'une manière absolue de donner aussi des questions où il y aurait à remonter à des fonctions primitives ; mais, en ce cas, on se bornera aux fonctions primitives qui sont explicitement au programme et que les candidats doivent connaître.

Sujets de compositions
donnés aux derniers concours d'admission [1]

Deuxième Session 1902

PHYSIQUE

Deux boules métalliques dont la distance des centres est d centimètres sont chargées positivement, la première d'une masse électrique Q, la seconde d'une masse q. Une balle de sureau est assujettie a se déplacer sur la ligne des centres. Déterminer la position d'équilibre.

Application :

$$d = 5o^{em}, \quad + Q = 16, \quad + q = 4.$$

Soient A et B les boules respectivement chargées de Q et de q, M la position d'équilibre de la balle de sureau, et x le

[1] Extrait de la *Revue des Mathématiques spéciales*.

segment AM compté positivement dans le sens AB. Pour
déterminer x, écrivons que les forces produites par les
boules A et B en M sont égales : alors les influences se con-
trebalanceront et la balle de sureau restera neutre. On sait
que les forces sont proportionnelles aux masses et inverse-
ment proportionnelles aux carrés des distances ; nous aurons
donc :

$$\frac{Q}{x^2} = \frac{q}{(d-x)^2}.$$

Pour que les forces soient de signes contraires, la balle
de sureau doit être entre A et B ; x et $d-x$ sont positifs et
on peut écrire

$$\frac{\sqrt{Q}}{x} = \frac{\sqrt{q}}{d-x},$$

d'où

$$x = \frac{\sqrt{Q}}{\sqrt{Q}+\sqrt{q}}\, d.$$

En faisant l'application numérique, on obtient

$$x = 33\frac{1}{3}.$$

La position calculée ci-dessus est une position d'équilibre
instable et la balle de sureau, écartée infiniment peu de cette
position, va se précipiter sur l'une des boules métalliques,
par exemple sur celle qui porte la charge Q, et prendre une
partie kQ de cette charge, la fraction k dépendant des dimensions respectives de la boule et de la balle. Celle-ci sera
alors repoussée d'un côté par la charge $(1-k)Q$ restée sur
la première boule, de l'autre côté par la charge q de l'autre
boule ; il y aura équilibre et, cette fois, équilibre stable, à
une distance y telle qu'on ait :

$$\frac{(1-k)Q}{y^2} = \frac{q}{(d-y)^2},$$

d'où :

$$y = \frac{\sqrt{1-k}\,\sqrt{Q}}{\sqrt{1-k}\,\sqrt{Q}+\sqrt{q}} \qquad d = \frac{\sqrt{1-k}}{2\,\sqrt{1-k}+1}\;100.$$

Par exemple, si la boule et la balle ont même dimension,

$$k = \frac{1}{2};$$

et il vient

$$y = 50\,(2-\sqrt{2}) = 29^{cm},3.$$

GÉOMÉTRIE DESCRIPTIVE

On demande de déterminer la projection horizontale de l'intersection d'un cylindre oblique avec un cylindre de révolution, les deux surfaces étant définies de la manière suivante :

1° Le cylindre oblique a pour base une circonférence C du plan horizontal (centre O, rayon $R = 40^{mm}$) ; les génératrices inclinées à 45° sur le plan horizontal sont parallèles au plan vertical donné VG ; le cylindre est limité par un plan horizontal supérieur de cote $h = 100^{mm}$.

2° Le cylindre de révolution est tangent au plan horizontal de projection. Son rayon est de 400^{mm} et son axe est projeté horizontalement en $\omega s \omega_1$. Cette droite passe par le point s défini sur la figure et elle est perpendiculaire à la direction VG. Ce cylindre est limité à deux sections droites N et N_1 de positions données.

Cette première partie de l'épure s'exécutera complètement à l'encre. On admettra que les deux surfaces cylindriques sont opaques et qu'elles forment un seul solide. Les lignes cachées se représenteront par des traits pointillés. Cela fait, on supposera les solides éclairés par un point lumineux S donné par sa projection horizontale et sa cote $h' = 150^{mm}$ et on déterminera en projection horizontale les courbes d'ombres propres et celles d'ombres portées, soit par les surfaces entre elles, soit par les surfaces sur le plan horizontal.

Ces courbes se traceront au crayon d'un trait noir continu pour les parties vues et d'un trait noir pointillé pour les parties cachées.

Données numériques :

$OI = 110^{mm}$; $OD = 65^{mm}$; $OB = Bs = 40^{mm}$; $s\omega = s\omega_1 = 70^{mm}$.

Intersection des deux cylindres. — Prenons pour plan vertical de projection le plan vertical VG, en sorte que VG sera ligne de terre. Pour avoir l'intersection des deux surfaces, nous emploierons des plans de bout inclinés à 45° sur le plan horizontal. Le plan limite $\delta\delta'd'$ donne d en projection horizontale; la tangente en d est $d\delta$. Le plan auxiliaire contenant les génératrices de contour apparent horizontal du cylindre oblique, donne e et f. Au point e il y a rebroussement, car c'est un point d'intersection des contours apparents des deux surfaces; la tangente en e est es donnée par les sections circulaires en E, car es est perpendiculaire à Bf qui joint les centres de ces sections.

La courbe, en projection horizontale, admet OB comme axe de symétrie; on a en k et l les points sur cet axe à l'aide du plan auxiliaire $Bk'l'$; elle est $edflf_1d_1e_1$.

Ombres propres des deux surfaces. — Le point lumineux est s, s'. Les plans tangents menés par ce point au cylindre oblique ont pour génératrices de contact $C\gamma$ et $C_1\gamma_1$ qui sont les séparatrices d'ombre et de lumière sur cette surface; on en déduit l'ombre propre sur ce cylindre.

Pour le cylindre de révolution, les génératrices de contact des plans tangents sont projetées en hh_1 et ii_1, d'où l'ombre propre sur cette surface.

Ombres portées sur le plan horizontal. — L'ombre portée par le cylindre oblique est la partie du plan horizontal comprise entre les traces horizontales des plans tangents issus de s, s' et la circonférence, trace horizontale du cône qui a pour sommet S et pour directrice la base circulaire supérieure de ce cylindre. La trace d'un plan tangent est Cj; la trace du cône est le cercle de centre u, trace horizontale de sO_1, $s'O'_1$, et qui passe par G, trace ho-

rizontale de su, $s'u'$. L'ombre portée est CjG et la partie
symétrique par rapport à VG.

L'ombre portée par le cylindre de révolution est limitée
par les traces horizontales des plans tangents issus de S :
l'un de ces plans est $s'v'v$, dont $v'v$ est la trace horizontale.
L'autre est symétrique par rapport à $s\omega$. Cette ombre est
limitée d'autre part par les ellipses traces horizontales des
cônes qui ont pour sommet le point lumineux S et pour directrices les bases circulaires de ce cylindre. L'une de ces
ellipses est vpv_1 de grand axe $v\sigma v_1$ et de demi petit axe σp ;
les sommets s'obtiennent en prenant les traces horizontales
des génératrices du cône aboutissant l'une au point h, h' qui
est dans le plan tangent issu de S et l'autre au point le plus
haut de la circonférence du cylindre.

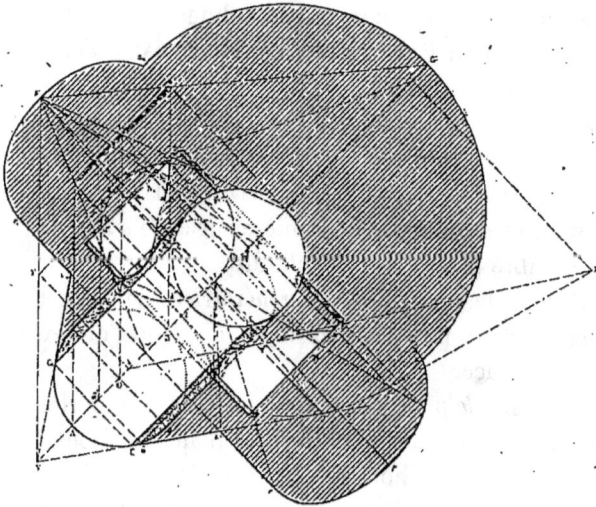

La limite de l'ombre portée sur le plan horizontal est donc
le contour extérieur formé par les deux ombres précédentes.
C'est $Cwvp\alpha G\alpha_1 sv_1 w_1 C_1$.

Ombre portée par le cylindre oblique sur le cylindre de révolution. — L'ombre portée en avant du plan vertical VG par le cylindre oblique, est limitée par la portion du plan SC*j* et par la portion de cône S*j*G ; l'ombre portée par le cylindre sur le cylindre de révolution sera donc limitée par l'intersection de ce cylindre de révolution avec cette portion de plan et cette portion de cône. Le plan SC*j* coupe le cylindre suivant l'arc d'ellipse projetée en *rdq*. Le point *r* sur *hh₁* est donné par *sw* ; en *d* cette ellipse est tangente à l'arc de courbe d'intersection des deux surfaces ; en *q* la tangente est *qλ*.

L'intersection du cylindre et du cône S*j*G est l'arc *qmn* tangent en *q* à *qλ*, c'est-à-dire à l'ellipse précédente. Nous avons construit un point quelconque *m* en prenant une génératrice *sμ*, *s'μ'* du cône et déterminant son intersection *m*, *m'*, avec le cylindre. La tangente en ce point est *mt*, *m't'*.

L'ombre portée est alors comprise entre les génératrices d'ombre, l'arc *rdqmn*, la droite *ni* et le contour *edfβ* du cylindre oblique.

La seconde partie de cette ombre portée est symétrique de la précédente par rapport à VG.

Nous avons représenté par des hachures les ombres portées et par du grisé les ombres propres.

Première Session 1903

MATHÉMATIQUES

Statique.

1° Énoncer sans démonstration les conditions d'équilibre communes à tous les systèmes matériels libres.

2° Deux barres articulées en A à une hauteur H au-dessus d'un plan horizontal poli, sur lequel posent leurs pieds B et C, sont maintenues dans un plan vertical où elles sont figurées par les lignes droites $BA = l$, $CA = l'$. Elles sont réunies par un fil horizontal à une hauteur h au-dessus du plan horizontal ; la barre BA porte un poids P attaché en un point D, tel que $BD = \mu .BA$.

Déterminer la tension du fil et les réactions de l'articulation, en négligeant le poids des barres, et en les supposant rigides, en négligeant le poids du fil et en le supposant inextensible.

Géometrie Analytique et Cinématique.

On donne deux axes quelconques Ox, Oy, un point A $(x = a)$ sur l'axe des x un point $B(y = b)$ sur l'axe des y.

1° Former l'équation de la parabole tangente aux axes respectivement aux points A et B.

2° Un voyageur parcourt l'axe des y d'une vitesse constante v, dans le sens positif. Au moment où il part de l'origine des coordonnées, son chien part du point A se dirigeant constamment vers son maître qu'il rejoint au point B, après avoir parcouru l'arc de parabole AB. On demande les équations des projections sur les axes du mouvement du chien et la vitesse minimum de ce dernier, en supposant les axes rectangulaires.   *(4 juillet, de 7 h. à 11 h.)*

PHYSIQUE ET CHIMIE

I. — Oscillation d'un barreau aimanté dans un champ uniforme. Comparaison des moments magnétiques des barreaux et des intensités de champs.

II. — On mélange V^{gr} de vapeur d'eau à 100°, E^{gr} d'eau à $t°$ et G^{gr} de glace à zéro ; quelle sera la température x de l'eau qu'on obtiendra? Quel doit être le rapport $\dfrac{V}{G}$ pour que la température finale soit t'?

Chercher x avec les données suivantes : $V = 30$. $E = 2000$, $G = 130$, $t = 10$.

Chaleur de vaporisation $L = 537$; chaleur de fusion $l = 80$.

III. — Eau régale.

IV. — Une salle de dimensions $6^m \times 4^m,5 \times 5^m$ renferme de l'air pur et sec.

On mélange à cet air le gaz provenant de la réaction, à chaud, d'un certain poids de ferrocyanure de potassium anhydre sur un excès d'acide sulfurique concentré. On prélève 100 litres de l'air ainsi vicié, et on les fait passer lentement dans un tube étroit A contenant des cristaux d'anhydride iodique, puis dans un tube semblable B, rempli de cuivre pulvérulent très pur.

Les deux tubes A et B sont disposés dans une étuve chauffée à 100° environ et le tube à cuivre a été taré avant l'expérience. Quand elle est achevée, son poids a augmenté de $22^{mgr},858$.

On demande : 1° D'expliquer et de formuler les réactions qui se passent entre le ferrocyanure et l'acide sulfurique concentré d'une part, et dans chacun des tubes A et B d'autre part ;

2° Quelle est la proportion, en volume, du gaz étranger mélangé à l'air de la salle ;

3° Quel poids de ferrocyanure anhydre a été décomposé.

Pour simplifier, on supposera les gaz mesurés dans les conditions normales, et on ne fera pas de corrections. (Chaque candidat reçoit un tableau des poids atomiques.)

(4 juillet, de 2 h. 1/2 à 5 h. 1/2.)

GÉOMÉTRIE DESCRIPTIVE

Intersection de trois cônes. — Solide commun

Un tétraèdre régulier a sa base ABC dans le plan horizontal et son arête SA parallèle au plan vertical. Les trois arêtes

7

SA, SB, SC de ce tétraèdre sont respectivement les axes de trois cônes de révolution ayant comme sommets les trois points A, B et C. Le demi-angle au sommet de chacun de ces trois cônes est de 30°.

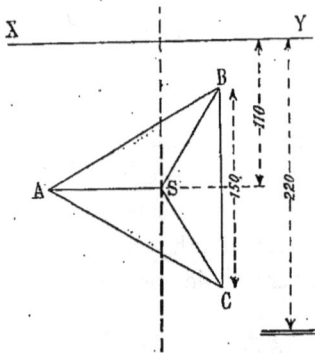

On demande, après avoir construit les projections des intersections de ces trois surfaces deux à deux, de représenter par ses deux projections le solide commun.

Titre extérieur : Géométrie descriptive. — Titre intérieur : Solide commun à trois cônes.

Cadre de 270^{mm} sur 450^{mm}. — Ligne de terre XY à 220^{mm} du côté inférieur du cadre. — Côté du tétraèdre 150^{mm}. — Éloignement du point S, 110^{mm}.

La projetante S se confond avec la ligne médiane parallèle aux grands côtés du cadre.

(5 juillet, de 7 h. à 11 h.)

TRIGONOMÉTRIE

Problème

Dans un triangle ABC on connaît l'angle A, le périmètre 2p et le rayon r du cercle inscrit.

1° Calculer les tangentes de moitiés des angles B et C.

2° Trouver les limites du rapport $\dfrac{r}{p}$ pour que le problème soit possible.

3° Construire géométriquement le triangle ABC et discuter.

4° Faire concorder les conditions de possibilité obtenues dans les deux méthodes.

Calcul

Calculer les arcs positifs, inférieurs à 360°, qui vérifient la formule

$$\sin\left(x - \frac{\pi}{3}\right) = \frac{\sqrt[3]{a^2}\cos 2x}{\lg \frac{1}{3}\beta}.$$

$a = 0,371258,$ $\alpha = 141°37'43'',$ $\beta = 104°13'28'',5.$

(5 juil., de 2 h. 1/2 à 5 h. 1/2.)

Résumé historique de l'Association des Anciens Elèves [1]

« L'Association, disait son septième président, Laurens, au banquet du 3 novembre 1869 (quarantième anniversaire de la fondation de l'École, est un complément nécessaire de l'École. Aussi en voit-on proclamer le principe dès 1832 par les élèves de la première promotion. — L'idée reprend vie en 1840, en se posant sur des bases plus larges, sans pouvoir davantage aboutir à la réalisation, bien que les fondateurs de l'École fussent personnellement favorables à l'établissement d'une Association. En 1848, l'idée se fait jour de nouveau, et les anciens élèves de l'École, mus par un sentiment libéral, né de l'époque elle-même, appellent à eux tous les ingénieurs civils, sans distinction d'origine. Ainsi fut créée la Société des ingénieurs civils. »

En 1849, une nouvelle tentative d'Association des Centraux eut lieu, mais elle n'aboutit pas. Enfin, en 1862, l'École venait d'être remise au gouvernement. La promotion qui sortait en 1862 avait subi un frémissement d'inquiétude causé par le rattachement d'une institution si libre et si pros-

[1] Extrait de l'*Annuaire de l'Association amicale des Anciens Elèves de l'Ecole centrale des Arts et Manufactures* (fondée en 1862 et reconnue établissement d'utilité publique par décret en date du 14 août 1867).

père au joug administratif, et la crainte de voir la liberté me-
nacée hâta la création de l'Association.

Sous l'impulsion de Perdonnet, l'Association, demandée
par le major de 3ᵉ année au banquet de juillet 1862, fut fondée définitivement le 4 novembre, à la rentrée.

Il fallut d'abord se compter au moyen de l'Annuaire, se
réunir pour fixer les Statuts et pour établir des relations amicales.

Perdonnet, puis Petiet, donnèrent à cette époque nombre
de soirées des plus brillantes, avec un dévouement qu'ils
mirent successivement comme directeurs de l'École, tout au
service de l'Association.

La valeur et la haute position des présidents de notre Association naissante est un exemple frappant de la sollicitude qui
l'entourait. Petiet, Callon, Chevandier de Valdrôme, Gros,
Thomas, Yvon-Villarceau l'amènent d'emblée à la reconnaissance d'utilité publique, le 14 août 1867, pour la grande
Exposition universelle.

Le bulletin mensuel avec travaux techniques est publié
sous la présidence d'Yvon-Villarceau. Et le 3 novembre 1869,
quand Laurens préside le banquet, dix-sept autres banquets
de province ont lieu au même moment.

Mais soudain la guerre éclate en juillet 1870 et l'Association devient une sorte de Comité de défense, tient des séances
hebdomadaires comme Commission du Génie auxiliaire,
fonde et organise le corps du Génie volontaire, formé par décret du Gouvernement de la Défense nationale, en date du
22 septembre 1870, fournit des officiers auxiliaires de l'artillerie, des électriciens, organise des ateliers de réparation
des armes, de fabrication des canons et des projectiles, assure
le service des pompes à vapeur pour les incendies, crée les
moulins pour le siège de Paris, etc., etc.

Petiet, qui était directeur de l'École depuis novembre 1867,
allouait annuellement 1,000 francs à l'Association, à raison
des services qu'elle rendait à l'École elle-même. Petiet meurt

le 29 janvier 1871, emportant dans la tombe, après Perdonnet, le titre de vrai fondateur de l'Association.

Mais lorsque la capitale rouvre ses portes, la province, qui s'est accoutumée à vivre quatre mois et demi sans Paris, a recouvré l'esprit de décentralisation, et tout de suite elle réclame le vote des absents.

Alors, l'Association, qui vient de prouver sa puissante vitalité en se retrouvant plus nombreuse à la sortie de la guerre, va connaître, avec la poussée d'une sève nouvelle, les tiraillements inévitables chez un peuple bien vivant.

Le 17 janvier 1872, la Commission des absents organise les groupes, et onze groupes sont constitués au 31 janvier. Puis les présidents de groupe sont admis avec voix consultative aux séances du Comité. Le 3 novembre 1873, on adopte enfin le vote des absents dans les groupes, méthode compliquée, qui sera l'occasion d'un débat sans cesse renouvelé pendant huit ans.

Le 26 octobre 1874, sous la présidence du vénéré Loustau, l'Association, grandissant, décide l'exode de son bureau et quitte à regret l'hôtel de Juigné, pour se donner un logis de 500 francs rue des Coutures-Saint-Gervais, n° 3.

Les soirées de Petiet avaient été suivies de la fondation du Cercle de l'École centrale, qui s'éteignit assez rapidement, en faisant l'Association son légataire universel. L'héritage s'élevait à 875 fr. 35. C'était le temps des budgets les plus modestes. Mais 1875 voit surgir les demandes pour la fondation d'un groupe de Paris, de ce groupe destiné à jeter plus tard tant d'éclat sur l'Association.

Deux ans se passent, et le 4 juillet 1877, le groupe de Paris est fondé, avec Chabrier comme premier organisateur.

Le 21 juin 1879, l'Association fête, avec la piété filiale la plus ardente, le cinquantenaire de la fondation de l'École centrale. On entrevoit l'avenir brillant sous la promesse de l'appel aux Centraux pour le personnel auxiliaire d'ingénieurs, nécessité par le fameux plan Freycinet.

On déménage encore, et le nouveau bureau pris rue de Thorigny, au rez-de-chaussée, s'inscrit au budget pour 800 francs.

Enfin, à la suite d'une proposition du président Barrault, un prix annuel, avec médaille d'or, est fondé par l'Association en faveur de l'élève sorti le premier de l'École Centrale. Ce prix est décerné pour la première fois en août 1881, par le président de Comberousse, le jour de la proclamation des diplômes à l'École.

Cependant les groupes, encore très jeunes, ne laissent pas que de causer des embarras au Comité par la prétention imprudente de faire insérer au Bulletin tous leurs procès-verbaux sans aucun retranchement. Cette prétention, qui exposait les intérêts généraux des camarades à être compromis par une publicité intempestive donnée à des préoccupations locales, si bien intentionnées qu'elles fussent, s'annonçait comme un vrai danger.

D'autre part, les publications techniques constituaient une sorte de double emploi avec les travaux de la Société des Ingénieurs civils, société indépendante, sans doute, de toute école, mais où les Centraux avaient pris une si grande part, qu'elle était véritablement pour eux une gloire intangible.

La nécessité de ramener l'ordre dans les efforts généreux, mais un peu dévoyés, conduit d'abord Barrault, le 3 novembre 1879, à faire son discours sur l'entente cordiale nécessaire entre l'École, la Société des Ingénieurs civils et l'Association amicale. L'Association récompense Barrault de son discours en le nommant président en 1879.

Gottschalk, nommé en 1881, attache son nom à trois mesures nécessitées par les circonstances : il réduit le Bulletin à n'être qu'une chronique de l'Association, laissant tous les travaux techniques à la Société des Ingénieurs civils ; il le transforme en publication bi-mensuelle pour éteindre les polémiques des groupes ; il met heureusement fin à la polémique ouverte depuis huit ans par le vote des absents, en faisant adopter le vote individuel et direct par correspondance, au lieu des votes par groupes, dont la complication avait, depuis 1872, été la cause de tant d'embarras et de discussions. Esprit de discipline, dignité de l'Association, le président Gottschalk défendait l'un aussi bien que l'autre, et il sut maintenir le privilège légitime de l'Association, de décerner, par la voix de son président, à la séance de proclamation des diplômes, le prix qu'elle avait fondé.

C'est encore dans l'année 1882 que le groupe de Paris mit en avant l'idée d'une grande fête de bienfaisance, à donner en février, au profit des camarades malheureux.

Comme les meilleures choses, cette idée exigea du temps pour mûrir ; c'est ainsi que le premier bal de l'Ecole centrale n'eut lieu qu'en 1887, cinq ans plus tard, et sous la vigoureuse impulsion de quelques camarades.

Dans cet intervalle, d'autres préoccupations se présentaient ; l'hôtel de Juigné, berceau de l'Ecole, était remplacé par l'Ecole actuelle, qui s'ouvrait le 10 novembre 1884.

Le bureau de l'Association, lui aussi, quittait la rue de Thorigny, pour s'installer 81, rue de Turbigo. En 1886, la Société des Camarades, en prenant fin, instituait, par un don de 6.000 francs, une bourse de voyage, pour un élève de deuxième année.

Puis arrivèrent les graves préoccupations motivées par la nouvelle loi militaire. L'Association, émue à juste titre, se passionnait pour la défense de la Patrie, en même temps que pour la défense de l'Ecole centrale, car, suivant la pensée de Napoléon, la nation armée veut l'utilisation de toutes les aptitudes, et nulle part en France, on ne trouve, autant qu'à l'Ecole centrale, une instruction comparable à celle des Ecoles Polytechnique et de Saint-Cyr, et une formation d'hommes pour le commandement, comme celle des ingénieurs civils. Aussi, dès 1885, voyons-nous Reymond, défendant la situation avec la plus grande énergie, unissant ses efforts à ceux de Cauvet, directeur de l'Ecole, et secondé ensuite par Buquet qui, de 1885 à 1888, ne quitte presque pas le fauteuil de président.

Il faut attendre jusqu'en 1892 pour voir enfin assurée, avec l'instruction militaire à l'Ecole, l'entrée des Centraux dans l'armée comme officiers de réserve ; et le banquet de 1892 permet au ministre de la guerre lui-même de reconnaître au milieu de nous que Cauvet, Reymond et Buquet avaient dignement servi la Patrie.

Dans l'intervalle, l'Exposition de 1889 nous avait brillamment aidés, en montrant au monde entier la part glorieuse de l'Ecole centrale dans le dévoloppement des applications de la science à toutes les branches de l'industrie et de l'activité humaine. Compter les décorations et les récompenses obtenues serait peu de chose à côté de la renommée acquise par tant de Centraux du premier mérite. Nous arrivons aux années trop proches de nous pour avoir été oubliées.

En 1893, nous voyons la très heureuse institution, par le président Canet, des Commissions permanentes, faisant contribuer tout le Comité aux travaux jusqu'alors plus spéciale-ment dévolus au Bureau. L'année 1895, nous donne, avec le président Berthon, l'honneur de la présence du chef de l'Etat à notre bal de l'Ecole, et le commencement des réunions annuelles des délégués des groupes.

Enfin en 1896 et à la présidence de Loreau se lient le transfert de nos bureaux, 4, rue Blanche, et la modification des Statuts, conformément aux vœux des années précédentes, portant à vingt-quatre le nombre des membres du Comité avec la mise à la retraite au bout de six ans.

Il restait à rattacher plus intimement à toutes les préoccupations communes les camarades éloignés. C'est ce qui a été obtenu par le rétablissement du *Bulletin mensuel*, satisfaction légitime, et désormais sans aucun inconvénient, grâce à la consécration, par plusieurs années de pratique, des sages idées émises en 1881, quant à la composition et à la rédaction de ce Bulletin.

Années	Présidents	Nombre des sociétaires
1862	*Date de la fondation.*	
1863	Petiet	988
1864	Callon	1.211
1865	Chevandier de Valdrôme.	1.386
1866	Gros	1.542
1867	Thomas	1.681
1868	Yvon–Villarceau	1.799
1869	Laurens	1.886
1870	Dailly.	1.874
1871	Pothier	1.926
1872	Pothier	1.982
1873	Loustau	2.073
1874	Yvon–Villarceau	2.161
1875	Daguin	2.314
1876	Daguin	2.225
1877	Goschier.	2.355
1878	Clémandot	2.542
1879	Chabrier. . . . . . . , .	2.654
1880	Barrault	2.742
1881	De Comberousse	2.876
1882	Gottschalk	2.964
1883	Reymond	3.100
1884	G. Denis	3.224
1885	Noblot	3.367
1886	Buquet	3.491
1887	Buquet	3.572
1888	Darcel	3.694
1889	Buquet	3.811
1890	Coffinet	3.925
1891	Eiffel	4.039
1892	Jousselin.	4.099
1893	Armez	4.174
1894	Canet.	4.219
1895	Berthon	4.260
1896	Loreau	4.325
1897	Honoré	4.401
1898	Du Bousquet	4.411
1899	Reynaud.	4.509
1900	Balsan	4.603
1901	Balsan	4.680
1902	Moisant	4.791

On ne peut terminer cet historique sans dire un mot de l'accroissement constant du nombre des membres de l'Association, accroissement que le tableau ci-contre fait ressortir mieux que toute explication.

Enfin, la grande question du Placement, celle qui tient le premier rang depuis la naissance de l'Association et qui plane sur tous ses travaux, se résume, en ce qui touche l'action directe du Bureau, par des chiffres très satisfaisants, bien qu'ils ne représentent pas les résultats réellement obtenus. Ceux-ci, en effet, sont accrus par les résultats procurés dans les groupes, mais dont l'Association n'a pas toujours connaissance, et surtout par les résultats intimes qui échappent à toute statistique, et qui sont pourtant le fruit le plus doux de ce sentiment d'assistance mutuelle, né sur les bancs de l'Ecole, et heureusement entretenu par ces réunions cordiales, auxquelles la reconnaissance et la fraternité nous font un devoir de prendre part (voir p. 105).

LISTE

des anciens élèves qui ont obtenu le prix fondé par l'Association, en 1881, pour être décerné, chaque année, à l'élève sorti de l'Ecole Centrale le premier de sa promotion.

MM. Krieg, 1881 ; Biver, 1882 ; Bouvier, 1883 ; Tassart, 1884 ; OEsinger, 1885 ; Michau, 1886 ; Boileau, 1887 ; Plou, 1888 ; Reich, 1889 ; Charrier, *Henri,* 1890 ; Bellanger, 1891 ; Ganne, 1892 ; Labbe, 1893 ; Guillemin, 1894 ; Gosse, *Abel,* 1895 ; Dutreux, 1896 ; Garnier, 1897 ; Turquais, 1898 ; Louis, 1899 ; Patoux, 1900 ; Cadeau, 1901 ; Rolland, *Henri,* 1902.

LISTE

des Elèves de seconde année ayant obtenu le prix de
« *l'Ancienne Société des Camarades* »

(Bourse de voyage).

MM. Fiévet, en 1890 ; Portal, en 1895 ; Turquais, en 1897 ; Royer, en 1902.

LISTE

des Elèves de troisième année ayant obtenu le prix
« Ostermann (1860) »

MM. Thiss, en 1896 ; Bontemps, en 1897 ; Bétard, en 1898 ; Cuny, en 1899 ; Pascal, en 1900 ; Vigues, en 1901 ; Garanger, en 1902.

LISTE

des Elèves constructeurs de deuxième année ayant obtenu
le prix « Louis Boissonnet (1860) »
(Voyage d'études à l'Étranger)

MM. Delachanal, en 1876 ; Michaux, en 1877 ; Schoulepnikoff, en 1878 ; Gauthier, en 1879 ; Dillemann, en 1880 ; Thieffin, en 1881 ; Duplaix, en 1882 ; Chaigneau, en 1883 ; Leinekugel, en 1884 ; Bonnel, en 1885 ; Boileau, en 1886 ; Plou, en 1887 ; Reich, en 1888 ; Meyer, en 1889 ; Bellanger, en 1890 ; Birault, en 1891 ; Reymond, en 1892 ; Degaille, en 1893 ; Monnier, en 1894 ; Bigot, en 1895 ; Allar, en 1896 ; Bellefille, en 1897 ; Pognon, en 1898 ; Bourbon, en 1899 ; Vuldy, en 1900 ; Garanger, en 1901 ; Bruneton, en 1902.

LISTE

des anciens Elèves ayant obtenu la Bourse de voyage :
Fondation Jacques Ellissen

M. Badois, 1900.

Simple analyse.

Qu'on nous permette de consacrer ici une petite analyse à notre plus grande Ecole industrielle.

Voici un son de cloche tiré du traité de M. Hanotaux : *Du choix d'une Carrière*. Il est nécessaire de recopier ce passage d'un correspondant français ayant trouvé des éléments de comparaison durant son séjour à l'Extérieur :

L'Ecole centrale des Arts et Manufactures se distingue assurément par les sommités qui y professent, mais elle a de grands défauts, et je me demande si elle est maintenant à la hauteur de certaines Écoles techniques suisses, belges, allemandes et même autrichiennes.

Il manque à l'École centrale les deux qualités caractéristiques des Écoles supérieures :

1° La *liberté d'enseigner* (*Lehrfreiheit*), grâce à laquelle les professeurs enseignent sans être soumis à un contrôle ou à un programme imposé par la direction des études ; cette liberté sauvegarde l'*initiative* du professeur ;

2° La *liberté d'apprendre* (*Lernfreiheit*), grâce à laquelle chaque élève a le droit de choisir les cours qui lui conviennent ; cette liberté sauvegarde l'*individualité* de l'élève.

L'École centrale a aussi le défaut de n'être ouverte qu'à un nombre restreint d'élèves.

C'est pour cette raison que l'on voit probablement de jeunes Français à Zurich, à Berlin, venant chercher à l'étranger une science qu'on leur mesure trop parcimonieusement dans leur pays. Comme l'École centrale et les écoles existantes ne peuvent abriter tous les Français se destinant à la carrière d'ingénieur, il serait temps de fonder dans divers centres industriels des écoles de génie civil, de mécanique appliquée, de métallurgie, d'agriculture, etc., analogues aux institutions chimiques et électrochimiques, et de créer, par la réunion de tous ces établissements, des écoles techniques supérieures.

La réforme a été faite pour les chimistes et pour les électriciens ; elle reste à faire quant aux autres branches de l'industrie.

Sans nier tout le fondé de cette critique, il sied quand même de rendre hommage aux qualités des élèves de Centrale qui portèrent et continuent de diffuser en France et dans le monde entier, le génie scientifique, la haute culture industrielle de notre nation.

Nous répéterons volontiers, qu'à notre avis, le modèle suprême du technicien d'élite peut être représenté par l'ancien élève de Polytechnique qui se spécialise. Eh! bien, le Central atteindrait presque ce *summum* à admirer, après quelques années de pratique dans la branche industrielle qu'il a choi-

sie librement, selon son aptitude bien affirmée, et où il persiste à se produire d'un labeur continu.

Évidemment, on ne saurait demander à l'Ingénieur sortant de l'École centrale d'en remontrer pratiquement,
manuellement au modeleur qui, par inadvertance, clouera un
bossage à dévisser dans le sable ; ni au fondeur qui coulera
son moule les pattes à l'envers, sans souci des masselotes
épurantes — toutes préoccupations qui, sans être essentielles,
ont leur importance relative. Mais cela n'empêchera pas ce
même chef de bureau de dessin d'établir son autorité par la
direction du travail bien divisé, réparti à longs coups sché-
matiques de gros crayon, et de vérifier d'un coup d'œil, d'un
coup de règle à calcul, les proportions exactes d'un organe
aux moments d'inertie multiples, très délicats, déconcer-
tants... Et c'est précisément dans ces postes de haute direction que le Central vraiment capable développera toute sa
valeur réelle, appréciable et... généralement appréciée.

Nous nous faisons un cordial plaisir de rendre à l'École
centrale des Arts et Manufactures ce qui lui appartient, —
sans pour cela rabaisser en rien le mérite, le prestige d'autres
Écoles jadis bien inférieures, et qui se haussent de plus en
plus vers les sphères supérieures de la Technique générale.

CHAPITRE III

—

AUTRES ÉCOLES TECHNIQUES

—

I. — INDUSTRIE PROPREMENT DITE

Institut industriel du Nord de la France. — L'important Institut industriel de Lille (subventionné par l'Etat, le Département et la Ville) a toutes facilités pour former des directeurs techniques des principales industries du nord de la France et d'ailleurs. Les cours théoriques y sont assurés par des professeurs de facultés et de lycées, et par des ingénieurs de l'Etat. De plus, les élèves peuvent se familiariser avec les travaux manuels : ajustage, forge, menuiserie, électricité, chimie, machines-outils, etc.

Mais alors, une question se pose ici. A côté de cette Ecole, en quelque sorte supérieure d'Arts et Métiers, qu'est venue faire l'Ecole ordinaire d'Arts et Métiers de Lille ?

Ecole centrale lyonnaise. — Subventionné par la Chambre de Commerce de Lyon, cet établissement nous paraît organisé semblablement à l'Ecole centrale de Paris, avec un programme d'études analogue.

A signaler particulièrement les cours de dessin en trois années, bien échelonnés, avec, vers la fin, des projets de machines, d'usines, de bâtiments civils, etc., — programme qu'on devrait bien adopter intégralement dans les Ecoles d'Arts et Métiers.

L'*Ecole d'ingénieurs, de Marseille*, nous semble inspirée de la précédente, quant à l'organisation rationnelle des études. Une fois de plus, les deux « seconde ville de France » luttent sur pied d'équivalence.

Ecole professionnelle supérieure des Postes et Télégraphes. — Ne quittons pas le domaine de l'Industrie et le ministère dont il dépend, sans dire un mot de l'ancienne Ecole supérieure de Télégraphie, fondée en 1878, et réorganisée en 1888.

Elle se divise en deux sections.

La première section a pour but le recrutement du personnel supérieur de l'exploitation. Admission par voix de concours des commis-titulaires, ayant au moins cinq ans de services effectifs dans l'Administration des Postes et Télégraphes, et 25 ans d'âge. Matières exigées, en plus des notions de télégraphie et de service postal : algèbre, géométrie, physique et chimie, histoire et géographie.

La deuxième section assure le recrutement des ingénieurs. Peuvent concourir, entre 20 et 30 ans : les agents des Postes et Télégraphes ayant plus de deux ans de service ; les licenciés ès sciences ; les anciens élèves diplômés des Ecoles Polytechnique, Normale supérieure, des Mines, nationale des Ponts et Chaussées, Forestière, Centrale.

Le mode de recrutement nous dispense d'énumérer les matières transcendantes exigées.

Enfin des auditeurs libres peuvent être acceptés.

II. — TRAVAUX PUBLICS

Ecole nationale des Ponts et Chaussées. — Erigée à Paris, 28, rue des Saints-Pères, cette grande Ecole ne reçoit comme élèves internes qu'une dizaine de Polytechniciens qui entrent là avec le titre d'élèves-ingénieurs.

Les places des *élèves externes* sont attribuées au concours. Ages extrêmes 18 et 25 ans. Matières exigées : arithmétique, algèbre, géométrie élémentaire, trigonométrie, géométrie analytique, géométrie descriptive, physique et chimie, calcul différentiel et intégral, mécanique, architecture.

Un cours préparatoire est annexé à l'Ecole même. On peut y concourir entre 17 et 24 ans, sur les matières suivantes : arithmétique, algèbre, géométries élémentaire, descriptive et analytique, trigonométrie, physique et chimie, dessin linéaire et lavis.

Enfin, quelques places d'externes sont chaque année réservées aux Conducteurs des Ponts et Chaussées ayant plus de six années de grade.

École spéciale d'Architecture. — Nous avons déjà parlé de l'Architecture. Nous n'en dirons jamais trop de bien, nous ne vanterons jamais trop cette partie de l'Education artistique.

Acheminons nos jeunes Camarades qui s'en sentent le goût, vers l'Ecole spéciale d'Architecture du Boulevard Montparnasse. Extrait du programme :

Elle a pour but de former des architectes. Elle admet les nationaux et les étrangers. Son programme s'approprie notamment aux conditions et aux examens ou concours qui donnent accès aux positions d'*architectes de municipalités, d'arrondissements ou de départements.*

Elle ne limite pas son utilité à ces fins directes. Toutes les entreprises liées aux œuvres de l'architecte rencontrent dans les branches variées de ses études l'instruction essentielle aux applications de l'industrie du bâtiment.

La profession de l'architecte exige aujourd'hui une instruction technique qui n'a pas sa place dans les ateliers d'artistes, et une éducation artistique qu'on ne trouve pas dans les écoles de sciences appliquées. C'est au mariage de cette éducation fondamentale et de cette instruction nécessaire que l'école a consacré et mesuré toute son organisation.

Sous le rapport de l'*éducation artistique*, elle entretient plusieurs ateliers, à la tête desquels sont placés des maîtres que leurs talents, leurs tempéraments, leurs méthodes désignent au libre

choix des élèves. En cela, elle n'a rien inauguré. Elle a mis à
portée des ateliers une *salle de dessin* fortement organisée, et
dont la fréquentation régulière est obligatoire. Par là elle a for-
tifié les études d'ateliers.

Sous le rapport de l'*instruction*, l'amphithéâtre de l'école, avec
ses dix-huit chaires et le cortège de ses examens, pourvoit à deux
ordres de connaissances également indispensables à l'architecte :

1° Les connaissances *générales*, destinées à découvrir aux yeux
des élèves les ressources intellectuelles et économiques qui mar-
quent notre époque, et avec lesquelles il aura nécessairement à
compter dans sa carrière. Ces leçons ouvrent de larges vues sur
les sciences qui dominent les applications ; elles en montrent
l'étendue et les limites. Ce sont des tableaux d'ensemble exposés
dans des cours restreints, mais nombreux ;

2° Les connaissances *techniques* destinées à nourrir directement
l'action de l'homme de profession. Ici, le nombre des leçons s'accroît dans chacune des chaires ; les sujets se précisent, les questions se développent et s'épuisent, les exercices qu'elles suggèrent
naissent et se multiplient.

...L'enseignement se compose de :

1° *Études d'ateliers.* — Elles se développent toutes autour de
concours permanents entretenus par la Direction de l'École. Les
Professeurs conseillent et dirigent librement leurs élèves dans
leurs ateliers respectifs. Les 3/4 du temps d'école sont consacrés
à l'atelier, où l'élève travaille librement.

2° *Études de dessin.* — Tous les élèves sont astreints aux leçons
qui les retiennent trois fois par semaine pendant deux heures à
la salle de dessin.

3° *Études d'amphithéâtre*, comprenant les cours suivants, tous
obligatoires :

Stéréotomie — Ombres — Perspective — Physique générale
— Chimie générale. — Géologie - Levé des plans, nivellement,
topographie — Histoire naturelle — Stabilité des constructions
— Construction — Hygiène — Physique appliquée — Chimie
appliquée — Machinerie des constructions — Comptabilité du
bâtiment — Législation des constructions — Économie politique — Histoire comparée de l'architecture — Théorie de l'architecture.

8

...Le prix de l'enseignement est de 850 francs par an, exigible en quatre termes.

Il n'y a pas de limite d'âge.

Nul n'est admis à l'école qu'après avoir subi des épreuves qui ont lieu, au choix du candidat, soit au siège de l'école à Paris, soit dans les chefs-lieux des départements, auprès du professeur désigné, sur la demande de l'école par le proviseur du lycée local ; soit à l'étranger, par les professeurs des universités.

La session d'examen à Paris commence vers le 25 septembre.

Les épreuves pour l'admission à l'école comprennent :

1° Un dessin d'après un ornement en relief ;

2° Le dessin (plan, coupe, élévation) d'un édifice rendu sur un croquis côté ;

3° Une composition française ;

4° Un examen oral portant sur : Arithmétique — Algèbre — Géométrie — Trigonométrie — Géométrie descriptive — Histoire et Géographie.

...A la fin de la troisième année d'études, les élèves qui ont satisfait à toutes les épreuves réglementaires de l'enseignement, sont admis à un concours général.

Ce concours a pour but la participation au classement de sortie et l'obtention du diplôme que le conseil de l'école donne à ceux de ses élèves qui lui paraissent posséder les ressources et l'esprit de l'enseignement.

Il est jugé par un jury composé de professeurs auxquels sont adjoints des architectes étrangers à l'école.

Indépendamment des *diplômes* et à la suite d'épreuves spéciales, l'Ecole décerne des certificats d'*architectes salubristes*.

L'Ecole peut admettre des auditeurs libres dans ses amphithéâtres.

...Un enseignement *spécial* fonctionne à l'Ecole spéciale d'Architecture pour la préparation aux examens d'admission de cette Institution. Il comprend :

I. — A l'atelier, des exercices journaliers de dessin, d'architecture et de composition architecturale élémentaire.

II. — A la salle de dessin, six heures par semaine de dessin d'imitation, d'après le modèle en plâtre (ornement et figure).

III. — A l'amphithéâtre, les cours suivants :

1° Un cours de mathématiques (arithmétique, algèbre, géométrie plane et dans l'espace);

2° Un cours de géométrie descriptive;

3° Un cours d'histoire et de géographie, comportant des exercices de compositions littéraires.

L'enseignement préparatoire ouvre le 1er octobre de chaque année et se termine à fin juillet de l'année suivante. Il a lieu tous les jours, de 10 heures du matin à 4 heures du soir en hiver, à 5 heures en été.

Le prix de l'enseignement préparatoire est de 70 francs par mois.

On le voit, ce programme de l'enseignement intérieur est tentant, malgré sa durée aussi longue qu'à l'École Centrale, — moins transcendant peut-être au point de vue mathématiques mais plus hautement spécialisateur en tant qu'esthétique.

« La *théorie de l'Architecture*, lisons-nous encore, est impuissante à former l'artiste, elle n'y vise pas. Mais elle lui fournit dans la phrasique, l'organique et la plastique, les fondements de sa méthode. »

Parlant de la *critique* : « Elle ne lui demande pas, lorsqu'il doit concevoir un édifice, de résoudre isolément un problème de phrasique, puis un problème d'organique, puis un problème de plastique. Mais elle lui imprime le savoir et l'habitude de soumettre incessamment ses conceptions à la censure sévère de cette triple doctrine. »

En résumé, il n'est pas indispensable de suivre, durant trois longues années, les cours du Boulevard Montparnasse pour s'établir architecte; mais ceux qui, parmi nos Camarades, pourront se payer ce luxe d'instruction complémentaire, feront bien de se spécialiser supérieurement dans cette belle partie, à la fois artistique et lucrative.

ÉCOLE SPÉCIALE DES TRAVAUX PUBLICS. — Voici maintenant une institution d'allure moins officielle que les précédentes, mais que nous croyons devoir signaler à nos Camarades désireux de se spécialiser dans les Travaux publics.

L'Ecole spéciale des Travaux Publics nous fait répondre le directeur M. Eyrolles, s'adresse notamment :

1° Aux jeunes gens qui débutent ou se destinent aux divers services de la carrière des Travaux Publics : Pont et Chaussées, Mines, etc.

2° Aux agents secondaires de ces divers services : commis des Ponts et Chaussées, élèves architectes, etc.

3° Aux fonctionnaires déjà d'un certain ordre : conducteurs, agents-voyers, etc.

4° Enfin à tous ceux qui désirent compléter et parachever leur instruction, anciens élèves des grandes écoles et autres.

Comme particularité, l'instruction est donnée sur place dans les salles de l'Ecole, et aussi par correspondance.

...Les cours techniques sont d'abord professés sur place dans les salles de l'Ecole, puis répétés sur le terrain, sur les chantiers de travaux et dans les usines de fabrication. L'Ecole, installée au centre de Paris, rue du Sommerard, renferme : bureaux, salles de cours, salles d'études, etc. Les collections comprennent la série complète des instruments de géodesie et tous les appareils de démonstration nécessaires, les échantillons des matériaux de construction, avec tous les produits nouveaux, tous les objets de serrurerie, quincaillerie et autres ; des machines à vapeur de démonstration, des maquettes d'ouvrages d'art, etc., etc.

...L'enseignement par correspondance est une méthode spéciale créée pour mettre l'instruction à la portée de tous. La personne qui se fait inscrire à l'un des cours reçoit une préparation individuelle qui commence n'importe quel jour et dont la durée varie au gré du correspondant, suivant ses convenances et le but qu'il poursuit. Le cours à apprendre est divisé en *séries*, c'est-à-dire en *périodes de travail* dont la durée est comprise entre cinq et quinze jours. Ces séries sont adressées périodiquement et très régulièrement, au correspondant.

Voici quelles sont les conditions d'admission aux cours supérieurs, qui peuvent intéresser plus directement nos Camarades :

Les candidats munis du diplôme de Conducteur des Ponts et

Chaussées, Agent-voyer, Chef de section des Compagnies de chemin de fer, Contrôleur des Mines, Géomètre, etc., sont admis
de droit. — Les autres candidats doivent justifier de connaissances analogues à celles comprises dans ces divers diplômes.

Ces cours supérieurs comprennent les matières d'examen
d'admission aux cours spéciaux de l'École des Ponts et Chaussées.

Le Conducteur qui a suivi fructueusement tous ces cours possède les connaissances générales de l'Ingénieur des Travaux.

Passons maintenant à la question des prix de préparations
(cours supérieurs).

Cours théoriques : 1° Cours complets (Programme de l'examen
d'admission aux cours spéciaux de l'École des Ponts et Chaussées,
externat). Prix de l'enseignement avec tous les cours autogra-
phiés : 450 francs. Durée normale des cours : 30 mois. —
2° Cours réduits (Ensemble des connaissances théoriques nécessaires à l'Ingénieur). Prix, comme le précédent : 225 francs.
Durée normale : 15 mois.

Cours d'applications pratiques. — 1° Introduction mathématique à l'étude de la résistance des matériaux de l'hydraulique
et de l'électricité (ce cours peut dispenser des cours théoriques :
6 mois, 90 francs) ; 2° Rédaction de projets de tracé et de terras-
sement (5 mois, 75 francs) ; 3° Résistance des matériaux et stabilité des constructions avec applications pratiques (15 mois,
225 francs) ; 4° Hydraulique, distributions d'eau, assainissement
(7 mois, 105 francs) ; 5° Droit administratif (8 mois, 120 francs).

Un certificat de fin d'études est délivré à l'expiration de la
préparation à tous les auditeurs ou correspondants ayant suivi
fructueusement et complètement les cours.

En outre, des diplômes de Commis, de Conducteur et d'Ingénieur des Travaux sont délivrés après examen des candidats devant une commission spéciale présidée par un Ingénieur en chef
des Ponts et Chaussées. Ces diplômes permettent de trouver facilement des situations lucratives.

Un service de placement gratuit des candidats est d'ailleurs
organisé à l'École même et donne les meilleurs résultats. Les relations de l'École avec les grandes Administrations, les Ingénieurs des Ponts et Chaussées, Agents-voyers en chef, Ingénieurs

civils, Constructeurs, Entrepreneurs, Architectes, Directeurs des
grandes maisons industrielles, etc., permettent de procurer des
emplois à ceux qui se trouvent sans situation ou qui veulent en
changer. Le Directeur de l'Ecole se tient à la disposition des
candidats pour les guider vers une carrière, leur indiquer celle
qui leur convient le mieux et leur faire connaître toutes les situations avantageuses qui se présentent.

Enfin, une Société d'élèves et d'anciens élèves de l'Ecole a été
fondée en 1901. Elle a pour but de développer l'instruction de
chacun de ses membres, de leur venir au besoin pécuniairement
en aide, etc.

Nous n'en doutons pas, beaucoup de nos Camarades, qui
l'ignoraient encore, nous sauront gré de leur avoir signalé
l'importance de cette grande institution qui vise à lancer des
sujets d'élite dans les vastes carrières des Travaux publics.
Pour les renseignements complets, ils n'ont qu'à s'adresser :
12, rue du Sommerard, où nous fûmes très courtoisement
accueilli.

III. — MINÉRALOGIE

ÉCOLE SUPÉRIEURE DES MINES. — A Paris, 60 Boulevard
Saint-Michel. C'est le pendant major de l'Ecole nationale
des Ponts et Chaussées. Elle reçoit, en dehors de ces trois
ou six Polytechniciens annuels, des élèves externes qui,
munis du *diplôme supérieur d'ingénieur civil des Mines*,
trouvent à se placer avantageusement dans les mines, la métallurgie, et beaucoup d'autres industries dérivées.

Les cours peuvent être également suivis par des auditeurs
libres.

ÉCOLE DES MINES DE SAINT-ETIENNE. — Elle n'est guère
connue véritablement que depuis une vingtaine d'années, car
avant 1880, on l'appelait communément *Ecole des mineurs*
— de même que beaucoup de « luisants » répètent encore
aujourd'hui que les Ecoles d'Arts et Métiers « font des ouvriers » exclusivement.

Voici d'ailleurs un aperçu des difficultés d'admission, par les matières exigées : trigonométrie, géométrie analytique ; physique et chimie ; géométrie descriptive ; dessin ; composition française.

Le niveau de cette grande École, sans atteindre Polytechnique, peut s'assimiler à celui de l'École centrale de Paris.

Durée de l'externat : 3 années, avec enseignement gratuit.

Ages extrêmes du concours : 17 et 26 ans.

ÉCOLE DES MAÎTRES-OUVRIERS MINEURS. — A Douai et à Alais.

Conditions pour concourir : âge minimum 18 ans, et être ouvrier mineur depuis plus d'un an et demi.

Une instruction élémentaire suffit pour être admis à ces écoles, mais non pour y suivre aisément les cours intérieurs, — le candidat trop juste sur le programme se trouvant fatalement surmené et en retard par la suite, à son très grand désavantage ultérieur.

IV. — PHYSIQUE ET CHIMIE

ÉCOLE MUNICIPALE DE PHYSIQUE ET DE CHIMIE INDUSTRIELLE DE PARIS, 42, rue Lhomond.

Pour y être admis, il faut être Français et domicilié dans le département de la Seine. Ages extrêmes : 16 et 19 ans. Matières exigées :

Epreuves écrites : Narration française. — Mathématiques. — Physique et Chimie. — Dessin géométrique.

Epreuves orales : Mathématiques. — Physique et Chimie. Langues étrangères (allemand ou anglais obligatoires ; espagnol et russe facultatifs).

Enseignement intérieur. — Les éléments exigés à l'entrée, mais beaucoup plus étendus.

Régime. — Externat, avec déjeuner de midi à la cantine de l'École.

Enfin un laboratoire de recherches, pouvant constituer comme une quatrième année d'études, est annexé à l'École.

INSTITUT CHIMIQUE DE NANCY. — Créé par l'Université de cette ville, on y enseigne aux élèves les matières relevant des industries de la région : industries chimiques en général, teinture, impression, distillerie, féculerie, brasserie, métallurgie, etc.

ÉCOLE DE CHIMIE INDUSTRIELLE DE LYON. — Installée dans les vastes laboratoires de chimie, cette école donne un enseignement exclusif et assez complet de chimie, à la fois scientifique et industrielle.

ÉCOLE DE CHIMIE DE BORDEAUX. — Pour les futurs chimistes se destinant à l'industrie et à l'agriculture.

ÉCOLE DE CHIMIE INDUSTRIELLE DE ROUEN. — Théorique et surtout pratique.

INSTITUT NATIONAL AGRONOMIQUE. — Trop peu de nos Camarades se consacrent aux professions relevant du domaine agricole. Signalons-leur l'*Institut national agronomique*, rue Claude-Bernard. Cette école supérieure d'agriculture a pour but de former : des agriculteurs et des propriétaires possédant les connaissances scientifiques nécessaires pour les meilleures exploitations du sol ; des professeurs spéciaux ; des administrateurs de services agricoles ; des agents pour l'administration des forêts ; des directeurs de stations agronomiques ; des chimistes ou directeurs pour les industries agricoles (sucreries, féculeries, distilleries, fabriques d'engrais, etc.) ; des ingénieurs agricoles (drainages, irrigations, construction de machines).

Pour l'examen de concours (âge minimum, 17 ans) nous signalerons les *Sciences naturelles* (Zoologie et Botanique) et les *Langues vivantes* (anglais ou allemand), en plus des autres éléments scientifiques que possèdent nos Camarades.

Le régime de l'Ecole est l'externat : durée deux ans. Frais de l'enseignement annuel : 5oo francs. Diplôme officiel d'*ingénieur agronome*.

Cadre de cet enseignement : Anatomie et Physiologie animales ; Zoologie appliquée à l'Agriculture. — Anatomie et

Physiologie végétales ; Botanique descriptive ; Pathologie végétale. — Minéralogie et Géologie. — Microbiologie. — Mathématiques. — Mécanique et Hydraulique agricoles. — Physique et Météorologie. — Chimie générale. — Chimie agricole. — Agriculture générale et cultures spéciales. — Agriculture comparée. — Cultures coloniales. — Arboriculture et Horticulture. — Viticulture. — Constructions rurales et machines agricoles. — Zootechnie. - - Hippologie. — Technologie agricole. — Droit administratif et Législation rurale. — Economie politique. — Economie rurale. — Economie forestière. — Comptabilité agricole. — Hygiène rurale. — Analyses et démonstrations chimiques.

Pourquoi quelques-uns de nos jeunes ingénieurs des Arts mécaniques ne pourraient-ils se compléter en ingénieurs des Arts agronomiques ? Le projet vaut la peine d'être pris en sérieuse considération par les intéressés, — sans même attendre l'introduction des langues étrangères dans nos Écoles d'Arts.

V. — ELECTRICITÉ

ÉCOLE SUPÉRIEURE D'ÉLECTRICITÉ. — L'Ecole supérieure d'Electricité date de novembre 1894, époque où elle fut adjointe au Laboratoire central d'Electricité. Deux ans après avait lieu la séparation, nécessitée par les origines différentes de subventions, des deux établissements.

Voici les renseignements qu'a bien voulu nous communiquer M. Houin, chef de la Bibliothèque et secrétaire de la Direction. Nous transcrivons, les passages qui peuvent intéresser directement nos Camarades.

L'admission à l'Ecole supérieure d'Électricité, en qualité d'élève régulier, est prononcée à la suite d'un concours d'entrée qui a lieu tous les ans, dans la première quinzaine d'octobre. Les inscriptions sont reçues du 1er juillet au 1er octobre. Tout candidat, en s'inscrivant, doit faire connaître : 1° ses nom et prénoms ; date et lieu de naissance ; nationalité justifiée ; 2° son adresse ;

3° les études faites pendant les cinq dernières années ; 4° les diplômes possédés et titres divers.

Peuvent être dispensés des concours d'entrée, dans les limites des places disponibles (entre autres *polyz'arts*) les élèves médaillés des Écoles d'Arts et Métiers ayant obtenu aux examens de sortie, pour chacune des deux matières : Mécanique et Physique, une moyenne au moins égale à 14. Les demandes de dispenses doivent être accompagnées de pièces officielles justifiant les titres présentés, des notes de classement de sortie pour les élèves des Écoles et, généralement, de tous les renseignements de nature à permettre au Conseil d'apprécier les titres des candidats.

...Les coefficients des diverses épreuves du concours d'entrée sont ainsi fixés :

Epreuves écrites

Electricité .	8
Dessin industriel.	2
Calcul logarithmique	1/2

Epreuves orales

Electricité.	3
Mathématiques	3
Mécanique appliquée	3
Physique et Chimie.	1
Calcul à la règle.	1/2
Total	21

...Les anciens élèves diplômés des Écoles d'Arts et Métiers bénéficieront de 30 points au concours d'entrée ; il en sera de même pour les candidats qui auraient des droits à la dispense et n'auraient pu être admis à en bénéficier.

...Le nombre total des places disponibles à l'École est fixé chaque année par le Conseil de perfectionnement qui détermine en même temps la quotité réservée au concours.

Les cours et exercices pratiques commencent le 1er novembre et se terminent le 1er août de chaque année.

L'enseignement donné à l'École supérieure d'électricité est en partie oral, en partie pratique.

1. — *Enseignement oral* : — 1° Un cours sur l'Electro-

technique générale ; 2° Un cours sur les mesures électriques ;.
3° Une série de conférences sur des sujets spéciaux.

II. *Enseignement pratique* : — 1° Exercices de laboratoire :
2° Exercices d'atelier ; 3° Essais de machines ; 4° Visites d'usines ;
5° Stages dans les principaux secteurs de Paris. — Enfin quatre
grands projets sur les machines électriques et distribution d'énergie sont donnés aux élèves dans le courant de l'année.

...Le diplôme de fin d'études est exclusivement réservé aux
élèves réguliers ayant suivi avec assiduité tous les exercices de
l'École. Il est délivré à tout élève ayant obtenu une moyenne générale de 14 sur 20 pour les différentes notes de l'année. — Les
frais d'études sont pour ces élèves réguliers de 1.000 fr., plus
30 fr. d'outillage.

Des auditeurs libres peuvent être admis aux cours et conférences après inscription au Secrétariat de l'Ecole. — L'admission
aux exercices pratiques ne peut être autorisée qu'à titre exceptionnel par le Conseil de perfectionnement sur la proposition du Directeur de l'École. — Les frais d'études des élèves libres sont ;
Electrotechnique générale, 200 fr. ; Mesures électriques, 200 fr.;
Conférences, 200 fr. ; Exercices de laboratoire 300 fr. ; Essais de
machines 300 fr. : Exercice d'atelier 300 fr. — Les auditeurs
libres ne sont admis aux visites d'usines que s'ils sont inscrits au
moins à trois cours ou exercices pratiqués, et suivant la nécessité des circonstances.

Le Conseil de perfectionnement de l'Ecole comprend : Président, M. Mascart, membre de l'Institut, directeur du Bureau
central météorologique de France; Vice-Président, M. Buquet,
directeur de l'Ecole Centrale des Arts et Manufactures ; Secrétaire, M. Sartiaux, ingénieur en chef des Services électriques au
chemin de fer du Nord ; Membres : 1° 5 membres délégués de la
Société internationale des Electriciens, 2° 16 membres fondateurs, 3° 8 conférenciers, 4° le directeur de l'Ecole.

On le voit, ces neuf mois si bien remplis ont des chances
d'enfanter des ingénieurs-électriciens fort distingués, surtout
quand ils sont au courant des services qu'ils dirigent, soit à
terre, soit à bord.

Un certain nombre de nos jeunes Camarades font déjà

partie de l'Association amicale des « Ingénieurs–électriciens sortis de l'Ecole supérieure d'Electricité ». D'autres, toujours plus nombreux, viendront sans doute briguer les places régulières où les convie la haute et célèbre institution de la paisible rue de Staël.

Ecole pratique d'Électricité industrielle. — 53, rue Beillard, à Paris.

Nous la plaçons immédiatement après la précédente, à cause de leur analogie, quoique de degrés différents. Elle forme les futurs chefs de travaux électriques (pour la préparation théorique et la direction pratique de ces installations spéciales).

Un *Cours d'automobiles* est, de plus, adjoint à cette Ecole, en vue de l'étude aussi complète que possible de toutes les questions relatives aux véhicules automobiles (construction, conduite, entretien, etc.).

Institut électrotechnique de Grenoble. — L'enseignement à la fois théorique et pratique permet d'avoir, à côté de l'Ecole proprement dite, un *Bureau d'essai* pour contrôler les appareils électriques, ainsi qu'un *Laboratoire de recherches*, sans compter ou plutôt en comptant tout spécialement les visites dans les grandes usines électriques de la région, — dans cet admirable empire de la « houille blanche »...

Institut électrotechnique de Nancy. — Semblable au précédent, mais on fait trois années au lieu de deux.

VI. — MARINE

Ecoles des apprentis élèves-mécaniciens. — Ces écoles, instituées à Brest et à Toulon, sont destinées à former des élèves–mécaniciens en dehors de ceux qui proviennent directement des Ecoles d'Arts et Métiers et autres.

Les programmes d'entrée sont assez semblables aux anciens des Arts et Métiers ; mais l'enseignement intérieur aux apprentis est beaucoup moins élevé qu'aux Arts.

Ages extrêmes pour concourir : 16 et 18 ans.

Les cours commencent chaque année le 1er septembre et durent deux ans environ. Permission de trente jours après chaque examen de fin d'année.

COURS DES MAITRES-MÉCANICIENS THÉORIQUES. — Les cours de second-maître, de même que ceux de premier-maître ne pouvant intéresser que des candidats se trouvant déjà dans la carrière, nous n'en parlerons pas plus longuement ici.

ÉCOLES DE MAISTRANCE. — Ces écoles sont destinées à préparer les ouvriers des arsenaux à la maistrance, à la surveillance des travaux de l'État. Chaque port de guerre a son école de maistrance, et une école supérieure reçoit, à Brest, les meilleurs sujets ayant concouru dans les cinq arsenaux.

Grâce à l'instruction technique générale et assez élevée de l'École supérieure de maistrance, les anciens élèves qui en sortent peuvent obtenir des situations recherchées, ailleurs que dans la marine de l'État, où ils ont cependant un avenir assuré.

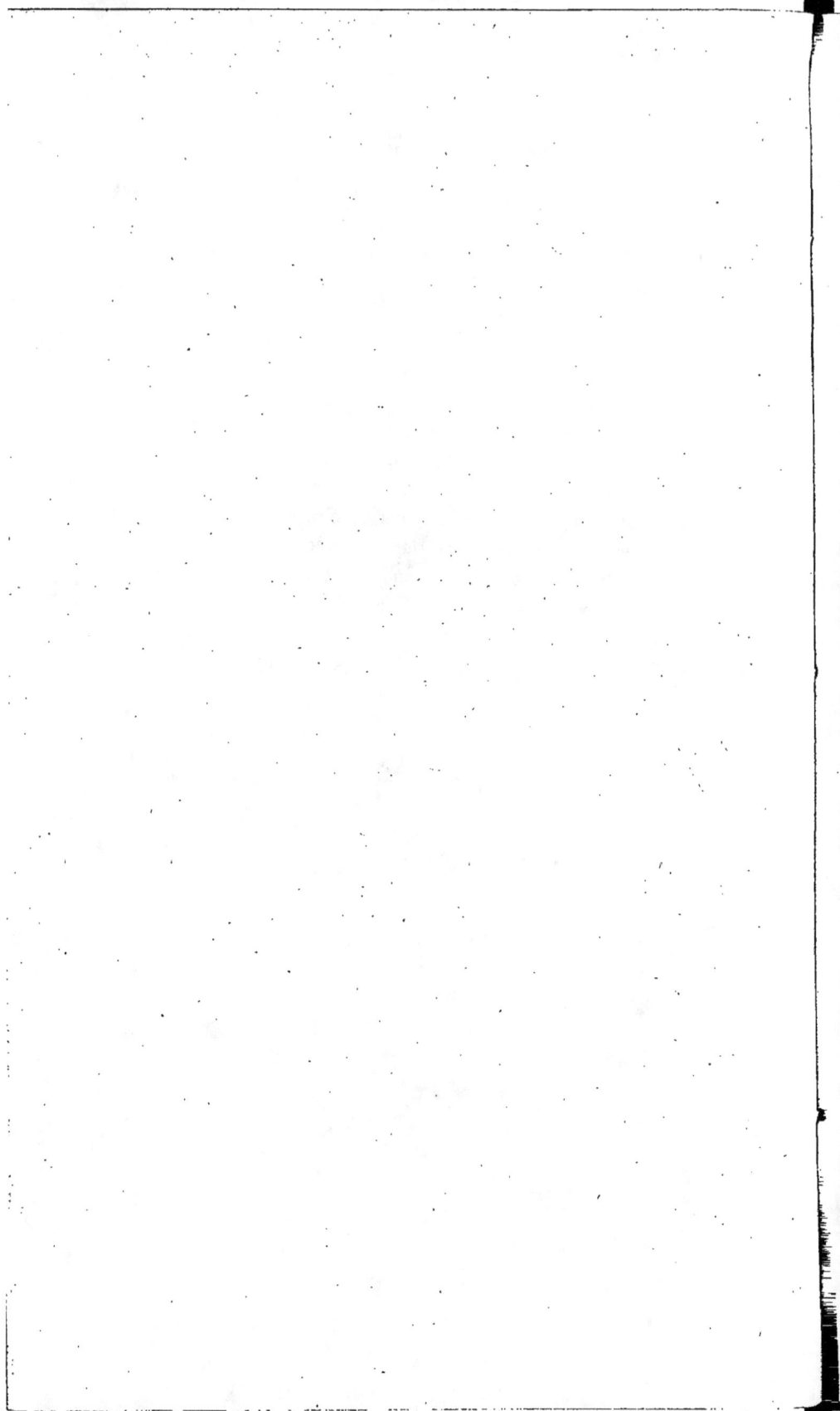

DEUXIÈME PARTIE

L'INDUSTRIE EN GÉNÉRAL

CHAPITRE PREMIER

L'APTITUDE TECHNIQUE

DE L'APTITUDE TECHNIQUE

> ... Je demande seulement que les
> maîtres aident les familles à recher-
> cher les aptitudes probables de l'indi-
> vidu...
>
> ... Il ne s'agit pas d'interroger l'en-
> fant ; il s'agit de le regarder, de
> l'ausculter, de voir, comme on dit,
> ce qu'il a dans le ventre...
>
> ... Il est extrêmement rare que l'en-
> fant n'ait aucune aptitude particu-
> lière. Mais, le plus souvent, on ne
> sait pas ou on ne veut pas la recon-
> naître. Certaines capacités spéciales
> se dessinent si fortement qu'il faut
> fermer les yeux à la lumière pour
> les ignorer...
>
> (G. HANOTAUX. — *De l'aptitude et de la vocation.*)

Il en est de l'aptitude technique (manuelle pour le cas présent) comme de toutes les vocations, intellectuelle et autres.
N'est pas qui veut poète, et n'est pas qui veut physicien.

De même qu'un sympathique reporter ferait probablement

un médiocre romancier ; de même un actif dessinateur pro-
duirait peut-être un maladroit chaudronnier ; et un robuste
forgeron, habile contremaître, énergique directeur d'ouvriers, n'aura jamais la main ni l'esprit pour bien conduire
un bureau de dessin.

Ainsi donc, il convient d'attirer très sérieusement l'attention des professeurs et des élèves précoces, sur cette capitale
aptitude professionnelle qui décidera, qui doit décider, sinon
de la voie précise, du moins d'une des canalisations qui con-
duisent par tel chemin plutôt que par tel autre au fleuve propice, tributaire de la vaste mer aux grands débouchés.

D'après Tacite, « l'orateur ne doit appliquer son intelligence à quelque profession particulière qu'après l'avoir
étendue et fortifiée par une culture générale, — de même
qu'on n'ensemence la terre qu'après l'avoir tournée et retour-
née plusieurs fois ». Semblablement, dès l'Ecole, on devrait
piquer, éveiller, produire l'initiative de nos adolescents laborieux.

Les derniers programmes qu'il nous fut donné de feuilleter
nous semblèrent en progrès sensible sur les anciens rado-
tages consistant à faire réciter par cœur les dénombrements
des provinces en départements, des départements en préfec-
tures et sous-préfectures. Il siérait de pousser encore dans
cette voie pratique. Grâce à ce nouveau système généralisé,
nos futurs contre-maîtres et ingénieurs meubleraient leur mémoire d'utiles points de repères sur les productions de la
France et du Monde entier. Averti par ses aptitudes, notre
jeune Camarade saura en quelle région, sur quelle ville de
préférence il lui conviendra de jeter son dévolu, suivant qu'il
vise à la construction mécanique, métallique, ou aux fabrications soit céramiques, soit chimiques, soit textiles, ou autrement diversifiées.

La fabrication du papier l'intéresse-t-il ? — Sa géographie
économique lui rappelle vingt noms de centres importants où
il peut écrire pour se renseigner, soit auprès des Anciens bien

placés, soit, à leur défaut, auprès des Conseils municipaux ;
et on lui répondra (probablement) de : Essonnes, Varennes,
Vendôme, Chantenay, Albertville, Bruxelles...

Veut-il être initié au mécanisme alerte des broches ? — On
lui criera : Elbeuf, Roubaix, Lille, Tournai, Seclin, Avesnes,
Hirson, Reims, Mulhouse et cent autres noms.

Les sucreries et les raffineries flattent-elles ses rêves de
fortune ? — Presque toutes les villes du Nord, du Pas-de-
Calais, de la Somme, de l'Aisne regorgent de betteraves au
« sang » généreux.

S'il préfère l'automobilisme, les gais environs de Paris lui
sont tout indiqués.

Si ce sont les « pays noirs » qui l'aimantent, cent directions divergentes solliciteront son choix par Montceau, Saint-
Etienne, La Grand'Combe, Aniche, Decazeville, Henin-Lié-
tard, Cardiff, Sheffield, Manchester, Newcastle, Birmin-
gham, Ekaterinoska, Saïgon, etc.

De même pour les gisements métallurgiques, les carrières,
les salines, les sondages. De même encore pour l'architecture
navale, la chaudronnerie, l'appareillage électrique, les brasseries, les glacières, les produits chimiques, pharmaceutiques, etc., etc.

Devenue intéressante, l'étude raisonnée de la géographie
industrielle pourrait être complétée par l'organisation de visites collectives de nos élèves dans les centres industriels ; ce
qui serait comme une réduction des bourses de voyages à
l'Etranger.

Dans un autre ordre d'idées adjacent, nous serions très
heureux si le domaine des Arts plastiques pouvait charmer
et retenir un plus grand nombre de nos futurs Camarades.
Certes, nous n'exigerions pas — si nous disposions de l'omnipotence en la matière — que les *Polyz'arts* vinssent contribuer à la création de nouveaux chef-d'œuvres plastiques ;
mais nous souhaiterions que la majorité de nos élites industrielles fût à même, au moins de lire, de comprendre, de

diffuser le Sens immuable des immortelles Beautés qui germèrent de ces arts suprêmement délicats ! En effet, rien ne canalise mieux le jugement que l'habileté en la mathématique ; mais rien ne l'épure, ne l'affine comme l'éducation artistique.

Nous croyons également devoir insister sur l'étude pratique des langues étrangères, qui ne s'apprennent point au « petit plaisir », comme la musique et la peinture, la géométrie et la physique, — arts et sciences de transcendance universelle. De même qu'on ne peut bien lire et écrire le français qu'en se documentant aux textes latins, grecs et sanscrits ; de même la polyglottie (surtout dans les glottes slaves et anglo-saxonnes) ne se peut bien comprendre, approfondir que par l'usage verbal sur place ; — non point encore dans les capitales, gouffres irrévocablement travestis par le moderne Cosmopolitisme, mais bien dans les lointaines campagnes où se transmet, lumineusement pur, le vrai génie de chaque race.

... Oui, les vacances, aujourd'hui complices d'une trop longue inaction, pourraient servir de prétexte à des déplacements que l'Etat, de généreux donateurs, les contribuables solidaires offriraient à leurs enfants studieux qui vérifieraient sur place, après les fournaises du Creusot, de Saint-Etienne, de Lyon, de Nancy, de Roubaix, etc., ce qu'ils apprirent des beautés, du cachet de Marseille, de Toulouse, de Reims, de Paris ; de la supériorité pratique des Allemagnes, des Iles Britanniques, des Etats-Unis... On provoquerait ainsi l'habitude des comparaisons techniques, et la science de l'eurythmie s'apprendrait sans effort au cours de ces instructives pérégrinations.

Peut-être alors nos jeunes Camarades éprouveraient-ils moins de difficultés à obtenir, avant ou tout de suite après leur service militaire, cette mince pièce de cinq francs que les chefs d'exploitation ne leur consentent qu'avec toutes sortes de réticences, — un peu trop souvent justifiables, convenons-en sans fausse honte.

Insistons sur la vocation, cette « voie intérieure qui appelle » vers un état précis. Il est bien évident qu'un étique maladroit aux doigts d'allumettes, qu'un franc *loupeur* de pièces d'ajustage ou de fonderie ne devra jamais penser à faire un bon mécanicien de marine ou d'autre voie, car on ne considère là que l'habileté manuelle, le « caractère ouvrier », au détriment de toute autre faculté, — presque de toute intelligence. Mais le même sujet — s'il est avantagé de la « bosse des math. » — pourrait continuer ses études en vue des Écoles supérieures aux applications d'allure transcendante. Un jongleur d'intégrales, épris d'électricité et autres vérités physiques devra, s'il le peut, se hausser à la spéciale École supérieure de la rue Staël, — ou bien s'il n'a pas les moyens pécuniaires nécessaires à cet externat, parfaire sa documentation pratique dans une usine de dynamos, de lampes, etc.

L'enseignement secondaire des lycées, presque exclusivement théorique, fut autrefois inventé pour une élite intellectuelle. Pourquoi, dès lors, y engluer des gaillards aux larges pouces spatulés, que toute la membrure de tonnelier destinait naturellement à la profession manuelle de mécanicien ou de vigneron. Ceux-là (et ils sont innombrables en tous pays), ces robustes éphèbes devraient sans aucune hésitation lancer leur tête de taureau dans la mêlée industrielle. Vlan ! ils arracheraient le morceau — c'est certain — à l'instar de ces héros d'Homère qu'ils comprennent mal et dont ils ne *sentent* pas la divine inspiration.

« A chacun son métier, et les vaches seront bien gardées. »

A propos de « vaches » et autres sujets bucoliques, nous préconiserions volontiers les études agronomiques généralisées, — canal le plus sûr du succès dans le genre.

Eh ! quoi, criera-t-on, vous vanteriez cette vie, cette « végétation » parmi le « bétail à deux pattes », avec cette « vermine qui déshonore la terre », et après les magistrales peintures que nous en ont brossées les Balzac et les Zola....

Certes, visiblement, il y a du vrai, presque tout est vrai dans les rapports photographiques de ces illustres amplificateurs ; mais on oublie trop — entre autres supériorités — l'immense avantage hygiénique résultant du milieu d'air léger, en pleine nature large ; et, convenez-en, cette perspective est au moins aussi agréable que la nécessité d'aller s'enfouir, s'intoxiquer dans les centres usiniers des grandes villes. Et puis, les paysans ont encore l'excuse d'un atavisme obscur, furieusement tenace, malgré les fusées, les *piqûres* des automobiles niveleurs ; tandis que certains ouvriers « urbains » (pas tous, assurément), beaucoup plus instruits en sociologie pratique, en contact permanent avec des gens policés, grâce auxquels ils pourraient se décrasser un peu, n'ont aucune excuse de rester crottés moralement, de continuer à se pourrir entre eux, sciemment. Et c'est pourquoi, pour toutes ces raisons probantes, il nous paraît plus enviable d'être ingénieur-agronome qu'ingénieur-mécanicien, « paysan » que « chauffeur ».

Enfin, déplorons ici qu'on ne fasse pas de Zoologie dans nos Écoles industrielles.

Connais-toi toi-même... Mécanicien, connais d'abord ta *bécane*, étudie la machine virile que tu portes en *vade-mecum*, cet appareil qui se confond avec la personne, au point d'être toi-même !

Nous parlons de machine ; c'est usine qu'il faudrait dire, — et le mot serait trop atténué encore, comparé à l'expression de notre maître éminent, M. Jules Soury, directeur des études psycho-physiologiques à la Sorbonne, qui considère le cerveau comme un « pays immense », — ce suprême organe merveilleusement combiné, aux cellules compliquées, aux voies nerveuses, hérissées de fibres d'association, aux centres thermiques moteurs supérieurement organisés, — cathédrale de toute cette puissante vitalité enfin, qui émane de notre capitale virile !

Ces notions générales de Zoologie pourraient fort judicieusement compléter le cours d'Hygiène industrielle?

Un certain nombre de nos Camarades sont architectes ; un nombre bien plus considérable pourrait s'adonner à cet emploi lucratif, fort honorablement coté. Essayons donc d'attirer nos jeunes indécis dans cette voie à multiples considérants.

Tous ceux qui, pour diverses raisons, ont eu, comme nous, l'avantage de s'asseoir dans le cabinet de M. Benouville, ont dû emporter un vivace souvenir admiratif des perspectives du Vieux Paris, ranimé sur les berges de la Seine en l'an 1900. Et pourtant, quel abîme entre la conception peinte et l'exécution matérialisée ! On ne peut contester, en effet, de quel désavantage est diminué un dessin, pâle squelette, comparativement à l'édifice qu'il abrège ; tel encore, par exemple, ce Grand Palais des Beaux-Arts qui paraissait quelconque dans les cabinets de MM. Deglane, Louvet et Thomas, et qui, sur l'Avenue Nicolas II, s'impose à l'admiration lente du passant, arrêté devant cette longue façade de 230 mètres, où court une large frise qui rehausse l'éclat du porche central aux huit belles statues personnifiant : les unes, les quatre arts principaux (peinture, sculpture, architecture, gravure) ; les autres, les grandes étapes de l'art (Egypte, Grèce, Rome, Byzance).

Ainsi, une œuvre d'architecture ne se juge bien qu'en plein air, après complète exécution. Par la fréquence des visites aux musées municipaux, aux expositions régionales ou universelles, aux monuments historiques, aux grands édifices publics ou privés, on initierait les petits artistes du dessin à la plume aux divergences des deux principales écoles concurrentes : celle qui se réclame des chefs-d'œuvre de l'Antiquité, et celle qui exulte les splendeurs du Moyen Age ; cependant que, partout, la suprématie de la Cimaise plane au fronton des grands gestes matérialisés par l'équerre et le compas.

L'Attique peut se résumer en Périclès ; la France de la Renaissance crie Lescot, Delorme, Goujon ; la Révolution de 1830 se répercute en Soufflot, Viollet-le-Duc ; et notre actuelle génération s'honore du docte M. Bouvard, du sentimental M. Benouville... Il siérait que d'autres talents et d'autres génies vinssent continuellement alimenter les glorieuses renommées de nos pléiades artistiques. La France est assez riche pour se payer ce suprême luxe permanent !

On ne peut le nier, la diffusion intelligente des arts plastiques peut seule amener une diversion dans la platitude des goûts de la foule. C'est ce que voulut bien, toujours aimable, nous confirmer M. Paul Adam en nous encourageant dans la défense des nobles vérités qu'il propage de sa plume célèbre.

L'ouvrier même gagnerait plus qu'on ne pense à s'assimiler cette œuvre de vulgarisation artistique. Le jour où il fuira résolument la tuberculose des sordides entassements, en faveur des larges salles hygiéniquement nues, il sera moins l'inconscient jouet des hallucinations alcooliques. Quoique simple dans les modernes demeures des banlieues, l'Art décoratif affirmera de plus en plus son rôle émancipateur, moralisant.

Beaucoup d'anciens élèves-ingénieurs honorent fièrement ce postes attributifs des Travaux publics en général. A ceux-là de nos amis, il appartient tout spécialement de faire triompher la suprématie utilitaire des décorations d'ameublement, ou luxueuses ou modestes. Même dans la Gravure, on connaît les noms de nos Camarades qui défendent leurs positions recherchées ; d'autres pourront, devront venir avant que ces aînés n'aient quitté la carrière. Leur talent les y convie.

Dans nos Ecoles, un petit traité théorique et plastique de décoration ne serait point superflu, enseignant l'histoire de cet art longtemps méconnu, complémentaire des trois précédents, puisque, aujourd'hui enfin, un salutaire revirement semble se dessiner en sa faveur.

Ainsi, les générations futures pourraient-elles peut-être acclamer un nouveau Boulle, ou un digne concurrent de M. Gallé, de M. Majorelle, un excellent artiste de plus se réclamant des « pots à colle » d'Angers ou de Cluny, d'une ancienne ou d'une nouvelle École technique, — de notre famille toujours !

... Toute nature virilement constituée (la seule dont nous puissions utilement nous occuper) peut généralement se consacrer une vingtaine d'années à l'assaut de la Fortune. De 30 à 50 ans, on doit parvenir à l'indépendance pécuniaire, — ou renoncer à vaincre, hélas !

Fier Polyz'arts, n'aie hâte de te confiner en une médiocre sécurité. Continue de mâcher de la vache enragée, pendant un ou deux lustres, bien après ton évasion de l'antique couvent. Qu'importe en effet que tu sautes (telle la fourmi de brin à brin) de la Charpente métallique à l'Automobilisme, de la Chaudronnerie au Chauffage ou à l'Électricité, de la Mécanique générale à la Représentation industrielle... Rien ne te presse : plus tu feras — jeune — de « boîtes », et plus tu pourras comparer de systèmes, de caractères, de petits secrets que tu emmagasineras en ta cassette mnémonique. Les larbins nés, seuls, s'abêtissent dans leur originelle médiocrité.

Si le cœur t'en dit, hardiment va parfaire ton adresse comme « compagnon » d'un grand atelier, à moins que tu ne préfères fuir l'immuable « plancher des vaches », pour te faire prendre lamentablement au piège sournois des noirs pyroscaphes. Mais, que tu sois à l'étau ou à la chaudière, au bureau ou à l'office, souviens-toi que ton seul but doit se quintessencier en cette obsession constante : « apprendre à apprendre », en te matérialisant aux conditions du milieu.

N'importe ton lieu de détention, écarte la malice des méchants par un labeur aveugle, désespéré... puis, dans la lucidité de tes rares loisirs, observe autour de ta blouse, demande adroitement un conseil de circonstance ; même si tu n'en as que faire au fond, tu flatteras à propos et discrètement ton voisin déjà moins hostile, et qui te sera sans doute utile pour d'autres raisons.

Le soir enfin, à la veillée paisible (entre les formules de tes anciens cours reliés avec tes premières économies, et les préceptes des *Pensées*, des *Caractères*, de l'*Amour*, etc.), les missives à tes parents et à ta fiancée t'apparaîtront comme la plus douce récompense...

... Ainsi, mon cher Camarade dont je veux être au besoin l'Ami, tu marcheras vers ton Etoile... Et si tu ne peux te dire un jour le « parfait industriel », tends au moins à devenir le « citoyen complet », en peinant à outrance, t'escrimant, t'insinuant et glissant par la filière du « vrai technicien », avant, pendant et bien après ton séjour dans nos grandes Ecoles ; *candidat* ou *castor*, *conscrit* ou *nouveau*, *viscrit* ou *carré*, *ancien* ou *cube* ; puis homme libre enfin ! vétéran solidaire de la pacifique, de la grande Armée praticienne... virilement puissant ou malheureusement humble ; mais toujours actif et modestement fier, et courageux et inébranlablement confiant par obstination ; aujourd'hui battu, sous la défensive, mais « remâté » avant le soir, par le contre coup même de l'échec immérité ; puis demain, dès la rouge aurore, debout, redoutable batailleur en offensive, sûr de toi, — vainqueur !

A tes succès ! ami.

CHAPITRE II

—

LE PROFESSORAT INDUSTRIEL

I. — DE L'APTITUDE AU PROFESSORAT

Sans nier l'évidente utilité des diverses écoles normales spécialement destinées à former des professeurs — ces prêtres laïques — point n'est indispensable de sortir de ces établissements pour être apte à briller (peut-être modestement) dans la carrière enseignante.

Certes, il y aurait sans doute fort à dire sur le professorat, même dans la branche particulière de l'industrie. Nous nous contenterons ici de résumer nos appréciations personnelles.

De même que les procédés de colonisation doivent s'adapter aux latitudes et aux mœurs respectives des aborigènes ; de même les systèmes d'éducation se devraient baser sur les tempéraments du milieu, — règle générale évidemment sujette à quelques variations de détails. Ainsi donc, presque partout, pour réussir, pour mener à bonne fin cette abrupte entreprise de l'enseignement, il faut :

1° Avoir de la « poigne » morale, — et même physique ;

2° Jouir au préalable d'une indépendance pécuniaire relative.

3° Se cuirasser de patience, et remiser les prétentions élevées.

En un mot : si un certain nombre de nos Camarades

brillent dans la carrière de l'enseignement industriel, un nombre bien plus considérable de nos amis pourraient trouver dans cette paisible direction un moyen, sinon très rémunérateur, du moins assez enviable de diffusion technique. Mais encore et toujours, faut-il avoir la vocation réelle, n'obéir qu'à sa poussée irrésistible, — sous peine de faire mal ce qu'on n'aurait jamais dû entreprendre.

Et cette petite conclusion ne s'applique point qu'au seul Enseignement...

_____

II. — PROGRAMMES DE CONCOURS

Concours pour la délivrance du certificat d'aptitude au professorat industriel et au professorat commercial dans les écoles pratiques de commerce et d'industrie.

Les épreuves écrites pour l'obtention de ce certificat seront subies les 15 et 16 juin prochain au chef-lieu de chaque département où des candidats se feront inscrire, aux jours et heures et dans l'ordre ci-après indiqués, savoir :

PROFESSORAT COMMERCIAL. — *Lundi 15 juin.*

De 8 heures à midi : composition de comptabilité.
De 3 heures à 6 heures : composition française.

Mardi 16 juin.

De 8 heures à 10 heures : composition de correspondance commerciale.
De 10 heures à midi : composition de langue étrangère.
De 3 heures à 6 heures : composition d'arithmétique et d'algèbre.

PROFESSORAT INDUSTRIEL. — *Lundi 15 juin.*

De 8 heures à midi : composition de mathématiques (aspirants et aspirantes).

De 3 heures à 6 heures : composition française (aspirants et aspirantes).

Mardi 16 juin.

De 8 heures à midi : épure de géométrie descriptive (aspirants).

De 8 heures à midi : dessin d'ornement (aspirantes).

De 3 heures à 6 heures : composition de physique et de chimie (aspirants).

De 3 heures à 6 heures : composition d'économie domestique (aspirantes).

Les épreuves orales et pratiques du certificat d'aptitude au professorat commercial auront lieu à Paris, du 16 au 20 juillet, et les épreuves orales du certificat d'aptitude au professorat industriel, du 21 au 25 du même mois.

Le nombre des certificats à accorder à la suite de ce concours a été fixé ainsi qu'il suit :

Professorat industriel : aspirants, 12 ; aspirantes, 4.

Professorat commercial : aspirants, 12 ; aspirantes, 4.

Trois bourses de séjour à l'Etranger pourront être attribuées : deux de ces bourses sont réservées aux aspirants et la troisième à une aspirante.

Les demandes d'inscription, accompagnées des pièces exigées par le règlement, devront parvenir au Ministère du Commerce, de l'Industrie, des Postes et des Télégraphes (direction de l'enseignement technique), *avant le 1er juin prochain*.

────────

CONCOURS

POUR DIVERS EMPLOIS DANS LES ECOLES NATIONALES D'ARTS ET MÉTIERS

...Les candidats doivent être âgés de vingt-cinq ans au moins et de trente-cinq ans au plus à la date du concours, à moins qu'ils ne soient déjà sous-chefs d'atelier dans une Ecole nationale d'Arts et Métiers, auquel cas la limite d'âge pourra être reculée. Cette limite pourra, au contraire, être abaissée en ce qui concerne l'emploi de professeur de dessin et de technologie, interrogateur de mécanique et de mathétiques, être abaissée pour les candidats qui justifieraient de grades universitaires ou de certificats délivrés par l'Ecole polytechnique, l'Ecole centrale des Arts et Manufactures et les Ecoles des Mines et des Ponts et chaussées.

Les candidats aux emplois de chefs d'atelier n'appartenant pas au personnel enseignant des Ecoles nationales d'Arts et Métiers devront justifier qu'ils ont dirigé, pendant plus de cinq ans, un important atelier de leur spécialité et fournir les renseignements nécessaires pour établir la part qu'ils ont prise aux principaux travaux exécutés dans ces ateliers.

Les demandes d'admission au concours devront être adressées, *trois jours au moins avant la date fixée pour les épreuves*, au Ministre du Commerce, de l'Industrie des Postes et Télégraphes, et être accompagnées, indépendamment des justifications mentionnées plus haut, des pièces suivantes :

1° D'une expédition authentique de l'acte de naissance du candidat, et, s'il y a lieu, d'un certificat établissant qu'il possède la qualité de Français ;

2° D'un certificat de moralité délivré par le maire du lieu de sa résidence et dûment légalisé ;

3° D'une note faisant connaître les antécédents du candidat et les études auxquelles il s'est livré;

4° De l'acte constatant qu'il a satisfait à la loi du recrutement ;

5° Des états de services, diplômes, certificats, etc., qui auraient pu lui être délivrés, ou des copies de ces pièces dûment certifiées.

Des exemplaires du présent avis et des différents programmes qui le complètent sont tenus à la disposition des intéressés, au Ministère du Commerce, de l'Industrie, des Postes et des Télégraphes (*Direction de l'enseignement tech-*

nique, du personnel de la comptabilité), rue de Grenelle, nº 101, Paris.

_____

PROGRAMME DES CONNAISSANCES ÉXIGÉES DES CANDIDATS

1º Professeur de dessin et de technologie, interrogateur de mécanique et de mathématiques.

Matières contenues dans les programmes de l'enseignement de la géométrie descriptive du dessin industriel et de la technologie, et des cours de mathématiques et de mécanique professés dans les Écoles nationales d'Arts et Métiers.

Les candidats auront, en outre, à exécuter des croquis à main-levée, des dessins à la plume, au tire-ligne et au lavis, de manière à permettre d'apprécier leur degré de talent pratique dans l'art qu'ils se proposent d'enseigner, et à justifier, en outre, qu'ils sont familiarisés avec le dessin d'atelier. Ils auront à produire une collection de dessins exécutés par eux se rapportant particulièrement à des machines industrielles ; enfin ils devront être reconnus aptes à suppléer, au besoin, les professeurs de mathématiques ou de mécanique.

2º Chef d'atelier des tours et modèles.

De la structure et de la composition des bois.

Des qualités et des défauts des bois qui dépendent de la nature du sol et de l'exposition.

Caractère des bois de bonne qualité.

Maladies et défauts des arbres et des bois.

Signes auxquels on reconnaît que les bois sont d'un bon service ou altérés.

De l'équarrissage et du cubage des bois en grume.

Du débit des bois — De l'emmagasinement et de la conservation naturelle des bois. — Des principaux moyens artificiels employés pour conserver, durcir ou colorer les bois.

Des moyens employés pour cintrer ou courber les bois.

Des diverses essences de bois employées dans la charpenterie et la menuiserie. — De leurs qualités et de leurs défauts. — Du choix à faire des bois selon l'usage auquel on les destine.

Des bois durs. — Des bois blancs. — Des bois résineux. — Des bois exotiques.

De la résistance des bois à la flexion et à la rupture.

Règles pratiques pour déterminer les dimensions des pièces de bois selon les circonstances de leur emploi et les charges auxquelles elles doivent être soumises.

Tracé des divers assemblages. — Des moyens employés pour les consolider et les maintenir. — Des armatures à employer.

De la disposition générale à donner aux constructions en bois. — De la construction des planchers.

Des précautions à prendre pour la conservation des ouvrages de menuiserie dans les lieux humides.

Des peintures ou enduits et des vernis à employer.

De la construction des modèles destinés à la fonderie.

Des règles générales à suivre pour rendre le moulage et la dépouille faciles.

De la division des modèles en plusieurs parties.

De la proportion des modèles par rapport aux pièces de métal à obtenir pour tenir compte du retrait.

Des proportions à établir entre les parties d'un modèle pour que le refroidissement et le retrait se fassent à peu près uniformément.

Du tracé des modèles pour les engrenages.

Du travail des tours à bois.

Des moyens mécaniques propres à faciliter le travail des bois.

Machines à planer, à rainer, à percer, à mortaiser, à faire les tenons, à pousser les moulures, etc.

Outre les connaissances indiquées ci-dessus, les candidats

devront connaître la géométrie élémentaire et la géométrie descriptive, le dessin linéaire appliqué à la charpente et à la menuiserie.

Ils devront rédiger une épure de charpente ou de menuiserie sur les données qui leur seront fournies.

3° Chefs d'atelier d'ajustage.

Matières contenues dans les programmes des cours de cinématique, de mécanique appliquée et de résistance des matériaux, professés dans les Ecoles d'Arts et Métiers, ainsi que sur la description et le mode d'emploi des divers outils à mains et des principales machines-outils servant aux travaux d'ajustage. Les candidats devront, en outre, exécuter des croquis et des calculs d'application relatifs à la détermination des formes et des proportions des différents organes de machines.

4° Chef d'atelier de fonderie.

A. — *Matières employées à la fonderie et au moulage.* — *Sable* — *Terre.* — Manière de reconnaître leur degré de pureté.

Combustibles. — *Métaux.* — Fonte de fer ; qualités diverses, retrait. — Acier, cuivre, étain, zinc, aluminium, nickel, plomb.

Alliages. — Notions sur le dosage des différents métaux et sur les moyens de s'assurer de leur pureté.

B. — *Fours employés à la fusion des métaux.* — Nature, forme et proportions des fourneaux. — Cubilots ; cubilots à jets de vapeur ; fours à réverbère, fours à creusets, four Martin, four Siémens. — Régénérateur de chaleur, mode de construction, choix des matériaux, briques réfractaires, argiles convenables à leur fabrication. — Consommation des différentes sortes de fourneaux.

C. — *Opérations de la fusion.* — Chargement des fourneaux, allumage et conduite du feu ; combustibles, leurs qualités.

Coulée. — Précautions à prendre pour employer simultanément plusieurs fourneaux. — Fusion.

D. — *Opérations du moulage*. — *Moulage* en sable et en
terre. — Disposition à donner aux différentes parties d'un
modèle pour assurer l'uniformité du refroidissement et du
retrait. Précautions à prendre pour retirer les pièces des
moules après la coulée. — Moulage au trousseau. — Moulage en coquille. Machines à mouler.

E. — *Produits du moulage*. — Dispositions générales à
donner à une fonderie de fonte ou de bronze.

Description des principaux engins et outils nécessaires.

Etablissement du prix de revient.

Outre les connaissances indiquées ci-dessus, les candidats
devront posséder le dessin géométrique et artistique relatif à
l'art du fondeur.

5° Chef d'atelier de la forge.

Du fer. — Des diverses espèces et variétés de fer.

De leurs qualités et de leurs défauts. — Manière de les reconnaître.

Des épreuves à faire subir aux fers.

Du choix des fers selon l'usage auquel on les destine.

Des qualités des houilles et des charbons, et de leur influence sur celle des produits.

Du corroyage des fers au charbon de bois, à la houille et
au coke. — Choix des fers, marche du travail, déchet.

De la manière de conduire le feu de la forge pour la fabrication des diverses pièces.

Des précautions à prendre dans le travail des pièces
courbes ou façonnées.

Manière de reconnaître leurs défauts et d'y remédier.

Des différents moyens à employer pour souder des grosses
pièces ou pour y rapporter des mises.

Etablissement des devis des fers ébauchés.

De l'acier. — Des diverses espèces d'acier. — De leur ténacité, de leurs qualités et de leurs défauts. — De leur fabrication : aciers de cémentation, aciers fondus, aciers obtenus par les nouvelles méthodes.

Du choix des aciers selon la destination des objets à fabriquer.

Des précautions à prendre pour souder l'acier au fer.

De la trempe et du recuit. — Précautions à prendre.

Degrés à observer selon la destination des pièces.

De la trempe au paquet. — Qualités et défauts des produits de cette opération.

De la trempe à la volée.

Substitution des aciers Bessemer et Martin dans la construction de certaines pièces de machines.

Composition des étoffes d'acier pour la fabrication des damas.

Notions sur la résistance du fer ou de l'acier à l'extension, à la flexion et à la torsion.

Règles pratiques pour déterminer les dimensions à donner aux pièces de fer ou d'acier selon les charges auxquelles elles doivent être soumises et les circonstances de leur emploi.

Chaudronnerie. — Choix des pièces usuelles employées dans les constructions en fer ; assemblages.

Choix des tôles ; nomenclature.

Résistance des tôles en elles-mêmes et suivant les formes sous lesquelles elles sont employées.

Cintrage et assemblage des tôles.

Perçage, poinçonnage et rivetage des tôles.

Comparaison et disposition des différents modes de coutures.

Disposition des entretoises et autres modes de consolidation.

Les candidats devront, en outre, être familiarisés avec le tracé des pièces de forge qui entrent dans la composition des machines ; ils auront à rédiger des projets d'organes de machines, comprenant des croquis cotés et le calcul des dimensions.

Les traitements afférents aux emplois ci-dessus indiqués sont les suivants :

Désignation	Minimum	Maximum
Professeur de dessin	3 000 fr.	4 400 fr.
Chef d'atelier d'ajustage	3 600	5 200
Chef d'atelier de tours et modèles		
Chef de fonderie	3 200	4 800
Chef de la forge		

Professeur de mathématiques.

Les épreuves sur les cours professés dans les modernes Écoles d'Arts et Métiers (sciences mathématiques, géométrie descriptive, cinématique, cosmographie, arpentage et nivellement) comprennent :

1° Composition sur un sujet de mathématiques ;

2° Exécution d'une épure de géométrie descriptive ;

3° Interrogation d'ensemble ;

4° Leçon faite au tableau après deux heures de mise en loge.

Ages extrêmes pour concourir : 25 et 40 ans.

Appointements échelonnés de 3.200 à 4.800 francs.

CHAPITRE III

—

L'INDUSTRIE

—

I. — LA GRANDE ET LA PETITE INDUSTRIES

Nous parlerons d'abord de la *Grande industrie*, non parce
que nous la préconisons de préférence à la *Petite industrie*
(telle n'est pas, pas du tout notre pensée), mais parce que
nous voulons précisément faire ressortir la médiocrité des situations qui, en général, menacent beaucoup de nos Camarades, même expérimentés.

De même que la plupart des nouveaux admis sont désignés
aux Ecoles professionnelles pour l'atelier d'ajustage ; de
même, la grande majorité des frais émoulus se lancent dans
les constructions mécaniques et dérivées, puis, pris au piège,
y demeurent. Pourquoi ? — Presque toujours, la peur du lendemain ; ils vous répliquent d'un ton béat : « On sait ce
qu'on quitte, on ne connaît pas ce qu'on prend ! »

Et voilà comment, tel intelligent dessinateur, qui eût pu
faire un habile chef d'atelier, un excellent directeur de travaux, un docte chimiste, un célèbre fabricant d'objets d'art,
reste toute sa vie modeste « dessineux ». Entré dans les bureaux à 200 francs, il en sortira peut-être sous-chef à
300 francs, peut-être même chef, — à moins qu'il ne reste

« tire-lignes », à 250 francs, durant toute sa vie active, — jusqu'au jour où ses doigts moins agiles, son poignet moins sûr, sa vue moins exacte le condamneront au repos prématuré, pauvre, hélas ! comme devant.

Bien entendu, nous parlons toujours de la généralité, des intimidés par nature, qui craignent comme une loi humaine, inéluctable, le châtiment qui suivrait toute velléité d'affranchissement justifié, relatif si l'on veut. Ceux-là sont condamnés d'avance, fatalement.

Nous reconnaissons avec plaisir que quelques-uns, audacieux quand même, se ressaisissent par la suite, à temps, se haussent à la belle position, aux emplois effectifs d'ingénieurs, de directeurs de travaux, chefs d'établissements même ; mais ceux-là sont presque l'exception, et seront dans l'avenir un groupe de plus en plus sélectionné.

La construction mécanique mène à la fortune, — à condition de quitter jeune le bureau d'étude, de le considérer comme moyen, non comme but.

*
* *

Nous ferons volontiers exception pour la construction des charpentes métalliques. C'est une des branches de l'avenir, et aussi du présent. Elle est à la construction mécanique en général, ce que les appareils électriques sont aux machines à vapeur. Tandis que la surproduction de ces dernières engorge les débouchés normaux, les autres au contraire alimentent avec peine les champs d'applications nouvelles, qui s'offrent à leurs qualités spéciales.

« La métallurgie subit un ralentissement regrettable.», nous écrivait notre ami R. (E. C. P.), directeur de forges. Ce qui n'empêche pas les entrepreneurs d'édifier leurs constructions modernes à grand renfort de structures métalliques.

Dans la *Revue industrielle de l'Est* (n° 436) M. Pantz tend à démontrer la supériorité des charpentes en fer sur tous les autres modes rivaux, ou surannés ou récents.

«... Le fer a acquis dans l'architecture le droit de cité.

» ... La construction particulière, parallèlement à l'architecture officielle, a profité, elle aussi, des perfectionnements incessants apportés par nos constructeurs, et il est bien doux pour nous de constater que dans cette manifestation si importante de l'activité humaine, la France tient le premier rang.

» ... Le ciment, bien employé, acquiert à la longue une grande force de résistance à la compression, tandis qu'à la traction, on ne peut lui demander qu'un travail insignifiant. Le fer, au contraire, travaille très bien à la traction ; et alors, étant donné que, dans une poutre, il y a des fibres tendues et des fibres comprimées, on eut l'idée de composer des poutres, fer et ciment, dans lesquelles le fer occuperait la position des fibres tendues et le ciment celles des fibres comprimées : telle est l'origine du ciment armé.

» Or, en théorie, c'est parfait ; mais, en pratique, il est bien difficile de répartir d'une façon rationnelle chacun de ces deux matériaux employés, et jusqu'à présent, on est obligé d'avoir recours à des formules empiriques qui, à notre avis, n'offrent pas, à beaucoup près, toutes les garanties désirables.

» ... Dans une charpente logiquement combinée, toutes les pièces doivent être étudiées de manière à répondre parfaitement aux efforts correspondants, tout en travaillant à un coefficient déterminé, pour que chacune d'elles offre le même degré de sécurité et que tous les éléments soient bien mis au point dans l'équilibre général de l'œuvre.

» Le problème à résoudre consiste, en effet, à faire la plus sévère répartition possible de la matière, de manière à avoir le maximum de résistance avec le minimum de molécules ouvrées. »

Nous pourrions citer dans la partie, à la suite de M. Pantz, plusieurs autres Camarades, qui, ayant commencé petitement avec un atelier de serrurerie, se sont, à leur tour, élevés aux cimes des sphères industrielles...

*
* *

Nos Camarades se sont-ils, comme nous, souvent demandé pourquoi certaines questions sont toujours reprises, sans jamais fatiguer ceux qu'elles intéressent de près ou de loin ? — L'explication nous paraît toute simple et naturelle : c'est qu'on ne saurait se lasser des vérités essentielles, quand elles sont de tous les temps.

Telle, par exemple, cette précieuse et immense production que, par un euphémisme prodigieux, on dénomme *Petite industrie*. Hé! hé! les petits ruisselets font les torrents qui courent alimenter les fleuves...

Que nos jeunes Camarades s'orientent davantage franchement, fiévreusement, vers les petites industries ; qu'aux unités actuelles, éparses, sans soudure morale, sans lien sympathique constant, succède une masse consciente de sa valeur, hétérogène si l'on veut, mais puissante et par le nombre et par la suprématie des situations acquises, — et l'avenir des techniciens sera élargi !

On n'y acquiert que rarement des fortunes colossales ? — C'est possible. La plupart des intelligences qui peinent là ne récoltent finalement qu'une honorable aisance ? — Mais elle est à peu près sûre. Modeste, médiocre même ? — Tant mieux : *Aurea mediocritas*, apprenait-on au Prytanée d'Arts et Métiers, sous le Premier Empire...

Nous appellerons tout spécialement l'attention des ardents éphèbes sur deux branches d'avenir, éminemment favorables toutes deux au développement progressif de leurs facultés techniques : l'électricité d'une part, et le cyclisme d'autre part.

Ces puissants facteurs des nouvelles industries, nationales plus que cosmiques, ont acquis durant ces dix dernières années une vulgarisation prodigieuse. Tout lasse ? — Nous ne pensons pas qu'on puisse de longtemps se passer des appareils des Edison, des laboratoires des Mascart ; de même les imitateurs des de Dion, des Levassor, des Turgan pourront, sans trop d'aléa, se confier en de similaires spéculations.

Oui, durant de longs lustres encore, des siècles peut-être, les installations électriques se propageront à outrance parmi les populations agglomérées des centres urbains et les peuplades disséminées des faubourgs suburbains, des bourgades et villages isolés. Telle chute d'eau qui stupidement ne servait qu'à tourner la roue moisie, veloutée de mousse du moulin communal, sera bifurquée et actionnera la palette nerveuse d'un arbre de dynamo, volant d'énergie dont un technicien à binocles fixa le rendement. Et tout un village sera éclairé au fil incomburant, au lieu de s'empuantir de fumeuses mèches à pétrole ; un coup de manette, en une seconde, il luminera les tortueuses ruelles, et l'allumeur de lampes — cureur de fontaines, ne passera plus des heures à juter aux bornes des carrefours ; toute une vallée trépidera le jour, brillera d'un suprême embellissement la nuit sous les magiques transformations de sa *houille blanche*. Chez le petit serrurier de la Placette, l'apprenti efflanqué ne s'étirera plus les côtes à « tourner la chignole », et le grand mulet qui actionnait l'équipage denté, retourné sans lunettes au champ de vignes.

Pour opérer toute cette révolution, pour remporter ces merveilleuses victoires sur la lente routine, une simple petite dynamo réversible aura suffi, qu'on avait accrochée au fil voisin, frémissant de courant.

Et les tramways électriques, quelle nouvelle mine de richesses pour les capitalistes, pour les techniciens ! Et les constructions télégraphiques, téléphoniques, sous-marines, aériennes, aéronautiques...

Pour ce qui est du cyclisme, et en particulier de l'automobilisme, un miracle moderne se précise dans la rapidité des transports individuels. C'était là une industrie, hier encore *petite*, et qui a pris un essor prodigieux.

Eh ! quoi, nous objectera-t-on, cette vogue aura son temps comme tout ce qui fut emballement. — Peut-être, en effet, découvrira-t-on un jour « autre chose », en vertu de cet

axiome que le champ de la science ne saurait se limiter...
En attendant, nos larges routes sont brûlées de véhicules en-
diablés qui crachent le pétrole des réservoirs, ou vident
l'électricité des accumulateurs, ou détendent les gaz des
compresseurs ; et nos moindres bourgades perdues s'honorent ainsi de fervents touristes prévenus de leur originalité,
et qu'enchante la vertigineuse succession des beautés, ou
peu connues ou célèbres de notre admirable pays.

En vérité, c'est l'anéantissement de l'hippomobilisme.
L'automobile sur les routes, la charrue à vapeur dans les
champs... pauvres chevaux ou plutôt bienheureuses bêtes,
« nos semblables », dirait About, on va vous servir, à vous
aussi, des retraites bien gagnées...

Oui, c'est là une industrie bien française, et nous ne saurions trop engager les hésitants à accourir vers le Nord, vers
l'Est, partout où un centre de constructions cyclistes aimante
les ardentes initiatives. Qu'ils s'exercent à limer, à tourner les
pièces détachées ; qu'ils calculent sur des bleus les jeux des
changements de marche ; mais surtout qu'ils *apprennent à
lire partout*, à l'atelier comme au bureau d'étude... et la Fée
des avenirs brillants se laissera peut-être convaincre par la
science de leur fébrile activité !

*
* *

Il est bien d'autres petites industries que nous n'aurons
garde de passer sous complet silence ; telles, les diverses fabrications de la chaudronnerie, depuis le rivetage des appareils
évaporatoires, le brasage des conduites à haute pression, jusqu'au martelage délicat des ustensiles de ménage, difficultés
qui semblent bien faites pour tenter l'adresse opiniâtre de nos
jeunes forgerons, peu exercés aux déceptions des bosselages.
A défaut des traités de l'Ecole de Nevers, le *Cours pratique
de chaudronnerie* de notre vétéran M. Montupet leur pourra
être d'une certaine utilité.

Les artistes proprement dits (il y en a toujours eu parmi

les industriels!) s'illustreront dans les travaux d'esthétique appliquée à la ferronnerie, aux objets moulés, ciselés,
aux motifs décoratifs, à la gravure. Les mieux doués de cette
élite se détacheront bien en relief des paliers supérieurs, et si-
gneront leurs noms un jour célèbres aux vernissages des *Salons*, les graveront sur les socles des statues ou les dessineront
dans l'herbage des Paysages dorés, dans le rayonnement intensif des Forges ensanglantées. Ces derniers éducateurs
transcendants seraient excessivement rares ; mais il en pourrait de nouveau surgir, comme cela se produisit maintes fois.

La très grande majorité restera terre-à-terre, c'est indispensable ; et nous convions les générations futures à la conquête de tous les arts industriels, — nous évitons à regret le
mot *accaparement* qui nous chante fort au bout de la plume...

Donc, beaucoup monteront vers les pays sucriers où ils se
rendront indispensables ou comme mécaniciens ou comme
chimistes, concurremment aux élèves diplômés de Paris, de
Douai, de Glons, qu'ils supplanteront s'ils savent s'assimiler
l'omnipotence du mécanicien-chimiste. Une fois bien au courant de la fabrication, des usages, des formules consacrées, de
tous les moindres détails, les malins, consultant leur géographie économique, offriront, contre la forte somme, leurs
services aux grands planteurs des Amériques ou des Océa-
nies encore jeunes, et porteront les procédés du Nord, du
Pas-de-Calais vers les îles lointaines, d'où ils reviendront
tard, ou tôt, avec une fortune bien acquise.

D'autres, tout aussi débrouillards, s'initieront aux secrets
des « boîtes à sardines », apprendront humblement la composition des produits alimentaires, puis, après mûre réflexion...
fileront vers les pampas du Chili ou les prairies du Transvaal.
Ils feront « du bœuf » à Madagascar, « du mouton » en
Australie, et amasseront soigneusement les pépites d'or vierge,
que les aborigènes leur céderont avec joie, contre une boîte
de conserves, luisante de fer-blanc.

*
* *

Les débouchés des petites industries sont extrêmement nombreux, et chaque jour nous apporte un nouveau champ à étudier, à mûrir pour l'exploitation.

Nous ne répéterons jamais trop que nos Camarades devraient s'assimiler davantage, au détriment (?) des grandes constructions, les petits secrets de métiers des arts textiles, chimiques, optiques, orthopédiques, mathématiques.

Les papeteries, briqueteries, imprimeries, brasseries, lamineries, savonneries sont dignes d'absorber leurs efforts. Et de même les blanchisseries modernes, véritables usines de désinfection, les moulins de panification, les laboratoires de boissons spiritueuses ou gazeuses ; et de même encore les tanneries, les mégisseries, les pelleteries ; et de même toujours, les fabriques de caoutchouc manufacturé, les robinetteries, les usines à gaz...

Nous étendrons notre énumération à la céramique, à la verrerie et dérivés (malgré la prépondérance de l'Ecole spéciale de Sèvres) ; à la bijouterie, à l'horlogerie... Accaparons !

Enfin, nous insisterons tout spécialement sur les accessoires des arts mécaniques : huiles et graisses, paliers, arbres rigides ou flexibles, poulies en bois, ou en métal, ou mixtes, courroies, calorifuges, purgeurs de conduites, etc.

Profitons de l'occasion pour exprimer le regret que cette étude des *intermédiaires*, des générateurs aux machines, soit universellement négligée. Dans un prochain ouvrage (en préparation) nous essaierons de combler cette lacune.

A propos d'intermédiaires, nous ne saurions trop conseiller aux futurs brasseurs d'affaires, de « prendre l'air » des bureaux commerciaux. Un stage de quelques semestres, de quelques années dans la représentation des fournitures d'usines, ou dans les offices de brevets d'invention leur sera d'un précieux enseignement, grâce aux prises de contact avec des caractères variés, dont ils devront apprendre à subir parfois les caprices.

Quelques exercices en : copies de lettres, bons de commandes, compositions de chantiers, jeux de répertoire ne leur seront point superflus. Ils acquerront ainsi les notions de négoce général, indispensables aux bons techniciens, aux industriels presque complets. M. Denis Poulot et d'autres l'ont dit avant nous, et avec plus d'autorité : l'industriel complet doit être un habile commerçant. Ajoutons que l'industriel parfait est un mythe.

*
* *

Nous revenons à dessein sur la question des industries sucrières et dérivées, et nous y consacrons ce paragraphe pour mieux fixer l'attention de nos Camarades sur cette « force de demain » qu'est l'alcool. C'est toute une évolution économique qui se met en marche, pour le plus grand avantage, l'accroissement de prospérité de l'agriculture et de l'industrie françaises.

Et cette solution tombe d'autant mieux à propos, que les productions saccharifères se voyaient menacées de déchéance générale, de ruines locales à l'approche du moment où les conventions qui favorisent temporairement les fabricants seront peut-être modifiées.

D'autre part, les colonies de la Grande-Bretagne, notamment les Antilles, commencent à lutter victorieusement contre les produits européens, et les raffineries, les distilleries de notre continent sont toutes menacées du même coup.

C'est en vue de sauvegarder nos intérêts nationaux que M. Jean Dupuy, alors ministre de l'Agriculture, se prêta de tous ses intérêts personnels à la diffusion dans l'industrie de l'alcool transformé, *dénaturé*, c'est-à-dire mélangé à un produit dénaturant qui lui fait perdre ses qualités dégustatives — au grand déplaisir de légions ivrognesques. Or, il semble que les dénaturants proposés répondent assez exactement aux conditions qu'on leur impose et qui sont, essentiellement, de rendre l'alcool : 1º propre à la combustion, au chauffage et à l'éclairage ; 2º intimement incorporé aux éléments adjoints, inéliminables ; 3º d'un prix relativement peu élevé.

Voilà donc lancé un agent nouveau de *petite* industrie, qui, fort probablement ne le cédera en rien aux manifestations de la vapeur, du gaz, du pétrole, et même de l'électricité.

Les expositions récentes du Grand Palais des Champs-Elysées sont bien faites pour consolider l'espoir des agriculteurs et des industriels intéressés. Nous avons pu y admirer longuement :

1° Les appareils moteurs (moteurs nautiques, moteurs automobiles);

2° Les appareils d'éclairage (à incandescence, et à flamme libre);

3° Les appareils de chauffage (chauffage d'immeubles, lampes à souder, chauffe-fers, etc.) ;

Allons, tant mieux ! voilà encore une nouvelle industrie bien française qui, ce matin même inconnue, vient de se révéler magnifiquement, au détriment des houilles, essences et pétroles étrangers ; mais au profit logique de nos alcools nationaux. Ceci explique cela.

II, — PROGRAMMES DE CONCOURS

Concours
Pour l'attribution des Bourses de voyage en faveur des élèves des Ecoles industrielles

Des bourses de voyage sont mises au concours par le Ministre du Commerce, de l'Industrie, des Postes et des Télégraphes.

Ces bourses ont une valeur variable de 1.500 à 3.000 frs, selon l'importance et la durée du voyage.

Elles peuvent être renouvelées une ou deux fois au maximum, sur l'avis d'une commission chargée d'examiner les rapports et les travaux transmis tous les trois mois par les boursiers.

Pour être admis au concours, les candidats doivent se faire inscrire au Ministère du Commerce, de l'Industrie, des Postes et des Télégraphes *avant le 10 octobre* et joindre à leur demande :

1° Un certificat de bonnes vie et mœurs ;

2° Un certificat médical attestant qu'ils jouissent d'une bonne constitution ;

3° Un état des travaux qu'ils ont accomplis depuis leur sortie de l'école ;

4° Un certificat du maire de l'arrondissement ou de la commune, établissant leur situation pécuniaire et celle de leurs parents.

Ils doivent justifier en outre :

1° Qu'ils sont Français ;

2° Qu'ils auront vingt et un ans au moins et trente ans au plus à l'époque du concours ;

3° Qu'ils sont en règle avec l'autorité militaire ;

4° Qu'ils sont munis du diplôme de fin d'études d'une école publique relevant du Ministère du Commerce, de l'Industrie, des Postes et des Télégraphes, ou d'une École libre subventionnée et reconnue par lui.

Ils doivent indiquer dans leur demande les centres industriels qu'ils désirent visiter et les études auxquelles ils ont l'intention de se livrer.

L'itinéraire proposé est soumis à l'approbation du Ministre, qui se réserve d'ailleurs la faculté de le modifier s'il le juge utile.

Le concours comprend des épreuves écrites et des épreuves orales.

Les épreuves écrites auront lieu au chef-lieu de chaque département, le 31 octobre ; elles comprennent :

1° Un rapport industriel rédigé en français ;

2° Une version et un thème anglais ou allemand, au choix du candidat.

Les candidats n'ayant pas obtenu une moyenne générale

au moins égale à 10 (le maximum étant 20) sont ajournés. Toutefois, ceux qui auront fait preuve dans la rédaction du rapport industriel d'intelligence et de connaissances sérieuses, pourront être admis à subir l'examen définitif, alors même qu'en raison des notes qui leur auraient été attribuées par les épreuves de langues étrangères ils n'auraient pas atteint cette moyenne.

Les concurrents admissibles subiront à Paris, dans la seconde quinzaine de novembre, devant un jury nommé par le Ministre, un examen oral portant sur la langue anglaise ou allemande, sur leurs travaux antérieurs et sur les raisons d'ordre industriel qui ont déterminé le choix des centres qu'ils désirent visiter. Il leur sera en outre posé diverses questions de nature à permettre de faire la lumière sur leur valeur réelle.

Les frais de déplacement sont à la charge des intéressés.

Des exemplaires du règlement sont tenus à la disposition de ceux-ci au Ministère du Commerce, de l'Industrie, des Postes et des Télégraphes, 101, rue de Grenelle (Direction de l'enseignement technique).

Conditions d'admissibilité et programme du concours pour l'emploi d'inspecteur du travail dans l'industrie.

Le recrutement des inspecteurs et inspectrices départementaux du travail a lieu exclusivement par la voie du concours.

Nul n'est admis à concourir s'il n'a préalablement justifié :

1° Qu'il est Français ;

2° Qu'il a accompli sa *vingt-sixième année* au moins et sa *trente-cinquième année* au plus au 1er janvier de l'année pendant laquelle a été pris l'arrêté ministériel ouvrant le concours. *Aucune dispense d'âge n'est accordée.*

Les concours ont lieu suivant les besoins du service ; le nombre des places mises au concours et la date des examens sont fixés par arrêté ministériel.

Cet arrêté fixe la date à laquelle les demandes d'admission doivent être parvenues au Ministère du Commerce, de l'Industrie, des Postes et des Télégraphes.

Les demandes d'admission au concours doivent être accompagnées des pièces suivantes :

1° Une expédition authentique de l'acte de naissance du candidat et, s'il y a lieu, un certificat établissant qu'il possède la qualité de Français ;

2° Un certificat d'un médecin désigné par le Préfet, dans les départements et par le Ministre du Commerce et de l'Industrie à Paris, et constatant que le candidat est d'une bonne constitution et exempt de toute infirmité le rendant impropre à faire un service actif ;

3° Un certificat de bonnes vie et mœurs et l'extrait du casier judiciaire ;

4° Une pièce constatant que le candidat a satisfait à la loi du recrutement ; en cas d'exemption, une pièce authentique en indiquant les causes ;

5° Une note signée du candidat et faisant connaître ses antécédents, ses titres et les études auxquelles il s'est livré, ainsi que ses domiciles successifs, s'il y a lieu ; et notamment la durée et la nature des emplois du candidat dans l'industrie comme ouvrier, contremaître, ingénieur ou patron, avec l'indication des ateliers et établissements où il les a remplis ;

6° Les diplômes, brevets ou certificats qui auraient pu être délivrés au candidat ou des copies dûment certifiées de ces pièces ;

7° Si le candidat a appartenu ou appartient à un service public, un état certifié de ses services ; les candidats appartenant à l'instruction publique devront y joindre une pièce officielle constatant que leur engagement décennal est expiré ;

8° Enfin l'indication du centre de circonscription (1) dans lequel le candidat désire subir les épreuves écrites du concours.

Le Ministre du Commerce, de l'Industrie, des Postes et des Télégraphes arrête, après avis de la Commission supérieure du travail, la liste des candidats admis à concourir.

Le même candidat ne peut pas être admis à plus de *deux* concours.

Le concours porte sur les matières suivantes :

Epreuves écrites. — 1° Une composition sur une question se rattachant aux lois réglementant le travail (voir *annexe n° 1*). Cette composition est également jugée au point de vue de la connaissance de la langue française ;

2° Une composition relative à l'hygiène industrielle (voir *annexe n° 3*) ;

3° Une composition sur une question de mécanique industrielle (voir *annexe n° 4*).

Epreuves orales. — Les épreuves orales comprennent trois interrogations :

1° Lois réglementant le travail (voir *annexe n° 1*) et éléments de droit pénal relatifs à la répression des délits et des contraventions à la législation du travail (voir *annexe n° 2*) ;

2° Eléments d'hygiène industrielle (voir *annexe n° 3*) ;

3° Eléments de mécanique générale et appliquée, et mesures de précaution à prendre dans l'installation des ateliers (voir *annexe n° 4*).

Pour les inspectrices, le concours sera distinct et ne portera pas sur les éléments de mécanique.

Les épreuves écrites sont *éliminatoires.* Nul ne peut être admis à subir les épreuves orales s'il n'a obtenu, pour l'ensemble des épreuves écrites, la moitié au moins du *maximum* de points tel qu'il est fixé ci-après.

---

(1) Paris, Limoges, Dijon, Nancy, Lille, Rouen, Nantes, Bordeaux, Toulouse, Marseille et Lyon.

La valeur relative de chacune des compositions, au point de vue de l'importance qu'elles présentent respectivement pour le service, est fixée comme suit :

Épreuves écrites

Composition sur une question se rattachant aux lois réglementant le travail.	3	
La même composition appréciée au point de vue de la connaissance de la langue française . .	2	
Composition relative à l'hygiène industrielle . .	2	
Composition pour les éléments de mécanique industrielle	2	
Total pour les épreuves écrites . .	9	9

Épreuves orales

Législation relative à la réglementation du travail, éléments de droit pénal.	3	
Hygiène industrielle	2	
Mécanique industrielle.	2	
Total pour les épreuves orales . .	7	7

Le jury attribuera, en outre, à chaque candidat, une note dans laquelle il tiendra compte tant des antécédents de sa pratique industrielle, que des garanties qu'il présente pour exercer avec autorité les fonctions d'inspecteur ; cette note est cotée	4	4
Ensemble		20

Il est attribué à chacune des compositions et interrogations une note exprimée par des chiffres variant de 0 à 20 et ayant respectivement les significations suivantes :

0.	Néant.
1, 2.	Très mal.
3, 4, 5.	Mal.
6, 7, 8.	Médiocre.
9, 10, 11.	Passable.
12, 13, 14.	Assez bien.
15, 16, 17.	Bien.
18, 19	Très bien.
20.	Parfait.

Chaque note est multipliée par le coefficient fixé plus haut. La somme des produits ainsi obtenue forme le nombre total des points pour l'ensemble des épreuves.

Nul ne peut être déclaré admissible s'il n'a obtenu à la fois plus du quart de chaque maximum partiel et un total d'au moins soixante-cinq pour cent du maximum général, soit 260 points pour les inspecteurs et 208 points pour les inspectrices.

Si plusieurs candidats ont le même nombre total de points, la priorité est assurée à celui des candidats qui a obtenu le plus grand nombre de points pour la composition se rattachant à l'application des lois réglementant le travail.

Les épreuves écrites ont lieu à Paris, Limoges, Dijon, Nancy, Lille, Rouen, Nantes, Bordeaux, Toulouse, Marseille et Lyon.

Les épreuves orales sont subies à Paris.

———

ANNEXES

———

PROGRAMMES

LES CORRECTEURS ET EXAMINATEURS DEVRONT, POUR TOUTE QUESTION CHIMIQUE OU MÉCANIQUE, S'ATTACHER PLUS AU CÔTÉ PRATIQUE DES SUJETS QU'AUX NOTIONS DE PURE THÉORIE.

1º Lois réglementant le travail.

Loi du 2 novembre 1892 sur le travail des enfants, des filles mineures et des femmes dans les établissements industriels, et règlements d'administration publique rendus pour l'exécution de cette loi (modifiée par la loi du 30 mars 1900).

Loi du 12 juin 1893 relative à l'hygiène et à la sécurité des travailleurs dans les établissements industriels et règlements d'administration publique rendus pour l'application de cette loi.

Loi du 9 septembre 1848 relative aux heures de travail dans les usines et manufactures et règlements d'administration publique rendus pour l'exécution de cette loi (Modifiée par la loi du 30 mars 1900).

Loi du 22 février 1851 relative aux contrats d'apprentissage.

Loi du 7 décembre 1874 relative à la protection des enfants employés dans les professions ambulantes.

Loi du 9 avril 1898 concernant les responsabilités des accidents dont les ouvriers sont victimes dans leur travail, modifiée par la loi du 22 mars 1902 (art. 1, 11, 14 et 31).

Loi du 29 décembre 1900 fixant les conditions du travail des femmes employées dans les magasins, boutiques et autres locaux en dépendant.

2° Éléments de droit pénal.

Du délit en général ;

Distinction des crimes, délits et contraventions ;

Action publique et action civile ;

Police judiciaire. — Officiers de police judiciaire. — Procès-verbaux. — Instruction ;

Des juridictions pénales. — Voies de recours.

3° Éléments d'hygiène industrielle.

I. — ATMOSPHÈRE DU TRAVAIL

Aérage et ventilation. — Dangers de l'air confiné. — Nécessité de l'aérage et de la ventilation. — Conditions et modes de leur établissement dans les ateliers industriels.

Vapeurs, gaz et poussières mêlés à l'air. — Dangers, suivant leur nature, des vapeurs et gaz (irrespirables, irritants, toxiques) ; — Des poussières (minérales, végétales, animales) ; — Moyens divers d'atténuer ou d'enlever suivant les cas (absorption ; ventilation générale ou spéciale, *per ascensum* ou *per descensum* ; hottes, cheminées d'appel, ventilateurs, désinfection).

Action de la chaleur et du froid. — Règles d'hygiène applicables.

II. — MATIÈRES MISES EN ŒUVRE

Matières irritantes (acides, alcalis). — *Matières toxiques* (mercure, plomb, arsenic, phosphore, sulfure de carbone, etc.). — *Matières infectieuses et putrescibles* (chiffons, peaux, poils, etc.).

Industries principales qui les emploient.

Dangers de leur élaboration et de leur maniement. — Mesures spéciales de précaution pour les éviter ou s'en prémunir.

III. — HYGIÈNE GÉNÉRALE DES ÉTABLISSEMENTS INDUSTRIELS

Conditions d'établissement, au point de vue hygiénique, des fosses d'aisances, — des évacuations d'eaux résiduaires, — des distributions d'eau potable. — Qualités que doit présenter l'eau potable.

Dispositions de nature à éviter les incendies et à prémunir contre leur propagation.

IV. — ACCIDENTS DU TRAVAIL

Notions sur les accidents produits par les machines et mécanismes. — Brûlures. — Plaies simples ou contuses. — Plaies par arrachement. — Fractures.

Premiers soins à donner en cas d'accidents.

4° Eléments de mécanique générale et appliquée et précautions à prendre dans l'installation des ateliers.

1. *Notions sommaires sur les objets suivants :*
Le levier, la poulie, le plan incliné, le treuil, les moufles et la vis ;

Roulage et traînage. — Appareils de levage, monte-charges, freins ;

Moteurs hydrauliques, à vapeur, à gaz, à pétrole, électriques. — Leurs principaux organes. — Principales machines-outils. — Arbres de transmission, courroies, engrenages, embrayages.

2. *Généralités sur la combustion*. — Fours, cheminées.

3. Mesures de protection contre les divers accidents des fabriques et notamment dans l'emploi des machines-outils et de l'électricité dynamique.

RENSEIGNEMENTS

Sur les traitements et les conditions d'avancement du personnel de l'inspection du travail.

Les candidats déclarés admissibles à la suite du concours sont nommés inspecteurs départementaux stagiaires du travail, suivant leur rang d'admission et au fur et à mesure des besoins du service.

Les inspecteurs stagiaires reçoivent un traitement annuel de 2.400 francs ; ce traitement est soumis à la retenue conformément à la loi du 9 juin 1853 sur les pensions civiles. La durée du stage est d'une année au moins.

Il existe cinq classes d'inspecteurs départementaux :

La 5e classe reçoit un traitement de 3.000 francs ; la 4e classe, un traitement de 3.500 francs ; la 3e classe, un traitement de 4.000 francs ; la 2e classe un traitement de 4.500 francs ; la 1re classe un traitement de 5.000 francs.

Il y a trois classes d'inspecteurs divisionnaires :

La 3e classe reçoit un traitement de 6.000 francs ; la 2e classe, un traitement de 7.000 francs ; la 1re classe, un traitement de 8.000 francs.

Les inspecteurs ne peuvent être élevés de classe qu'après trois ans de service au moins dans la classe immédiatement inférieure et lorsqu'ils figurent sur le tableau d'avancement dressé à la fin de chaque année ; leur classement est personnel.

Les inspecteurs divisionnaires sont nommés au choix parmi les inspecteurs départementaux appartenant au moins à la deuxième classe de leur grade.

Texte des compositions données aux concours de 1893, de 1895, de 1897, de 1900 et de 1901

Concours de 1893 (INSPECTEURS)

1° *Législation.* — Exposé général et justification des dispositions légales et réglementaires relatives aux travaux fatigants, dangereux ou contraires aux bonnes mœurs.

2° *Hygiène et sécurité des ateliers.* — Principaux accidents déterminés par les bielles, arbres, engrenages, courroies, cisailles mécaniques ; premier pansement d'une plaie en attendant l'arrivée du médecin.

3° *Mécanique.* — Principales causes d'explosions de chaudières à vapeur.

Concours de 1893 (INSPECTRICES)

1° *Législation.* — Exposé général et justification des dispositions légales et réglementaires relatives aux filles de tout âge au-dessous de 21 ans.

2° *Hygiène et sécurité des ateliers.* — De l'encombrement des ateliers. Ses dangers. Premiers soins en cas de syncope.

Concours de 1895 (INSPECTEURS)

1° *Législation.* — Du travail de nuit des enfants et des femmes. Exposé et examen critique des prescriptions de la législation et de la réglementation actuelles.

2° *Hygiène et chimie industrielles.* — Principaux composés du plomb. — Principales industries qui emploient le plomb et ses composés. — Accidents saturnins. — Moyens de les prévenir par les installations et l'hygiène personnelle.

3° *Mécanique.* — Une dérivation de cours d'eau donne un débit de 30 mètres cubes par minute sous une chute de $2^m,50$.

On demande :

1° D'indiquer les récepteurs hydrauliques qu'il conviendrait d'employer et pour quels motifs ;

2° De décrire l'un de ces récepteurs ;

3° De dire la puissance en chevaux-vapeurs de ce récepteur en se donnant le rendement d'après ceux établis par la pratique pour le moteur choisi ;

4° De dire, ce moteur hydraulique étant employé à actionner directement une dynamo, l'intensité du courant dont on pourra disposer sachant que la dynamo fonctionne sous une différence de potentiel de 250 volts (on prendra arbitrairement le rendement dans les limites de la pratique).

Concours de 1897 (Inspecteurs)

1° *Législation.* — Exposé et examen pratique de la législation et de la réglementation concernant la durée de la journée de travail dans l'industrie.

2° *Hygiène et chimie industrielles.* — Le mercure et ses composés ; accidents mercuriels ; industries qui font usage du mercure et de ses composés ; assainissement de ces industries.

3° *Mécanique.* — I. Le treuil.

II. Un treuil horizontal est formé de deux cylindres en bois de 20 et 14 centimètres de diamètre, montés sur le même axe. Il est muni à l'une de ses extrémités d'une manivelle de 30 centimètres de rayon.

Sur le plus grand cylindre s'enroule une corde dont le brin libre supporte un poids de 100 kilogrammes suspendu librement. Sur le plus petit cylindre s'enroule en sens inverse une autre corde à laquelle est suspendu de même un poids de 5o kilogrammes.

1° On demande quel effort il faut exercer sur la poignée de la manivelle pour maintenir l'appareil en équilibre;

2° On suppose en second lieu qu'on abandonne la manivelle, et on demande avec quelle force il faut alors appliquer sur la surface du grand cylindre un sabot en bois pour maintenir le système en équilibre (on admettra que le coefficient de frottement du bois sur le bois est égal à 0,48).

Concours de 1900 (INSPECTEURS)

1° *Législation*. — Rapport d'un inspecteur départemental du travail après une visite dans une verrerie; contraventions relevées et mises en demeure inscrites sur le registre d'usine, à raison d'infractions aux règles imposées à ce genre d'établissements.

2° *Hygiène industrielle*. — Matières irritantes (acides, alcalis); industries principales qui les produisent et les emploient; danger de leur élaboration et de leur maniement; mesures spéciales de précaution pour les éviter ou s'en prémunir.

3° *Mécanique industrielle*. — I. Des conditions d'établissement des cheminées d'usines.

II. PROBLÈME. — Un madrier de section uniforme, ayant 4 mètres de longueur et pesant 3o kilogrammes, repose par l'une de ses extrémités sur un sol horizontal, et est appuyé par l'autre contre un mur vertical.

Ce madrier est incliné à 45°; il supporte un poids de 20 kilogrammes qui est suspendu au milieu de sa longueur,

On demande :

1° Quel est, en faisant abstraction de tout frottement, l'effort horizontal à exercer sur le pied de ce madrier pour l'empêcher de glisser;

2° Si cet effort augmente ou diminue quand on déplace le poids additionnel vers le pied du madrier.

Concours de 1901 (INSPECTEURS)

Législation. — Quelles sont les catégories de travailleurs protégés? Quelles sont les catégories d'établissements visés par chacune des lois suivantes : décret-loi du 9 septembre 1848, loi du 2 novembre 1892, loi du 12 juin 1893, loi du 30 mars 1900?

En particulier, quelles sont les industries de l'alimentation soumises à chacune de ces lois? Quelles sont les difficultés rencontrées dans l'assujettissement à ces mêmes lois des petites industries de l'alimentation : boulangeries, pâtisseries, charcuteries, cuisines de restaurants, boucheries?

Mécanique. — I. Description d'une machine à fraiser.

II. Dangers que présentent les machines à fraiser. Appareils protecteurs.

III. PROBLÈME. — Etant donné un arbre de transmission horizontal, on cale sur cet arbre un dispositif constitué comme le frein de Prony, composé de deux sabots serrés à bloc et d'un levier horizontal de 1 mètre de longueur à partir du centre de l'arbre. A l'extrémité du bras de levier on suspend un poids de 40 kilogrammes.

Calculer et exprimer en kilogrammes l'effort qui, exercé suivant une tangente à la circonférence d'une poulie de 0^m,65 de diamètre calée sur le même arbre, fait équilibre au poids de 40 kilogrammes. (Le levier sera supposé équilibré de manière que l'on ne soit point obligé d'introduire son poids propre dans le calcul).

Hygiène industrielle. — I. Principales propriétés de l'arsenic et de ses composés usuels, tels que l'acide arsénieux, les sulfures d'arsenic, les couleurs et émaux arsenicaux.

II. Opérations industrielles au cours desquelles ces composés se produisent ou sont employés.

III. Description des accidents arsenicaux.

Concours de 1901 (INSPECTRICES)

Législation. — Examen critique des lois et décrets qui réglementent le travail des femmes et des filles de plus de 18 ans.

Hygiène industrielle. — Quels sont les gaz délétères qui sont susceptibles de se produire dans les ateliers particulièrement inspectés par les inspectrices ?

II. Inconvénients ou dangers au point de vue de l'hygiène.

III. Remèdes à apporter.

CHAPITRE IV

—

LES TRAVAUX PUBLICS

———

I. LES TRAVAUX PUBLICS EN GÉNÉRAL

Ceux de nos jeunes Camarades qui voudraient se préparer pour les diverses administrations des Ponts et Chaussées, tout en « bénéficiant » d'un salaire mensuel de cinq à six louis, pourront aspirer à devenir un jour *Agents-voyers* ou *Conducteurs*, avec le double ou le triple de leurs appointements primitifs, — voire même *Sous-Ingénieurs* et *Ingénieurs*.

A Paris, grâce aux indemnités de résidence, les six classes des *Commis des Ponts et Chaussées* comportent des traitements variables de 1.800 à 4.000 francs. Ages extrêmes du concours : 16 et 28 ans. — Les *Conducteurs* ont de 3.100 à 5.600 francs.

Même progression pour les *Contrôleurs des mines*.

Les *Piqueurs municipaux des travaux* débutent à 1.800 francs, non compris les heures supplémentaires. Il faut avoir plus de 17 ans pour concourir. — Les travailleurs et les favorisés peuvent successivement se hausser aux grades de *Conducteurs municipaux* (3.100 à 8.000 francs), et finalement aux rarissimes sinécures des *Ingénieurs municipaux* (7.000 à 11.000 francs).

Dans une direction similaire, les *Aides-Géomètres* débutent aux mêmes conditions de 1.800 francs, et, s'ils parviennent aux grades de *Géomètres*, reçoivent de 3.600 à 9.000 francs par an.

Pour ceux que tenteraient d'autres services réguliers, disons que les *Commis des travaux publics des Colonies* passent par cinq classes, de 4.000 à 7.200 francs. — Les *Conducteurs* peuvent atteindre de 6.000 à 12.000 francs par année de présence, de combat paludéen.

Pareillement les *Elèves-Géomètres des services topographiques des Colonies* reçoivent 3.000 francs ; et on alloue aux *Géomètres* de 4.000 à 10.000 francs de fixe.

Ils peuvent être élevés à la fonction de chef du service des Travaux Publics dans plusieurs de nos colonies. Des décisions récentes en ont même nommés au grade d'Ingénieur colonial, et cette situation est aujourd'hui une de celles à laquelle pourront prétendre les conducteurs des Ponts et Chaussées.

*
* *

Une loi du 14 avril 1900 ayant approuvé un programme de travaux publics à exécuter à Madagascar, on pensa à créer un cadre temporaire qui serait remercié après l'exécution desdits travaux — pour ne point surcharger le budget de la colonie.

Ces considérations amenèrent M. Decrais, alors ministre des Colonies, à faire signer, par M. Loubet, Président de la République, le décret du 20 décembre 1900, d'où nous extrayons les passages suivants :

« ART. 1er. — Il est créé pour coopérer, avec le personnel des Travaux Publics des colonies, à la réalisation du programme des travaux publics à exécuter à Madagascar, un cadre temporaire placé sous l'autorité du Directeur des Travaux Publics de cette colonie, et qui comprend :

Des ingénieurs temporaires de 1re et 2e classes ;

Des sous-ingénieurs temporaires ;

Des conducteurs principaux temporaires de 1ʳᵉ et de 2ᵉ classes ;
Des conducteurs temporaires de 1ʳᵉ, 2ᵉ, 3ᵉ et 4ᵉ classes ;
Des commis principaux temporaires ;
Des commis temporaires de 1ʳᵉ, 2ᵉ, 3ᵉ et 4ᵉ classes.

Ce personnel temporaire sera exclusivement rétribué sur les fonds d'emprunt.

ART. 2. — Ce personnel temporaire est choisi, soit parmi les candidats remplissant les conditions fixées par le décret du 2 juin 1899 pour l'admission dans le cadre des Travaux Publics des Colonies, soit parmi ceux qui ont rempli dans les administrations, dans les compagnies ou entreprises de chemins de fer ou de travaux publics ou dans l'industrie privée des fonctions analogues en vue desquelles ce personnel est recruté et qui auront été déclarés aptes à remplir ces emplois par l'une des commissions ci-après instituées à cet effet (à Paris et à Tananarive).

ART. 6. — ... En ce qui concerne les passages, et par dérogation aux règles générales fixées par le décret du 3 juillet 1897, ils n'auront droit, tant à l'aller qu'au retour, qu'à leur passage personnel, à l'exclusion de tout membre de leur famille.

ART. 7. — Par dérogation aux dispositions du décret du 2 juin 1899, ceux des ingénieurs ou des agents du cadre temporaire qui se seront signalés et dont les services paraîtraient de nature à être utilisés pourront, après avoir accompli au moins trois ans de service dans le cadre temporaire, sur la proposition du Gouverneur général de Madagascar et sur l'avis conforme de la Commission instituée à Paris, être nommés par le Ministre des Colonies dans le cadre des Travaux Publics des Colonies à un grade et une classe au plus équivalents à ceux qu'ils auront dans le cadre temporaire ». (1).

----

(1) Il convient de rappeler aux postulants que des circulaires récentes du Gouverneur de Madagascar, leur conseillent instamment de ne se lancer dans l'île qu'avec beaucoup de précaution — vu l'encombrement actuel de tous les débouchés. On peut d'ailleurs se renseigner plus amplement au Ministère des Colonies.

DÉCRET

Modifiant l'article 6 du décret du 20 décembre 1900
Portant création d'un cadre temporaire d'ingénieurs,
de conducteurs et de commis des travaux publics à Madagascar

LE PRÉSIDENT DE LA RÉPUBLIQUE FRANÇAISE,

Vu le décret du 11 décembre 1895, fixant les pouvoirs du résident général de Madagascar ;

Vu le décret du 30 juillet 1897, instituant un gouverneur général de la colonie de Madagascar et dépendances ;

Vu le décret du 2 juin 1899, portant organisation du personnel des travaux publics des colonies autres que l'Indo-Chine, la Martinique, la Guadeloupe et la Réunion ;

Vu le décret du 20 décembre 1900, portant création d'un cadre temporaire d'ingénieurs, de conducteurs, et de commis des travaux publics à Madagascar, et notamment les articles 4,6 et 8 ;

DÉCRÈTE :

ARTICLE PREMIER. — Le premier alinéa de l'article 6 du décret du 20 décembre 1900 est modifié comme il suit :

« Les grades, classes, soldes, frais de services, indemnités et assimilations hiérarchiques des ingénieurs et agents du cadre temporaire, ainsi que les conditions d'avancement et les mesures disciplinaires, sont les mêmes que pour les ingénieurs et les agents des grades et classes correspondants du cadre permanent des travaux publics des colonies. Toutefois, les avancements des ingénieurs et agents temporaires sont donnés, et toutes les mesures disciplinaires sont prononcées par le gouverneur général. »

La rétrogradation et la révocation ne peuvent être prononcées qu'après avis d'une commission d'enquête composée de trois membres désignés par le gouverneur général, et devant laquelle le fonctionnaire ou l'agent incriminé peut présenter ses moyens de défense, soit verbalement, soit par écrit. L'avis de la commission d'enquête doit être visé dans l'arrêté portant rétrogradation ou révocation, et ne peut être modifié par le gouverneur général dans un sens défavorable à l'inculpé, que sous réserve de l'approbation du ministre des colonies.

ART. 2. — Les dispositions antérieures contraires au présent décret sont et demeurent abrogées.

ART. 3. — Le ministre des colonies est chargé de l'exécution du présent décret, qui sera inséré au *Journal officiel* de la République française et au *Bulletin officiel* du ministère des colonies

Fait à la Bégude-de-Mazenc, le 9 septembre 1903.

EMILE LOUBET.

Par le *Président de la République,*
   Le *Ministre des colonies,*

GASTON DOUMERGUE.

(*Journal officiel* du 2 octobre 1903.)

Voilà pour les principaux emplois administratifs.

*
* *

Mais qu'on ne se méprenne point sur nos intentions. Elles sont tout autres que de vouloir pousser les jeunes gens vers ces carrières à sainte et malsaine odeur administrative.

La France, conglomération latine par excellence ou par malheur, aura toujours assez, a trop de travailleurs sédentaires. Qu'on lui fasse enfin des activités remuantes : des chefs de travaux, oui ; de fumeurs en chambre, non !

Même pour les plus capables, nous ne voyons pas quel alléchant avenir peut attirer là les intelligences ambitieuses qui visent aux exclusives études de bureau, — exception faite pour les modernes calculs de ciment armé, où les jongleurs d'intégrales trouveront des aliments de recherches peut-être aussi captivants que les dérivées des ondes hertziennes.

Soyez plutôt *maçon* ! si tel est votre avantage : nous entendons par ce mot, *entrepreneur de constructions civiles*. C'est là, sans contredit, une des sciences les plus vastes, si l'on veut bien convenir qu'un technicien complet dans le genre (tout comme un architecte proprement dit) devrait rationnellement connaître, en plus des théories et problèmes relatifs à tous les matériaux usuels (pierres, mortiers, charpentes en bois et en fer, plomberie, etc.) : l'esthétique des procédés d'architecture et de décoration, la pratique d'installation des appareils de chauffage, d'éclairage, d'élévation, d'hygiène ; soit la science, la synthèse de tous les arts industriels.

A notre avis, on devrait conseiller le choix de cette carrière à ceux de nos Camarades favorisés pouvant, grâce à leurs ressources personnelles ou grâce à l'aide pécuniaire de capitalistes avisés, monter par la suite une Maison importante. Nous pourrions d'ailleurs citer plusieurs de nos Anciens qui s'initièrent aux secrets des armatures de ciment, et si bien qu'ils purent, après quelques années d'études attentives, prendre à leurs noms, des brevets qu'ils exploitent aujourd'hui.

Mais, nous objectera-t-on peut-être, c'est là une exception... Moins aléatoires alors sembleraient les entreprises plus ordinaires de maisons de rapport, ou d'habitations ouvrières ? Pourtant, ici encore, on devra être prudent, vu le nombre chaque jour plus considérable de *Sociétés d'habitations à bon marché* qui tendent à éliminer les petits entrepreneurs que ne soutiennent point des capitaux sérieux à longue haleine.

Les jeunes qui aiment le changement pourront s'embaucher d'abord comme *ouvriers, aides-chefs de travaux,* dans les entreprises volantes : poursuites d'eau pour villes, propriétés, usines, industries variées ; recherches de gisements divers. Ils creuseront des puits artésiens, absorbants, congélatifs ; capteront des eaux minérales, thermales ; monteront des installations hydrauliques, pousseront des forages à la découverte de mines de houille, d'asphalte, de phosphate, de sel gemme, de pétrole... Au cours de leurs nouvelles études éminemment pratiques, ils se documenteront sur la succession et la constitution de nombreux terrains traversés, les appareils usités : sondes, tubes, pompes, etc.

Ainsi, tout en s'instruisant dans des contrées aux mœurs et richesses variées, nos Camarades seront à la bonne école du « débrouille-toi avec tes doigts! », et apprendront, de plus, à se confectionner parfois leurs outils avec les « moyens du bord »...

On le sait, la plupart des pays coloniaux ne sont pas exploités ou le sont fort mal, par pénurie de moyens de communications.

Un de nos vétérans nous narrait un jour les terribles difficultés qu'il dut surmonter dans la direction d'une exploitation de caoutchouc, dans le Haut-Brésil. Là, les forêts inexplorées sont d'une fécondité incroyable. L'arbre à peine tailladé, les boules à peine roulées, et l'indestructible matière avec véhémence repousse presque instantanément. D'où les obstacles pour avancer, parfois pour revenir. Tout s'oppose à la conquête définitive : les choses et les individus. Parmi les *individus*, entendez les Indiens mal civilisés au dixième à peine, et contre qui on doit lutter souvent, rifle contre rifle, glaive contre glaive, le jour et surtout la nuit. Pourquoi? — Pour un mot, pour rien, parce qu'ils convoitent votre rudimentaire confortable : pour une chemise, un pagne, une sandale...

L'Ancien dont nous parlons est revenu des bords de l'Amazone quinze ans après son départ de France, avec 250 gros billets de 1 000 francs dans la ceinture, et la cicatrice d'une lance d'Indien dans le mollet.

Les techniciens avides de gloires ne sont pas forcés de prendre les deux, la médaille et son revers, sous prétexte d'aller aplanir les routes au fur et à mesure que la pénétration s'accentue ; jeter rive à rive de fragiles ponts de branchages terreux, des radeaux instables, sans contrôle d'intégrales ni d'épures sur canson... Mais qu'on se tâte sept fois, avant de s'adresser aux syndicats administrateurs : trois facteurs principaux sont indispensables pour ces tentatives toujours audacieuses : la *force physique*, l'*énergie morale*, la *science générale*, laquelle comprend des notions exactes de *médecine pratique*. En imposer par tous les moyens naturels à ces êtres primitifs : là réside le maximum de chance de succès.

Ainsi, les aventureux *maçons* émigreront vers les pays neufs, où les métaux précieux gonflent le sous-sol vierge, et pourront se hasarder dans les équipes d'exploitation intensive. L'éventrement des montagnes sud-africaines n'est point terminé, tant s'en faut ; et le rendement de certaines mines asiatiques et même américaines en est encore à l'état rudimentaire.

Que les jeunes courent le risque bien rétribué d'aller faire des routes sous les forêts de caoutchouc, monter des usines et y fabriquer des explosifs au Mozambique, en Chine, au Pérou, en Californie... Nous les convions, dès leur retour, à Paris et ailleurs, à des conférences ethno-géologiques ; et, à leur fortune probable, s'ajoutera la triomphale popularité que les nôtres ne marchandent point à ceux qui la méritèrent.

II. PROGRAMMES DE CONCOURS

PROGRAMME D'ADMISSION

A L'EMPLOI DE CONDUCTEUR DES PONTS ET CHAUSSÉES

(Arrêté du 25 novembre 1902)

Un concours a lieu tous les ans pour l'admission dans le corps des conducteurs des Ponts et Chaussées.

L'époque à laquelle commencent les opérations du concours est fixée chaque année. Un avis inséré au *Journal offi-*

ciel fait connaître cette époque, ainsi que les villes désignées pour les examens du second degré.

Les épreuves orales sont publiques.

Nul n'est admis à prendre part au concours s'il n'est Français ou naturalisé Français, et s'il n'est âgé de plus de 18 ans et de moins de 30 ans au 1er janvier de l'année dans laquelle aura lieu le concours. Toutefois, les militaires ayant passé trois ans sous les drapeaux dans l'armée active seront admis à concourir jusqu'à l'âge de 33 ans et les commis des Ponts et Chaussées et des Mines qui, à l'âge de 30 ans, comptaient plus de deux ans de services, pourront concourir jusqu'à 35 ans.

Les demandes d'admission au concours doivent être adressées au Ministre avant le 1er janvier.

Elles seront accompagnées :

1° De l'acte de naissance du candidat ;

2° D'une note fournissant les indications suivantes : nom et prénoms ; lieu et date de naissance ; — qualité, grade et traitement ; — service et résidence ; — emploi auquel le candidat est habituellement affecté ; — date de la nomination à chaque grade ; — services civils et militaires ; emplois antérieurs ;

3° D'une copie certifiée conforme des diplômes et certificats qui auraient pu lui être délivrés ;

4° D'un extrait du casier judiciaire ;

5° D'un certificat, sur papier timbré, d'un médecin assermenté constatant que le candidat n'est atteint d'aucune infirmité apparente ou cachée pouvant l'empêcher de faire sur le terrain les diverses opérations nécessitées par le service des Ponts et Chaussées, et que l'état de ses yeux ne lui interdit pas d'être employé utilement à des travaux de dessin.

Les candidats appartenant déjà au service de l'Administration n'auront pas à produire ces pièces, mais leurs demandes d'admission au concours devront être appuyées par leurs chefs hiérarchiques. Les candidats étrangers à l'Administra-

tion devront les adresser par l'intermédiaire de l'un des ingénieurs en chef du département où ils résident.

L'Administration arrête la liste des candidats qui pourront
se présenter au concours.

Les épreuves du concours pour le grade de conducteur se
divisent en épreuves du premier degré et épreuves du second degré.

Les épreuves du premier degré comprennent les compositions écrites et les opérations sur le terrain ; les épreuves du
second degré sont purement orales.

Ces deux catégories d'épreuves portent sur les matières
ci-après :

Épreuves écrites du premier degré

	Temps accordé	Valeurs relatives
1° *Écriture courante.*—(Les candidats seront jugés d'après une copie de l'avant-métré.— Le temps consacré à cette épreuve est compris dans le délai accordé pour l'épreuve de l'avant-métré).	»	3
2° *Dictée*	1/2 heure.	3 ⎫
Rédaction d'un rapport sur une affaire de service	3	4 ⎬ 10
3° *Arithmétique.* — Questions de cours et problè-mes. . . . . ⎫		4 ⎫
4° *Géométrie.* — Questions de cours et problèmes. ⎬	4	4 ⎬ 10
5° *Trigonométrie.* — Problème trigonométrique de pratique usuelle et calcul d'une expression trigonométrique	2	2 ⎭
Nota. — Voir, pour ces trois matières, le pro-gramme de l'examen oral.		
6° *Croquis à main levée.* — (Il n'est pas néces-saire que le croquis soit passé à l'encre) . .	2	1 ⎫ 5
7° *Dessin graphique d'un ouvrage d'art*	8	4 ⎭
8° *Avant-métré d'un ouvrage d'art*	8	3
9° *Lever d'un plan*	8	2 ⎫
10° *Nivellement au niveau à bulle d'air.* — (Le temps de cette épreuve est laissé à l'apprécia-tion de la Commission départementale). . .		2 ⎬ 4
11° *Rédaction d'un projet de route avec ponceau en fer ou en maçonnerie*	16	4

Épreuves orales du deuxième degré

1° *Lever de plans et nivellement.* — A. *Lever de plans.*
— Mesure des distances : chaîne d'arpenteur, stadia.
— Réduction à l'horizontale des distances mesurées
sur les pentes.

Mesure des angles : équerre d'arpenteur, alidade, graphomètre, boussole. — Usage et vérification des instruments.

Lever à l'équerre, à la planchette, à la boussole et au
graphomètre. — Rapport et dessin des plans. — Indication des échelles adoptées dans le service des
Ponts et Chaussées. — Copie et réduction de plans.

Tracé d'un axe sur le terrain, piquetage, alignements,
courbes. — Plan parcellaire   2

B. *Nivellement.* — Niveau d'eau. — Niveau à bulle
d'air. — Niveaux d'Égault et de Lenoir. — Mire à
coulisse. — Mire parlante. — Usage et vérification
des instruments.

Opérations du nivellement. — Carnet. — Calcul des
cotes de hauteur rapportées à un plan général de
comparaison.

Modes de représentation du terrain adoptés dans le service des Ponts et Chaussées. — Dessin du profil en
long, des profils en travers. Plans cotés. — Tracé des
profils sur le terrain. — Indication des points de
hauteur pour les déblais et les remblais.

Niveau de pente de Chézy ; son emploi pour tracer sur
le terrain une ligne d'une pente déterminée . . .   2

2° *Pratique des travaux.* — Notions sur les qualités et
les défauts des matériaux, sur leur emploi dans les
maçonneries, charpentes en fer et en bois ; sur les
travaux de construction et d'entretien, sur la construction et la fondation des ouvrages d'art et sur la
pratique des travaux en général.

Cubature des terrasses. — Mouvement des terres. —
Formules de transport   6

3° *Pratique du service.* — Règlements sur la comptabilité des conducteurs. — Règlement des cantonniers.

4° *Notions sommaires du droit administratif.* — Organi-
nisation et attributions des pouvoirs publics. — Ju-

Valeurs
relatives

ridictions diverses. — Législation du Domaine public
et des travaux publics. — Expropriation. — Exécution des travaux publics. — Clauses et conditions
générales imposées aux entrepreneurs.— Règlements
de voirie ; applications. — Lois et règlements sur les
accidents et sur la durée du travail   3

Les candidats sont en outre interrogés sur les travaux auxquels ils ont pris part ou sur les services spéciaux auxquels
ils ont été attachés.

Aptitude spéciale (1) . . . . 2 ⎫
Services rendus dans l'Administration (1) . . . 5 ⎬   7
                                       ⎭

Les candidats possédant des connaissances plus étendues
que celles du programme peuvent demander qu'elles soient
constatées par les examinateurs lors des épreuves orales.

La Commission arrête la liste des candidats admis à subir
les épreuves orales. Nul ne peut être porté sur cette liste s'il
n'a obtenu au moins :

1° La moitié du maximum pour chacun des articles 1, 2, 8 ;
et 11 pour les autres articles réunis ;

2° Les deux tiers de ce même maximum pour l'ensemble
des premières épreuves.

Nul ne pourra être inscrit sur la liste de classement définitif s'il n'a obtenu au moins les deux tiers du nombre total
des points pour les deux séries d'épreuves, soit 906.66.

Le nombre des admissions est fixé, pour chaque année,
d'après le nombre prévu des vacances et les besoins présu-
més du service.

L'admissibilité des candidats à l'emploi de conducteur est
prononcée par le Ministre, d'après la liste de classement arrêtée par la Commission des examens du second degré.

Les candidats déclarés admissibles ne peuvent être nom-

(1) On cotera de 0 à 20, comme pour les autres parties, mais on
retranchera 13 de la note. Il ne sera donc tenu compte que de l'excès de
la note sur 13.

mée conducteurs que lorsqu'ils ont atteint l'âge de 21 ans révolus et qu'ils ont satisfait aux obligations imposées par la loi militaire.

Cette déclaration d'admissibilité ne confère aux candidats aucun droit à une nomination immédiate ; elle les met seulement en position d'être désignés, à l'exclusion de tous autres candidats, pour les emplois disponibles, soit dans le département où ils résident, soit dans tout autre département. L'Administration se réserve d'ailleurs la faculté de tenir compte, pour ces désignations, des convenances et des nécessités du service plutôt que du rang occupé par les candidats sur la liste d'admissibilité.

L'Administration pourra également soumettre à un stage, avant de les nommer conducteurs, les candidats admissibles qui n'auraient pas justifié d'une pratique suffisante du service, qui n'auraient pas encore atteint l'âge voulu pour être pourvus du grade de conducteur. Ils recevraient pendant la durée de ce stage le traitement de commis des Ponts et Chaussées de 3e classe et les allocations accessoires calculées sur le taux fixé pour les conducteurs.

PROGRAMME

DES CONDITIONS EXIGÉES POUR L'ADMISSION A L'EMPLOI
DE CONTRÔLEUR DES MINES

Les concours pour l'emploi de Contrôleur des Mines ont lieu aux époques qui sont déterminées, en raison des besoins du service, par le Ministre des Travaux publics.

Un avis inséré au *Journal officiel* fait connaître les villes où siégeront les commissions d'examen.

Nul n'est admis à concourir s'il n'est âgé de plus de 21 ans et de moins de 30 ans au 1er janvier de l'année dans laquelle a lieu le concours. Toutefois, les militaires ayant passé trois ans sous les drapeaux dans l'armée active seront admis à concourir jusqu'à l'âge de 33 ans et les commis des Ponts et Chaussées et des Mines qui, à l'âge de 30 ans, comptaient plus de deux ans de services pourront concourir jusqu'à 35 ans.

Les demandes d'admission au concours sont adressées au Ministre avant le terme indiqué dans l'avis inséré au *Journal officiel*. Elles seront accompagnées :

1° De l'acte de naissance du candidat ;

2° D'une note faisant connaître ses antécédents et les études auxquelles il s'est livré ; les diplômes, certificats, qui auraient pu lui être délivrés, ou copies de ces pièces devront être joints à cette note.

Si les candidats sont déjà au service de l'Administration des Travaux Publics, leurs demandes seront transmises par l'intermédiaire et avec l'avis de leurs chefs hiérarchiques ;

3° D'un certificat de médecin dûment légalisé constatant que le candidat a été vacciné ou qu'il a eu la petite vérole ; qu'il est d'une bonne constitution et exempt de toute infirmité le rendant impropre à la marche ou à la visite des travaux souterrains.

Le Ministre arrête la liste des candidats qui pourront se présenter au concours. Les candidats autorisés à concourir sont informés du lieu où ils devront se présenter pour subir les épreuves.

Le concours comprend des épreuves écrites et des épreuves orales.

Les examens sont subis devant des commissions régionales composées d'un Ingénieur en Chef et de deux Ingénieurs ordinaires du corps des Mines, désignés par le Ministre. Au besoin, l'un des Ingénieurs ordinaires des Mines pourra être remplacé par un Ingénieur du corps des Ponts et Chaussées.

Les examens portent sur les connaissances ci-après ; le nombre de points attribué à chacune des parties de l'examen est établi d'après des coefficients fixés comme il suit :

Connaissances exigées

Compositions écrites

<table>
<tr><td></td><td>Valeur
des
coefficients</td></tr>
<tr><td>1° Dictée . . . .</td><td>4</td></tr>
</table>

(Sur les quatre points attribués à la dictée, deux sont comptés pour l'écriture et deux pour l'orthographe).

2° Rapport sur une affaire de service   3

3° Copie à une échelle donnée d'un plan proposé par la Commission centrale d'examen   4

4° Une application numérique d'arithmétique et de géométrie se rapportant de préférence à une question d'exploitation souterraine ou d'appareil à vapeur . .   5

Examen oral

1° Arithmétique.   5

2° Notions sur les logarithmes et usage des tables . .   2

3° Géométrie.   5

4° Notions sur la trigonométrie rectiligne. . . , . .   2

5° Notions sur la méthode des projections.   1

6° Notions sur les principales machines, simples et composées   1

Le levier, la poulie, le plan incliné, le treuil, les moufles et la vis, en faisant abstraction du frottement.

7° Notions générales sur les appareils à vapeur :

Définition de l'unité de pression, de l'unité de travail, tension effective. — Formes diverses des chaudières à vapeur, détermination de la surface de chauffe et de la capacité d'un générateur donné ; causes les plus fréquentes d'explosions de chaudières à vapeur. — Détails pratiques de l'épreuve légale des chaudières à vapeur à l'aide de la pompe de pression. — Notions sur les soupapes de sûreté, les manomètres, les indicateurs divers du niveau de l'eau dans les générateurs, détermination du poids qui doit former la charge d'une soupape de sûreté. — Explication sommaire du mode d'action de la vapeur considérée comme force motrice ; description succincte de l'ensemble d'une machine à vapeur. (Explications

sommaires sur des modèles ou des dessins d'appareils
à vapeur)   5

8° Lever des plans superficiels et souterrains :

Tracé d'une ligne droite sur le terrain. Mesure de
cette ligne. — Emploi de l'équerre d'arpenteur. —
Lever à la planchette, à la boussole. — Lever des
plans souterrains au moyen des instruments usuels,
tels que boussole et demi-cercle suspendus. — Boussole carrée. — Graphomètre et théodolite. — Orientation des plans superficiels et souterrains. — Tracé
graphique des plans levés par les différentes méthodes. — Niveau d'eau. — Niveau à bulle d'air. —
Niveau d'Egault et de Lenoir. — Mire à coulisse,
mire parlante. — Opération du nivellement, carnet,
calcul des cotes de hauteur rapportées à un plan général de comparaison.

Mouvement, emploi et vérification des instruments
avec lesquels sont levés les plans superficiels et souterrains   5

Les candidats possédant des connaissances plus étendues
peuvent demander qu'elles soient constatées par les examinateurs.

AVANCEMENT A L'ANCIENNETÉ

(Circulaire du Ministre des Travaux Publics aux Préfets)

Aux termes des réglements, l'avancement dans le personnel des conducteurs et commis des Ponts et Chaussées a lieu,
partie au choix, partie à l'ancienneté. Toutefois, nul ne peut
être promu, même à ce dernier titre, s'il n'est proposé par
son chef de service.

Il peut ainsi arriver qu'un agent non proposé ait sa carrière
entravée sans qu'il ait été appelé à s'expliquer sur le jugement défavorable porté contre lui.

Il en est de même en matière disciplinaire lorsque l'a-
gent est frappé sans avoir été entendu et sans avoir pu faire
valoir ses moyens de défense.

Il m'a paru nécessaire de porter remède à cette situation, et j'ai décidé qu'à l'avenir tout fonctionnaire ou agent comptant la durée de grade nécessaire devra être prévenu par son chef au cas où ce dernier aurait l'intention de l'exclure des propositions d'avancement à l'ancienneté. Le chef lui donnera les motifs de cette exclusion et profitera de cette occasion pour lui adresser toute observation utile sur la faible valeur de ses services.

De même, en cas de mesure pouvant léser gravement les intérêts du fonctionnaire, telle que déplacement non imposé par les nécessités du service, retrait d'emploi ou révocation, aucune décision ne sera prise sans que l'agent ait été avisé par le chef qui aura provoqué la mesure et mis à même de lui présenter oralement ses moyens de défense. L'agent devra en outre fournir des explications écrites qui seront transmises à l'Administration et constitueront un des documents destinés à éclairer l'autorité à laquelle il appartient de statuer en dernier ressort.

Je fais appel, pour la mise en œuvre de ces dispositions, aux traditions de bienveillance et de haute équité qui ont toujours animé les chefs de service de mon département ministériel, et je ne doute pas que ces mesures ne contribuent à resserrer encore les liens actuels d'estime et de dévouement réciproques qui sont la véritable garantie du bon ordre et de la discipline.

E. Marbéjouls.

TRIBUNE DES TRAVAUX PUBLICS

—

POUR UN POINT

A mon ami X..., élève ingénieur
des Ponts et Chaussées.

Mon cher ami,

Je viens d'apprendre par les journaux qu'ayant, à ta sortie de l'Ecole polytechnique, été classé dans les premiers numéros, tu as choisi la carrière des Ponts et Chaussées. Je m'empresse de t'adresser à cette occasion mes plus vives et mes plus sincères félicitations, car, non seulement ton classement est la preuve indiscutable d'un travail acharné et d'un esprit profondément scientifique, mais surtout parce que la situation qu'il te permet d'obtenir s'ouvre à toi avec l'un des plus vastes et des plus brillants horizons.

Un an de service militaire comme sous-lieutenant du Génie, trois ans à l'école des Ponts et Chaussées, puis tu seras ingénieur de l'Etat.

Ta satisfaction doit donc être bien grande, puisque voilà pour toi réalisé le rêve que nous avions ensemble si souvent caressé ; t'en souviens-tu, lorsque, au lycée, nous nous disputions les premières places de la classe de mathématiques spéciales.

Quant à moi, mon cher ami, après mon échec à la dernière épreuve de l'x, échec qui m'a très vivement affecté, puisqu'il n'a tenu qu'à un point, alors que mes notes d'admissibilité pouvaient me donner tout espoir, j'ai, quelques mois après, été incorporé, à l'appel de ma classe, au... régiment de ligne. Je termine actuellement ma deuxième année de service comme caporal, et dans un an j'aurai donc à me pourvoir d'une situation.

Cette question, tu dois le penser, a dû fortement me préoccuper. Eh bien, toutes réflexions faites, j'ai, comme toi, fixé mon choix sur la carrière des Ponts et Chaussées. C'est en effet la seule qui, tout en satisfaisant le penchant que j'ai toujours eu pour tout ce qui touche à la construction en général, me permet de tirer immédiatement profit de l'instruction que j'ai acquise et de cesser ainsi d'être à la charge de ma famille. N'est-ce pas enfin la seule voie, qui, quoique bien étroite et bien longue, je l'avoue, me laisse encore une faible lueur d'espoir d'arriver ingénieur et d'atteindre ainsi le but que je m'étais proposé !

Dans un an, donc, si rien ne s'y s'oppose, je compte obtenir, puisque mon diplôme de bachelier me le permet, un poste de commis des Ponts et Chaussées. A ce moment-là tu entreras à l'Ecole des Ponts. Nous aurons tous les deux vingt-trois ans.

Or, mon cher ami, puisque nous pénétrons en même temps dans la même administration, permets-moi, pour donner plus de force à l'expression de mes sentiments, de te dire quel abîme immense existera toujours entre nos deux situations :

Dans quatre ans, ai-je dit, à vingt-six ans, tu seras ingénieur de 3ᵉ classe, tu débuteras immédiatement, et sans aucun stage de sous-ordre, ainsi que cela est partout exigé, comme chef d'un service important, ayant sous tes ordres une foule d'agents de toutes catégories qui, par goût de leur profession, par respect traditionnel de ton autorité, feront, pour gagner ton estime, assaut de dévouement. Partout, pour te recevoir, les portes s'ouvriront à deux battants. Dans tous les milieux, officiels ou mondains, tu seras recherché et choyé ; enfin, une auréole de profonde considération sera constamment attachée à ta personne, et toutes les occasions te seront offertes de faire un brillant mariage.

A trente-huit ou quarante ans, tu seras décoré de la Légion d'honneur et nommé ingénieur en chef. Jusqu'à ce grade, auquel tu arriveras et dans lequel tu franchiras tous les échelons par le simple courant des choses, il te restera encore cinquante chances sur cent d'atteindre le plus haut grade de l'administration, celui d'inspecteur général, et de terminer ainsi ta carrière, titulaire d'une forte retraite et la boutonnière ornée de la rosette de la Légion d'honneur.

N'est-ce pas vraiment là une vie rêvée que celle qui t'échoit : travail intéressant, honneur, fortune, considération, camaraderie de tes chefs et de tes collègues, respect sans mesure de tes subordonnés. Que sais-je, enfin, tout ce que l'on peut désirer de mieux !

Nulle part ailleurs, n'est-ce pas, tu n'aurais pu atteindre aussi vite une aussi belle situation.

Oui, une fois de plus, et sans le moindre sentiment de jalousie, je te félicite et me réjouis de l'heureuse existence qui s'ouvre à un vieux camarade. Je fais les vœux les plus ardents pour que la santé te permette d'en goûter tous les charmes.

Quant à moi, mon cher, le tableau de ma vie se présente sous un tout autre aspect.

Dès mon entrée dans l'Administration, j'attaquerai résolument la préparation de l'examen de conducteur, mais, comme le programme des connaissances exigées est des plus étendus et des plus difficiles, j'estime que, ne pouvant consacrer à mes études que les loisirs que me laissera le service, il me faudra au moins trois ou quatre ans pour le posséder suffisamment. Ce temps est, en effet nécessaire, si je veux être suffisamment familiarisé avec la pratique des travaux, les opérations topographiques, la rédaction des projets, etc..., et comme en outre, il s'écoule toujours un délai d'un an ou deux ans après la déclaration d'admissibilité, ce ne sera donc qu'à vingt-sept ou vingt-huit ans que je pourrai obtenir ma nomination au grade de conducteur.

La résidence qui me sera assignée ou le service auquel je serai attaché, ne seront très probablement pas des plus recherchés ; mais quels qu'ils soient, je n'en serai pas moins un tout petit fonctionnaire, n'ayant de relations que celles que je me créerai moi-même, et d'estime que celle que me vaudra ma tenue. Quant à la considération, mon rôle n'étant que celui d'un simple agent qui, pour le public, ne détient pas la moindre parcelle du pouvoir administratif, il ne faut pas en parler.

Traitement des plus réduits, relations des plus restreintes, je ne pourrai songer, comme mariage, que sur la fortune que me constitueront les qualités morales de mon épouse.

Si, pour une cause quelconque, je cesse d'aspirer aux fonctions supérieures, ce ne sera donc qu'une existence des plus médiocres qui me sera léguée : position permanente de subordonné, carrière sans issue, gêne sans relâche, etc., en un mot, tu le vois, rien de bien enviable.

Mais, si, au contraire, je persiste à marcher vers l'idéal que j'ai envisagé, ce sera, au moins pendant les dix années de stage réglementaire de conducteur, c'est-à-dire jusqu'à la quarantaine, une vie monastique qu'il me faudra mener. Ce sera, dis-je, la partie la plus belle, la plus vivace de ma vie, qu'il me faudra sacrifier pour obtenir le grade d'ingénieur.

Les journées étant à peine suffisantes pour assurer mon service, de façon à gagner la confiance de mes chefs, ce ne sera qu'au prix de mes loisirs et de mes nuits que je pourrai trouver le temps nécessaire à mes études.

Toutes ces difficultés ne seraient que peu de chose pour une âme courageuse si l'esprit était dégagé de toute préoccupation extérieure ; mais, que de travail à produire au milieu des soucis et des charges que l'âge amène avec lui ! Qui me dit que ma santé sera toujours suffisamment robuste ! Qui peut me garantir que mes facultés intellectuelles suffiront toujours à cette rude tâche ! Dix ans, c'est bien long, et bien des difficultés, bien des événements peuvent se produire dans ce laps de temps pour faire dévier de la voie qu'elle s'était tracée l'énergie la plus résolue.

Et si, au bout de ces dix à douze années de labeur, je réussis à sortir victorieux de la terrible épreuve qu'est le concours d'ingénieur, ce ne sera qu'à l'âge de trente-huit ou quarante ans, que je décrocherai la palme que j'avais vue en rêve, c'est-à-dire à peu près la même époque où tu obtiendras le grade d'ingénieur en chef.

Suis-je encore certain qu'à ce moment-là, les cheveux grisonnants et la santé ébranlée, je serai considéré comme l'égal de mes tout jeunes collègues.

J'espère que le parallèle que je viens d'établir entre les

situations qui nous attendent, te fera mieux apprécier la valeur de la récompense à ton mérite, que te vaut ton passage à l'École polytechnique, et te convaincra en même temps du préjudice énorme que m'a causé mon échec.

Tu t'expliqueras difficilement, n'est-ce pas? que, pour un point, un abîme aussi profond puisse être creusé entre deux camarades qui, jusqu'à la porte de l'x, avaient toujours marché côte à côte et qui désireraient ne jamais se séparer. Tu t'expliqueras avec peine, j'en suis certain, pourquoi l'entrée dans le corps des ingénieurs n'est pas la même que celle des professeurs de l'Université.

Ici, en effet, une seconde d'erreur produit un retard de quinze ans au moins, et sépare pour toujours deux intelligences comparables, tandis que là le recul peut n'être que d'une année. Ne te paraît-il pas injuste que j'aie perdu aussi vite le bénéfice d'une instruction que j'ai acquise, tu le sais, au prix de tant de sacrifices!

Avoue, mon cher ami, que la sagesse implique à nos gouvernants le devoir de rejoindre au plus tôt les bords du précipice qui nous sépare, car si tu n'étais pas de mon avis, je serais obligé de croire qu'il me manque le sens de la logique administrative.

Ton bien dévoué.

Y...

Les faits révélés par la lettre ci-dessus sont, par la *Tribune des Travaux publics*, un nouveau motif de rappeler le devoir qui s'impose à l'Administration supérieure de modifier, sans aucun retard, les conditions si injustes et si criantes auxquelles ont à satisfaire les aspirants ingénieurs qui sortent des rangs.

Les difficultés multiples qu'ils ont à vaincre semblent avoir été notoirement créées, contrairement à l'esprit de la loi de 1850, pour rebuter les intelligences les mieux douées qui, par les dispositions particulières qu'elles peuvent avoir pour tout ce qui touche aux Travaux Publics, pourraient rendre de si grands services à l'intérêt général.

Où, ailleurs que dans les Ponts et Chaussées, n'accorde-t-on au rang qu'une proportion aussi réduite des grades supérieurs et exige-t-on un délai aussi long pour y accéder ? Alors que, dans l'Armée, seule carrière où existent encore, pour peu de temps, il faut l'espérer, deux modes de recrutement pour arriver au même grade, on exige de ceux qui sortent des rangs des connaissances un peu moins élevées, bien que toutefois équivalentes, que pour ceux qui ont passé par les écoles militaires ; dans les Ponts et Chaussées, au contraire, on se montre d'une rigueur sans mesure, et seuls les conducteurs, candidats ingénieurs, ont à subir les épreuves d'un concours qui, vu leur inexpérience et jusqu'à preuve du contraire, embarrasserait les jeunes gens issus des grandes écoles. On sait en effet que ledit concours comporte l'ensemble de toutes les matières qui constituent le bagage complet, scientifique, technique et pratique de l'ingénieur, alors que les élèves ingénieurs ne sont astreints, pendant leur passage à l'Ecole des Ponts, qu'à de simples examens périodiques de classement, qui n'influent en rien sur la situation qui leur est réservée.

Cette proportion du sixième n'est-elle pas dérisoire ! ce délai de dix ans, comme conducteur, qui correspond en moyenne à plus de quinze ans de services dans l'Administration, n'est-il pas excessif! Dans l'Armée, la proportion des grades accordés au rang est supérieure à celle accordée aux écoles. Quant au délai, on ne demande que deux ans de stage comme sous-officier.

Oui, tout semble établir que des mesures ont été prises pour que les conducteurs prouvent que la proportion des emplois d'ingénieurs que la loi du 30 novembre 1850 leur a accordée, est bien au-dessus de ceux qu'ils peuvent assurer et que le stage est encore insuffisant.

Et, cependant, ces deux conducteurs qui ont franchi cet

obstacle sont loin d'avoir démontré que le législateur de 1850 avait fait fausse route.

Si les difficultés sont grandes pour ceux qui, comme l'auteur de la lettre, avaient, avant leur entrée dans l'Administration, reçu une instruction générale, que doivent-elles être pour les autres jeunes gens qui, en majorité, n'ayant reçu qu'une instruction secondaire, sont cependant désireux de sacrifier le meilleur de leur existence pour atteindre un but élevé et montrer que, par le travail, des intelligences, quoique ne s'étant révélées que tardivement, peuvent produire de grands résultats.

Il faut espérer que le Parlement, à défaut de l'Administration supérieure, n'hésitera pas plus longtemps à ouvrir largement les portes d'une carrière à ceux qui, pour mille raisons, presque toujours indépendantes de leur volonté, n'ont pu aller à l'Ecole polytechnique, et qui, contraints de passer par les rangs, sont par suite susceptibles d'exercer, en connaissance de cause, le métier d'ingénieur de Travaux Publics, soit dans les Ponts et Chaussées, soit dans les mines.

CHAPITRE V

—

LES VOIES FERRÉES

———

I. — LES VOIES FERRÉES EN GÉNÉRAL

Comme importance numérique, les lignes ferrées en général occupent le premier rang des administrations techniques.

Lorsque, il y a quelques années, M. P. Blanc (Aix 1867) publia sa *Note sur les emplois offerts aux Anciens élèves des Écoles d'Arts et Métiers par le Chemin de fer P. L. M. (Service du Matériel et de la Traction)*, il nous promettait de « recueillir et publier des renseignements analogues pour les principales Compagnies de chemins de fer et de navigation, pour les grandes administrations et les principales maisons industrielles, de manière à former un ensemble aussi complet que possible ».

Nous avions vainement attendu lorsque, dernièrement, M. Rey (Aix, 1887) formula la proposition : « Continuer la publication commencée par notre camarade P. Blanc, des divers renseignements sur les Grandes Administrations et les principaux établissements industriels, au point de vue des situations que les Anciens Élèves peuvent s'y créer. »

Mais la *Note* encore qu'incomplète dont nous venons de parler n'en sera pas moins précieuse pour nous. Que notre compatriote, après sa gracieuse réponse à notre lettre, nous permette de rééditer les passages qui nous ont paru le plus intéressants dans son étude :

Le service du Matériel et de la Traction des chemins de fer P. L. M. occupe actuellement plus de 500 Anciens Elèves des Ecoles d'Arts et Métiers.

Le Service du Matériel en admet chaque année un certain nombre qui varie suivant les besoins du service.

Les élèves sont choisis en général parmi les 40 premiers sortants ; des avantages particuliers sont faits à ceux qui sont classés dans les 10 premiers.

Lorsque MM. les directeurs ont envoyé à l'ingénieur en chef du matériel les *Tableaux des notes et du résultat des examens de fin d'études* des élèves désireux d'être admis, ceux de ces jeunes gens dont la demande est admise ou rejetée en sont informés sans retard.

Le Service du Matériel n'exige pas, pour admettre les élèves des Ecoles d'Arts et Métiers, qu'ils soient libérés du service militaire actif. Les élèves débutent comme ouvriers dans l'un des ateliers de la Compagnie :

Ateliers de machines : Paris, Oullins et Arles.

Ateliers de voitures : Villeneuve, Saint-Georges et Oullins.

Ateliers de wagons : Villeneuve, Saint-Georges, Dijon, Marseille et Courbessac.

De là, ils passent en général au Bureau des Etudes à Paris, comme dessinateurs, puis retournent dans l'un quelconque des ateliers, suivant les besoins du service, comme contrôleurs ou contremaîtres.

Les prix de journée de début sont établis en tenant compte des résidences et non de la nature des ateliers.

Ces prix sont les suivants :

Désignation	Paris, Villeneuve-Saint-Georges	Oullins	Dijon, Arles, Marseille et Courbessac
Elèves classés le 1er et le 2e	6 fr. 50	6 fr. 30	6 fr. 00
Elèves classés de 3 à 10.	6 fr. 00	5 fr. 80	5 fr. 50
» » 11 à 40.	5 fr. 50	5 fr. 30	5 fr. 00

Des augmentations semestrielles sont accordées aux élèves qui donnent satisfaction par leur conduite et leur travail. La limite supérieure des prix de journée est fixée, quelle que soit la localité, à :

7 francs pour les deux premiers ;
6 fr. 50 pour les n°s 3 à 10 ;
6 francs pour les autres.

Quand ils passent au Bureau des études à Paris, en qualité de dessinateurs, leur traitement annuel de début est de 2.100 francs pour les dix premiers, et de 1.800 francs pour les autres.

Les élèves ont droit aux mêmes faveurs que les autres agents de la Compagnie, dans les conditions prévues par les Règlements, en ce qui concerne les secours médicaux, la délivrance des médicaments, la demi-solde en cas de maladie ou d'accident, la caisse des retraites, les permis de circulation pour eux et leur famille.

Le Service de la Traction admet également chaque année un certain nombre d'Anciens Élèves des Écoles d'Arts et Métiers.

Les demandes doivent être adressées à M. l'Ingénieur en Chef de la Traction de la Cie P. L. M.

Les jeunes gens nouvellement admis font d'abord un stage comme ajusteurs dans les dépôts de machines ; puis, lorsqu'ils remplissent les conditions voulues, ils passent successivement chauffeurs, mécaniciens, chefs-mécaniciens, et peuvent devenir sous-chefs, chefs de dépôt, sous-chefs de traction et ingénieurs chefs de traction.

Pour être chauffeur et mécanicien, il faut satisfaire à un examen médical portant spécialement sur la vue (sens des couleurs) et l'ouïe.

Il y a trois classes de chauffeurs, dont les appointements sont respectivement de 1.500, 1.650 et 1.800 francs par an ; il y a quatre classes de mécaniciens, dont les appointements sont respectivement de 2.100, 2.400, 2.700, et 3.000 francs (non compris les primes d'économie, de parcours, etc., qui sont variables). Les chefs mécaniciens ont 3.300 francs.

Les appointements des sous-chefs de dépôt sont de 3.600, 4.000 et 4.500 francs, et ceux des chefs de dépôt : 5.000, 5.500, 6.000 et 6.500 francs.

Ces chiffres sont ceux des appointements fixes, et ne comprennent pas les primes ou gratifications qui varient suivant les services rendus...

*
* *

Nous avons tenu à nous renseigner également auprès d'amis, d'autres grandes Compagnies, où ils se distinguent comme chefs-mécaniciens, sous-chefs et chefs de dépôt, etc. Et il résulte de notre enquête consciencieuse que nous ne pouvons conseiller cette orientation qu'à ceux de nos jeunes Camarades « robustes et ayant le caractère du métier ». Après une *antichambre* de six mois (environ) dans les ateliers, ils pourront être nommés chauffeurs, ce qui leur permettra, durant deux à quatre trimestres, de toucher, grâce aux économies, une moyenne mensuelle de deux cents francs.

Les voilà ensuite élèves, puis mécaniciens pour plusieurs années, au cours desquelles ils pourront recevoir de 300 à 500 francs par mois (selon leur ancienneté et surtout la générosité des Administrations).

Mais l'emploi est excessivement rude, malgré les périodes assez régulières de courts repos, à cause des incessantes marches de nuit, des services supplémentaires imprévus, des caprices du roulement, de certaines chinoiseries, etc.

Passés chefs-mécaniciens, ils se verront un peu moins bien rétribués, seront astreints à de nombreux « accompagnements », en vue de fréquents *rapports* (encore l'utilité du style et des racines), sur les essais de charbons, d'huiles et autres.

Enfin, sous-chefs de dépôt vers ou bien avant la trentaine (surtout au Nord, la Compagnie actuellement la plus avantageuse), puis chefs de dépôt, ils pourront jouir longuement de « leur jardin » et de diverses douceurs qui leur seront octroyées par MM. les Actionnaires, et qu'ils auront cent fois gagnées aux dépens de leur santé, au risque de leur vie. C'est suffisant, cela, — même pour avoir le droit de prétendre aux postes les plus transcendants. Tous n'y arrivent

point, qui pourtant sont très capables et étaient fort robustes !

En terminant, attirons l'attention des favorisés de la nature sur l'avantage sérieux des retraites, des accumulations
de primes, d'assurances, de versements divers qui leur permettront, après cinquante-cinq ans d'âge, d'entrer paisible-
ment en jouissance de leur vieillesse prématurée, — s'ils ont
eu la chance d'y atteindre, ce que nous leur souhaitons de
tout cœur...

Conscrit qui m'interroge, je ne suis point partisan des
Grandes Administrations ou Compagnies, ah ! mais non !
Pourtant, si le bruit et l'odeur de ces chemins ferrés te
tentent irrésistiblement, réfléchis longtemps, multiplie tes
enquêtes auprès des Anciens qui t'ont devancé sur les fournaises roulantes, réfléchis encore ; puis, si tu « en veux »
quand même, file au Nord, et demande résolument à
« brasser les feux ».

Dix ans après, tu pourras peut-être « brasser les fleurs »
de *ton jardin*.

Que ma prédiction s'accomplisse !

*
* *

Voici déjà quelques années, se publiait l'offre d'emploi suivante, que nous avons le plaisir de reproduire *in extenso* :

**Compagnie du chemin de fer Métropolitain de Paris,
ordre général n° 14.**

Conducteurs électriciens.

Il est créé à dater de ce jour un emploi spécial de conducteur
à deux grades :

1° Conducteur aspirant électricien ;

2° Conducteur électricien.

Le premier grade comportera un traitement mensuel de
200 francs ; le deuxième un traitement mensuel de 225 francs.

Pour être obtenus, ces grades feront l'objet d'examens dont le programme sera arrêté chaque année par le directeur de l'exploitation et les différents chefs de service. Ils comporteront un travail de montage d'un appareil électrique des voitures, un essai de marche, un interrogatoire sur toutes les instructions, règlements, avis de la Compagnie, etc.

Le passage du premier grade au second ne pourra avoir lieu qu'après une année de stage dans le premier grade.

Seront dispensés du premier examen et par suite pourront être admis directement comme conducteurs aspirants électriciens les élèves des Écoles nationales d'Arts et Métiers ayant terminé leur service militaire et autant que possible ayant passé une année dans l'industrie électrique ou dans une École pratique d'électricité.

Les chefs et sous-chefs conducteurs seront considérés comme ayant passé le premier examen et pourront être admis, après un an de grade, à passer le second examen. S'ils sont reçus, ils conserveront leurs titres et leurs galons tout en profitant des avantages du traitement.

La situation des agents ainsi classés ne modifiera pas la hiérarchie des grades actuels.

Paris, le 21 Février 1901.

L'Administrateur,

P. VIGNES.

En dehors des avantages stipulés dans cet ordre de service, il est alloué aux conducteurs une prime kilométrique dont la moyenne dépasse 20 francs par mois.

En outre, certains avantages s'attachent à ces emplois :

1° Commission après un an ou deux au plus de services, c'est-à-dire versement par la Compagnie de 6 o/o du traitement à la Caisse des retraites ;

2° Congé annuel de dix jours payé ;

3° Congé hebdomadaire payé ;

4° Soins médicaux et pharmaceutiques gratuits ;

5° Journées payées intégralement en cas de maladie ou blessure.

Enfin, et c'est sur cette dernière considération que nous

croyons devoir appeler toute l'attention de nos jeunes Camarades :

Le Métropolitain de Paris est appelé à prendre très rapidement un grand développement ; le personnel du début, formé à tous les détails des différents services (chaudières, machines, moteurs électriques, voie, travaux, matériel fixe, matériel roulant), sera nécessairement appelé à occuper les postes d'avancement au fur et à mesure de l'ouverture des sections nouvelles. Il y a donc là un avancement certain à entrevoir pour ceux qui sauront le mériter. On peut prévoir que ce qui est arrivé pour ceux des nôtres qui, au début du développement des chemins de fer, ont, par leur persistance intelligente, su acquérir de belles situations, arrivera aux Camarades à qui nous donnons le conseil d'entrer au Métropolitain.

Enfin, si par suite de circonstances, certains de nos Camarades ne persistaient pas dans cette Administration, ils auraient appris bien des détails utiles sur ce mode de traction appelé à révolutionner nos moyens de transport actuels.

*
* *

Ayant entendu fréquemment vanter la bienveillance de M. Vignes, nous eûmes l'idée de le prier de vouloir bien nous dire ce qu'il pensait de l' « Avenir des Anciens Elèves industriels » dans l'exploitation qu'il dirige.

Sa réponse, par courrier, nous atteignit le *soir même* de notre demande :

Compagnie du chemin de fer Métropolitain de Paris
Service de l'Exploitation (*quai de la Rapée, 46*)
Cabinet du directeur.

Mon cher Camarade,

Voici ce que je pense au sujet de la question que vous m'avez posée :

Cinq ou six gadz'arts pourront arriver à occuper des postes supérieurs, d'Ingénieur chef ou sous-chef de service (Usine, Mouvement, Matériel et Traction, Voie) ; d'autres se placeront avantageusement comme inspecteurs, chefs de dépôt ou d'entretien, chefs de bureaux, etc. Enfin les jeunes trouveront à la Compagnie les moyens de faire un apprentissage utile avec une rétribution suffisante pour leur début dans la vie.

Cet avenir, pour les uns et les autres, est dépendant de l'achèvement complet du réseau.

Votre dévoué camarade,

P. VIGNES.

Nous tenons à renouveler, ici, nos très sincères remerciements à notre puissant et respecté Ancien.

*
* *

Ainsi donc, il nous semble recommandable d'engager les jeunes et même les anciens à briguer les places disponibles du Métropolitain.

Nous soulignons *anciens*. Il nous serait en effet très facile de citer tel jeune chef de dépôt d'une grande Compagnie de chemins de fer qui, sollicitant un emploi supérieur dans la nouvelle traction souterraine, y fut admis avec un traitement *fixe* de dix mille francs. Et nous pourrions trouver d'autres exemples, sinon aussi encourageants, du moins très concluants en faveur de cet exode sélectionné.

L'avenir de nos Camarades actifs nous paraît d'autant mieux assuré que de nouvelles lignes sont en construction. Et ces réseaux complémentaires promettent de devenir encore plus productifs que l'unique actuel.

Sans partager complètement l'estimation du docte M. André Berthelot, ancien député de la Seine, qui cite cette erreur que « 4 lignes raccordées rendront un service non pas 4 fois, mais 16 fois plus grand que l'une des lignes exploitée isolément », nous reconnaîtrons avec lui que « la ligne de la Porte de Vincennes à la Porte Maillot, par laquelle on a commencé, est loin d'être la meilleure du Métropolitain ; celle de Courcelles à Ménilmontant par la gare Saint-Lazare et la Bourse, et celle de Montmartre–la-Chapelle à Montrouge par les Halles auront sans doute un trafic bien plus intense ».

Et cela est d'autant plus probable que, sitôt complètement achevé, le *Métro* rivalisera comme total de places (en plus de sa vitesse vertigineuse) avec *tous les autres moyens de transport* actuellement exploités dans la capitale. Autre avantage : tous les tracés furent élaborés de telle sorte que *deux millions d'habitants* fussent à moins de 450 mètres d'une gare. Or, on délivre actuellement *150.000 billets par jour*, soit une moyenne de 10.000 voyageurs par kilomètre. Cela promet, malgré la catastrophe qu'on n'a point oubliée.

Ainsi l'avenir pourra être enviable pour ceux de nos Camarades, jeunes ou vétérans, qui auront su se faire remarquer à temps dans la haute Administration du bienveillant M. Vignes (Angers, 1880).

Qu'on se le répète !

*
* *

Les chemins de fer d'intérêt local et de tramways ou omnibus semblent peu recherchés par nos Camarades. C'est un tort. Car nous pourrions répéter ici ce que nous avons dit au sujet du Métropolitain. Les anciens, plus encore que les nouveaux parmi nous, ont grand intérêt à s'offrir aux directions de ces nombreuses exploitations où le concours de techniciens habiles ne peut être que hautement apprécié, surtout si ces praticiens ont depuis longtemps le courant des services analogues institués dans les Grandes Compagnies, qui les rétribuent moins bien.

Il siérait que chaque métier, chaque branche déterminée pût se synthétiser en un ou plusieurs ouvrages *ad hoc* qui pourraient servir de guides aux jeunes, avides de spécialisation. C'est ce qu'on a tenté en publiant de nouveaux livres industriels sur des sujets déterminés parmi lesquels figure le récent ouvrage d'un de nos anciens, qui est apprécié de la façon suivante :

« La position qu'occupe M. Pierre Guédon à la Cie générale des Omnibus de Paris, nous a permis de compter sur sa compétence pour écrire ce *Traité pratique des chemins de fer d'intérêt local et des tramways*. Le grand développement que prennent les entreprises de chemins de fer d'intérêt local, et surtout de tramways, donne un intérêt réel à la mise au point de tout ce qui concerne le choix et le fonctionnement des divers modes de traction ; nous espérons donc que le public spécial auquel nous nous adressons accueillera favorablement ce nouveau volume. Les fondateurs et administrateurs des nouvelles entreprises y trouveront les bases des décisions à intervenir, dès le début, pour le choix du mode de traction, en même temps que les chefs de service et leurs agents seront guidés sur les questions de leur compétence, par le contrôle de la construction et de l'entretien des machines et par la surveillance de l'exploitation. »

Nous avons longuement compulsé ce nouveau volume d'un de nos féconds écrivains techniques. En plus des matériaux qui constituent comme les théorèmes classiques de cette récente science en action, nous insistons tout exprès sur les *Annexes* qui en forment comme les corollaires. Les aspirants aux Omnibus, aux Tramways, aux Métropolitains, après s'être documentés tout spécialement sur les détails de construction, le montage, la conduite et l'entretien des locomotives et des voitures ; sur les particularités de la traction par l'air, par le gaz, et surtout par l'électricité, compléteront fort utilement leurs notes en puisant aux *Annexes* de précieux renseignements sur la provenance et la qualité des matériaux, sur les appareils de changement de marche, les freins, les soupapes de sûreté, sur le chauffage des voitures, etc.

Comme le reconnaît fort équitablement M. A. Mallet, dans le *Bulletin des Ingénieurs Civils de France* :

« Cet ouvrage, très consciencieusement fait, emprunte une valeur particulière à la compétence de l'auteur en matière de traction sur tramways. Il sera lu avec fruit par tous ceux de nos collègues qui s'intéressent aux questions de ce genre et auxquels nous sommes heureux de le signaler. »

*
* *

Nous croyons ces exploitations générales de voies ferrées appelées à un développement toujours croissant, et, pour ainsi conjecturer, illimité. Il est en effet peu de départements, peu de cantons, peu de bourgades qui ne possèdent leurs petites voies à rails sillonnant les champs de blés, de bette-raves, de pommiers, de vignes, d'oliviers, et qui, marchant quatre fois plus vite que les antiques guimbardes à la 1830, nécessitent deux fois moins de frais.

Et ce n'est pas près de finir... Après Paris et sa Banlieue, après les Provinces françaises, le mouvement se continue à l'Etranger, en Allemangne, surtout en Italie, où les voitures électriques se diffusent innombrablement. Après l'Europe, ce sera au tour des Pays asiatiques, puis des Afriques et des Amériques mal explorées.

Pour nos futurs Camarades, pour nos successeurs, nous entrevoyons ainsi d'immenses débouchés, — prodigieuses mines de richesses indéfiniment renouvelables. Heureux ceux qui en détiendront une part !

II. — PROGRAMMES DE CONCOURS

—

ARRÊTÉ

du 2 juin 1902 relatif aux conditions d'admissibilité à l'em-ploi de contrôleur du travail des agents de chemin de fer.

LE MINISTRE DES TRAVAUX PUBLICS,

Vu le décret du 11 mars 1902 portant organisation du Ser-vice du contrôle du travail des agents de chemins de fer, et spécialement les dispositions de l'article 3 ainsi conçu :

ART. 3. — « Les contrôleurs du travail des chemins de fer sont spécialement chargés de surveiller l'exécution des prescriptions concernant la réglementation du travail des agents de chemins de fer.

« Ils seront recrutés par voie de concours, parmi les agents ou anciens agents de services actifs des compagnies ou du réseau de l'État, ayant été commissionnés pendant cinq ans au moins.

« Ils devront être âgés de vingt-huit ans au moins et de trente-quatre ans au plus dans le cours de l'année où ils seront admis à concourir. Toutefois, la limite ci-dessus indiquée sera reculée jusqu'à trente-neuf ans pour les conducteurs des Ponts et Chaussées et contrôleurs des Mines qui, en outre de cinq ans de services comme agents commissionnés dans une compagnie ou au réseau de l'État, compteraient au moins cinq années de service à l'État.

« Les candidats ne seront admis à concourir qu'en vertu d'une décision du Ministre, rendue après examen de leurs titres par une Commission spécialement établie à cet effet.

« Un arrêté ministériel fixera également les conditions et le programme de l'examen ».

ARRÊTE :

ARTICLE PREMIER. — Les concours pour l'admissibilité dans le corps des contrôleurs du travail ont lieu aux époques fixées par le Ministre des Travaux publics. Un avis inséré au *Journal officiel* fait connaître la date du concours.

ART. 2. — Les demandes d'admission au concours doivent être adressées au Ministre des Travaux publics deux mois au moins avant l'époque fixée pour l'ouverture du concours.

Chaque demande fera connaître les nom, prénoms, domicile et adresse du candidat.

Elle devra être accompagnée des pièces suivantes :

1° L'acte de naissance du candidat et, s'il y a lieu, un certificat authentique établissant qu'il possède la qualité de Français ;

2° Un extrait du casier judiciaire ;

3° Un certificat de bonnes vie et mœurs délivré par le maire du lieu de la résidence du candidat ;

4° Un certificat, dûment légalisé, d'un médecin agréé par le préfet du département où réside le candidat, attestant qu'il est de bonne constitution et exempt de toute infirmité le rendant impropre au service actif ;

5° Un acte constatant qu'il a satisfait à la loi sur le recrutement ;

6° Une note signée du candidat et faisant connaître ses antécédents, ses titres et les études auxquelles il s'est livré, ainsi que ses domiciles successifs, s'il y a lieu, et notamment la durée et la nature des emplois du candidat dans une Compagnie ou au réseau de l'Etat ;

7° Les diplômes, brevets ou certificats qui auraient pu être délivrés au candidat ou des copies dûment certifiées de ces pièces ;

8° Une pièce authentique, dûment légalisée, établissant que le candidat a été commissionné pendant cinq ans au moins dans une Compagnie de chemin de fer ou au réseau de l'Etat ;

9° Enfin l'indication du centre de circonscription (1) dans lequel le candidat désire subir les épreuves écrites du concours.

ART. 3. — Les demandes sont instruites par une Commission d'examen nommée par le Ministre et siégeant à Paris au Ministère des Travaux publics. Cette Commission comprend : l'ingénieur en chef, chef du Service du contrôle du travail, président ; deux ingénieurs ordinaires attachés à un contrôle technique et un chef de bureau de la division du personnel du Ministère des Travaux publics.

La Commission adresse au Ministre un rapport résumant l'instruction des demandes. Le Ministre des Travaux publics, sur le vu de ce rapport, et après examen des états de services et des antécédents des candidats, arrête la liste de ceux qui sont admis à concourir et fait connaître aux candidats, par lettres individuelles, s'ils sont autorisés ou non à prendre part au concours.

ART. 4. — Les épreuves consistent en compositions écrites et

(1) Paris, Tours, Dijon, Nancy, Lille, Rouen, le Mans, Nantes, Bordeaux, Toulouse, Marseille et Lyon.

examens oraux qui portent sur les connaissances énumérées dans
le programme ci-annexé et dont la valeur est fixée par les coefficients inscrits en regard.

Epreuves écrites

	Coefficients
Composition sur une question se rattachant à la régle-mentation du travail des agents de chemin de fer et à la législation générale sur les accidents du travail . .	10
Cette composition sera également jugée au point de vue de la connaissance de la langue française.	5
Composition sur une question relative à l'exploitation des chemins de fer	5
	20

Epreuves orales

	Coefficients
Réglementation du travail des agents de chemins de fer.	12
Notions générales sur la réglementation du travail dans l'industrie. (Décret-loi du 9 septembre 1848 ; lois du 2 novembre 1892 et du 30 mars 1900)	3
Eléments de droit pénal relatif à la répression des délits et des contraventions, à la réglementation du travail des agents de chemins de fer	5
Eléments d'hygiène industrielle	5
Notions élémentaires concernant la voie, le matériel et l'exploitation des chemins de fer	10
Le jury attribuera, en outre, à chaque candidat une note dans laquelle il tiendra compte tant de ses antécédents dans la pratique de l'exploitation des chemins de fer, que des garanties qu'il présente pour exercer avec au-torité les fonctions de contrôleur du travail. . . .	15
	50

(Appréciations en chiffres de 0 à 20).

Art. 7. — Le concours consiste dans deux examens. Le premier, comportant les épreuves écrites, a lieu dans l'une des
villes ci-après : Paris, Tours, Dijon, Nancy, Lille, Rouen, Le
Mans, Nantes, Bordeaux, Toulouse, Marseille et Lyon ; le second, comprenant les épreuves orales, est subi à Paris.

Les épreuves du premier degré ont lieu sous la surveillance
d'un fonctionnaire désigné à cet effet par le Ministre des Tra-

vaux publics ; ce fonctionnaire recueille les compositions et les adresse avec le procès-verbal de la séance au président de la Commission. Celle-ci procède d'urgence à la correction et à l'examen en commun des compositions écrites. Elle en rend compte au Ministre qui arrête, sur ses propositions, la liste des candidats admis à subir les épreuves du second degré.

Sont seuls admis à ces dernières épreuves les candidats qui ont obtenu au moins 220 points pour l'ensemble des compositions écrites, et au moins la note 10 pour chacune des épreuves.

Les épreuves du second degré ont lieu à Paris, sous la direction du président, devant la Commission tout entière. Les candidats autorisés à prendre part au concours peuvent y assister.

Le classement d'ensemble des candidats admis à prendre part aux épreuves du second degré est arrêté par la Commission et transmis par son président au Ministre des Travaux publics, avec un rapport sur les opérations de la Commission, auquel sont jointes les compositions écrites des candidats. Ce rapport fait connaître la liste des candidats que la Commission propose d'admettre à l'emploi de contrôleur du travail.

Cette liste d'admissibilité est dressée par ordre de mérite, d'après les résultats des examens, mais nul ne peut y être porté s'il n'a obtenu :

1° Au moins la note 10 pour chacune des épreuves ;

2° Au moins le nombre 910 pour somme totale des points calculée comme il est dit à l'article 5.

PIERRE BAUDIN.

PROGRAMME

des connaissances exigées des candidats à l'emploi de contrôleur du travail des chemins de fer.

I. — Réglementation du travail des agents de chemins de fer.

Loi du 15 juillet 1845 sur la police des chemins de fer.

Loi du 9 septembre 1848 relative aux heures du travail dans les usines et manufactures et règlements d'administration publique rendus pour l'exécution de cette loi.

14

Loi du 22 février 1851 relative aux contrats d'apprentissage.

Loi du 27 décembre 1890 sur le contrat de louage d'ouvrage et sur les rapports des agents de chemins de fer avec les compagnies.

Loi du 2 novembre 1892 sur le travail des enfants, des filles mineures et des femmes dans les établissements industriels, et règlements d'administration publique rendus pour l'exécution de cette loi (Modifiée par la loi du 30 mars 1900).

Loi du 12 juin 1893, relative à l'hygiène et à la sécurité des travailleurs dans les établissements industriels, et règlements d'administration publique rendus pour l'application de cette loi.

Loi du 27 décembre 1895 concernant les caisses de retraites, de secours et de prévoyance fondées au profit des employés et ouvriers.

Loi du 1er avril 1898 sur les sociétés de secours mutuels.

Loi du 9 avril 1898 concernant la responsabilité des accidents dont les ouvriers sont victimes dans leur travail.

Loi du 30 mars 1900 portant modification de la loi du 2 novembre 1892 sur le travail des enfants, des filles mineures et des femmes dans les établissements industriels.

Ordonnance du 15 novembre 1846, modifiée par décret du 1er mars 1901, sur la police, la sûreté et l'exploitation des chemins de fer.

Décret du 11 mars 1902 portant organisation du contrôle du travail des agents de chemins de fer.

Arrêté ministériel du 4 novembre 1899 sur la durée du travail et des repos des mécaniciens et chauffeurs, modifié par l'arrêté ministériel du 26 mai 1902.

Arrêté ministériel du 4 novembre 1899 sur la durée du travail et des repos des agents des trains.

Arrêté ministériel du 23 novembre 1899 sur la durée du travail et des repos des agents des gares, stations et haltes.

dont le service peut intéresser la sécurité des trains et des manœuvres.

Arrêté ministériel du 10 octobre 1901 sur la durée du travail et des repos des agents chargés de la surveillance, de l'entretien et du remaniement des voies, et des garde-sémaphores, bloqueurs, aiguilleurs de pleine voie, garde-barrières en faction permanente aux barrières.

II. — Éléments de droit pénal relatif à la répression des délits et contraventions et à la réglementation du travail des agents de chemins de fer.

Du délit en général.

Distinction des crimes, délits et contraventions.

Action publique et action civile.

Police judiciaire. Officiers de police judiciaire.

Procès-verbaux. Instruction.

Des juridictions pénales. Voies de recours.

III. — Éléments d'hygiène industrielle.

1° ATMOSPHÈRE DU TRAVAIL

Aérage et ventilation. — Dangers de l'air confiné. — Nécessité de l'aérage et de la ventilation. — Conditions et modes de leur établissement dans les locaux et ateliers occupés par les agents de chemins de fer.

Vapeurs, gaz et poussières mêlées à l'air. — Dangers, suivant leur nature, des gaz et vapeurs (irrespirables, irritants, toxiques). — Des poussières (minérales, végétales, animales). — Moyens divers d'atténuer ou d'enlever ces dangers, suivant les cas (absorption, ventilation générale ou spéciale, *per ascensum* ou *per descensum* ; hottes, cheminées d'appel, ventilateurs, désinfection).

Action de la chaleur et du froid. — Règles d'hygiène applicables.

2° HYGIÈNE GÉNÉRALE DES ÉTABLISSEMENTS INDUSTRIELS

Conditions d'établissement, au point de vue hygiénique, des fosses d'aisance, des évacuations d'eau résiduaires, des distributions d'eau potable. — Qualités que doit présenter l'eau potable.

Dispositions de nature à éviter les incendies et à prémunir contre leur propagation.

3° ACCIDENTS DU TRAVAIL

Notions sur les accidents produits par les machines et mécanismes. — Brûlures. — Plaies simples ou contuses. — Plaies par arrachement. — Fractures. — Premiers soins à donner en cas d'accident.

IV. — Notions élémentaires

concernant la voie, le matériel et l'exploitation des chemins de fer.

1° NOTIONS SUR LA VOIE

Ensemble de la voie de fer. — Ballast. — Traverses. — Rails de différents types. — Attaches des rails. — Éclisses. — Changements de voie simples et doubles. — Traversées. — Traversées-jonctions. — Plaques tournantes. — Ponts tournants. — Chariots roulants. — Taquets et blocs d'arrêt.

Passages à niveau. — Passages inférieurs. — Passages supérieurs. — Passages souterrains.

Dispositions spéciales de la voie sur les ouvrages métalliques.

Bifurcations. — Raccordements.

Organisation générale d'une gare. — Voies principales. — Voies de service.

Trottoirs. — Quais. — Halles à marchandises.

Remises de machines. — Alimentation d'eau. — Grues hydrauliques.

2° NOTIONS SUR LE MATÉRIEL

Notions sur le matériel moteur et roulant. — Locomotives. — Tenders. — Voitures à voyageurs. — Appareils d'éclairage et de chauffage. — Système d'intercommunication. — Wagons à marchandises. — Essieux. — Roues. — Bandages. — Châssis. — Ressorts de suspension. — Boîtes à graisse. — Plaques de garde. — Barres d'attelage et chaînes de sûreté. — Tampons. — Ressorts de choc et de traction. — Freins. — Freins continus à vide et à air comprimé. — Automaticité de certains systèmes de freins continus.

3° NOTIONS SUR L'EXPLOITATION

Code des signaux. — Signaux de la voie : Signaux fixes et signaux mobiles ; signaux détonants. — Signaux des trains et des machines. — Principes et but des enclanchements.

Circulation à double voie. — Circulation à voie unique. — Circulation temporaire à voie unique sur une ligne à double voie.

Cantonnement ou block-system. — Cloches électriques. — Bâton pilote.

Différentes sortes de trains. — Trains rapides et express. — Trains-poste. — Trains omnibus. — Trains mixtes. — Trains légers. — Trains réguliers. — Trains facultatifs. — Trains spéciaux. — Trains de matériaux et de ballast.

Tableaux graphiques de la marche des trains.

Organisation du Service de l'exploitation. — Service des gares et stations. — Fonctions des agents des gares. — Service des trains. — Fonctions des agents des trains ; roulement de ces agents.

Organisation du Service de la traction. — Dépôts et réserves ; fonctions des agents des dépôts et des réserves ; fonctions des mécaniciens et chauffeurs ; roulements de ces agents.

Entretien et réparation du matériel. — Organisation des

ateliers. — Moteurs ; transmissions ; machines-outils ; engins de levage.

Mesures de protection contre les accidents des ateliers, notamment dans l'emploi de machines-outils et de l'électricité dynamique.

DÉCRET

du 11 mars 1902 (Extrait).

Art. 4. — Les contrôleurs du travail des chemins de fer seront divisés en quatre classes et recevront les traitements ci-après :

Contrôleur principal du travail des chemins de fer	4.500 fr.
Contrôleur de 1re classe	4.000 fr.
Contrôleur de 2e classe.	3.500 fr.
Contrôleur de 3e classe. . , ...	3.000 fr.

Ils ne pourront être élevés à une classe supérieure, s'ils ne comptent au moins trois ans de grade dans la classe inférieure.

Art. 5. — Les contrôleurs du travail des chemins de fer sont nommés et promus par le Ministre. Ils sont soumis, au point de vue disciplinaire, aux mêmes règles que les conducteurs des Ponts et Chaussées.

Ils ne peuvent être maintenus en fonctions au delà de soixante-cinq ans.

DÉCRET

du 30 mai 1895 (Extrait).

. . . .

. . . .

Aucun fonctionnaire ou agent ne peut être attaché au Service du contrôle d'une Compagnie dans laquelle il a servi, s'il n'a cessé d'appartenir à cette Compagnie depuis cinq ans au moins.

———

PROGRAMME

*des conditions d'admission à l'emploi de Commissaire de sur-
veillance administrative des chemins de fer.*

Le personnel des Commissaires de surveillance administrative des chemins de fer se recrute exclusivement par la
voie du concours. Des avis insérés au *Journal officiel* font
connaître la date d'ouverture des concours ainsi que le nombre de places mises au concours.

Le quart des places est réservé aux officiers retraités des
armées de terre et de mer.

Conditions requises pour être autorisé à concourir
(Décret du 15 mars 1899)

Les candidats doivent être Français et avoir vingt-cinq
ans au moins et trente ans au plus le 1er janvier de l'année où
a lieu le concours. Toutefois, la limite d'âge de trente ans
est reportée à trente-cinq ans pour les agents du Ministère
des Travaux Publics comptant au moins cinq ans de services
admissibles pour la retraite ([1]).

La limite d'âge est fixée à cinquante ans pour les officiers
des armées de terre et de mer retraités et pour ceux qui doivent réunir les conditions exigées pour avoir droit à la retraite dans l'année du concours ou dans la suivante.

Nul ne peut être admis à concourir plus de trois fois.

———

([1]) Les services admissibles pour la retraite accomplis par des agents
dépendant d'une Administration autre que celle des Travaux publics
(Instruction publique, Finances, etc.....) ne peuvent entrer en ligne de
compte pour reculer la limite d'âge.

Il n'est jamais accordé de dispense d'âge.

Pièces à fournir
(Deux mois au moins avant la date fixée pour le concours)

1° Une demande d'admission au concours (¹) adressée sur papier timbré, au Ministre des Travaux Publics (division du personnel, 1ᵉʳ bureau) ;

2° Une expédition authentique de l'acte de naissance du candidat et, s'il y a lieu, un certificat établissant qu'il possède la qualité de Français ;

3° Un certificat de moralité délivré par le maire du lieu de la résidence et dûment légalisé ;

4° Une note faisant connaître les antécédents du candidat et les études auxquelles il s'est livré ;

5° Une pièce officielle (²) constatant qu'il a satisfait à la loi sur le recrutement de l'armée :

a) Les jeunes gens ayant bénéficié de dispense prévue à l'article 23, § 1ᵉʳ de la loi du 15 juillet 1889, comme ayant contracté l'engagement de servir pendant dix ans dans les fonctions de l'Instruction publique doivent, en outre, produire un certificat, émané du recteur de l'Académie, établissant la date à laquelle ledit engagement sera réalisé. Ils ne peuvent prendre part au concours qu'autant que leur engagement décennal est déjà expiré ou doit expirer dans l'année du concours ou dans la suivante ;

b) Les jeunes gens classés dans les services auxiliaires de l'armée doivent, en outre, produire un certificat établi par un médecin assermenté établissant qu'ils seraient aptes, le cas échéant, à remplir un service actif.

6° Les états de service, diplômes, certificats, etc., qui au-

---

(¹) Les demandes d'admission au concours présentées par des militaires en activité de service doivent être transmises au Ministre des Travaux Publics par l'intermédiaire de M. le Ministre de la Guerre ou de M. le Ministre de la Marine.

(²) Tel qu'un extrait du livret militaire certifié conforme par le maire. (Le certificat de bonne conduite n'est pas suffisant pour établir la situation militaire du candidat.)

raient pu lui être délivrés ou des copies de ces pièces dûment
certifiées ;

7° Un extrait du casier judiciaire n'ayant pas plus d'une
année de date.

Le Ministre des Travaux Publics fait connaître aux candidats, par lettres individuelles, s'ils sont admis ou non admis
à prendre part au concours.

Matières du concours

Le concours consiste uniquement en épreuves écrites portant sur les matières ci-après, savoir :

Notions sur la voie

Coefficients

Ensemble de la voie de fer. — Ballast. — Traverses. — Rails de
différents types. — Attaches des rails. — Éclisses. — Change-
ments de voies simples et doubles. — Traversées. — Traver-
sées jonctions. — Plaques tournantes. — Ponts tournants. —
Chariots roulants. — Taquets et blocs d'arrêt.
Passages à niveau. — Passages inférieurs. — Passages supérieurs.
— Passages souterrains.
Dispositions spéciales de la voie sur les ouvrages métalliques.
Bifurcations. — Raccordements.
Organisation générale d'une gare. — Voies principales. — Voies
de service. — Trottoirs. — Quais. — Halles à marchandises.
Remises de machines. — Alimentation d'eau. — Grues hydrau-
liques 1

Notions sur le matériel

Notions sur le matériel moteur et roulant. — Locomotives. —
Tenders. — Voitures à voyageurs. — Appareils d'éclairage et
de chauffage. — Système d'intercommunication. — Wagons à
marchandises. — Essieux. — Roues. — Bandages. — Châssis.
— Ressorts de suspension. — Boîtes à graisse. — Plaques de
garde. — Barres d'attelage et chaînes de sûreté. — Tampons.
— Ressorts de choc et de traction. — Freins. — Freins continus à vide et à air comprimé. — Automaticité de certains
systèmes de freins continus 1

Coefficients

Notions sur l'exploitation technique

Code des signaux. — Signaux de la voie ; signaux fixes et signaux mobiles ; signaux détonants. — Signaux des trains et des machines. — Principes et but des enclenchements.
Circulation à double voie. — Circulation à voie unique. — Circulation temporaire à voie unique sur une ligne à double voie.
Cantonnement ou block-system. — Cloches électriques. — Bâton pilote.
Différentes sortes de trains. — Trains rapides et express. — Trains postes. — Trains omnibus. — Trains mixtes. — Trains légers. — Trains réguliers. — Trains facultatifs. — Trains spéciaux. — Trains de matériaux et de ballasts.
Tableaux graphiques de la marche des trains. 2

Notions sur l'exploitation commerciale

Classification des tarifs. — Tarif légal. — Tarif général. — Tarifs spéciaux de grande et de petite vitesses. — Conditions générales d'application. — Tarifs à base kilométrique unique. — Tarifs à base décroissante. — Barèmes. — Prix fermes. — Tarifs d'importation, d'exportation, de transit. — Tarifs communs. — Tarifs internationaux. — Tarif exceptionnel. — Surtaxes. — Frais accessoires.
Lettres de voiture. — Récépissés. — Délais de transport. — Lettres d'avis.
Colis postaux. — Factage. — Camionnage. — Correspondance et réexpédition.
Affichage des tarifs.
Règlement général pour les transports militaires. 2

Notions de droit pénal

Du délit en général.
Définition et distinction des crimes, délits et contraventions. — Tentative et commencement d'exécution. — Des peines en matière criminelle, correctionnelle et de simple police. — De leurs effets. — Notions sur la culpabilité et la non-culpabilité. — Éléments constitutifs du délit. — Circonstances aggravantes. — Excuses. — Circonstances atténuantes. — Complicité. — Connexité. — Auteurs. — Coauteurs. — Complices. — Des faux commis dans les passeports, feuilles de route et certificats. — Rébellion. — Outrages et violences contre les dépositaires de l'autorité et de la force publique. — Dégradation

Coefficients

de monuments. — Vagabondage et mendicité. — Délits commis par la voie d'écrits, images et gravures. — Meurtres. — Menaces. — Blessures et coups volontaires ou involontaires. — Attentats aux mœurs. — Arrestations illégales. — Faux témoignages. — Calomnies. — Injures. — Vols. — Escroqueries. — Fraudes. — Abus de confiance. — Infractions commises par les expéditeurs et par les voyageurs. — Incendies. — Destructions. — Dégradations. — Dommages.

Contraventions de droit commun. — Contraventions de 1re, 2e, 3e classes. — Dispositions communes à ces trois classes.

Contraventions de grande voierie   3

Notions d'instruction criminelle

Action publique et action civile.

Délits commis sur le territoire et hors du territoire.

Police judiciaire. — Officiers de police judiciaire. — Moyens d'information. — Procès-verbaux. — Constatations. — Instruction dans les cas ordinaires ou dans les cas de crimes ou délits flagrants.

Attributions et devoirs des commissaires de surveillance administrative considérés comme officiers de police judiciaire. — Attributions des commissaires spéciaux de police.

Notions générales sur l'organisation et la composition des juridictions pénales. — Compétence des cours et des tribunaux ordinaires et de simple police. — Compétence des tribunaux administratifs.

Transmission des procès-verbaux dressés par les commissaires de surveillance administrative des chemins de fer   3

Législation des chemins de fer

Lignes d'intérêt général et lignes d'intérêt local. — Chemins de fer industriels. — Lignes concédées et non concédées.

Loi du 15 juillet 1845 sur la police des chemins de fer. — Ordonnance du 15 novembre 1846 et décret du 1er mars 1901 sur la police, la sûreté et l'exploitation des chemins de fer. — Modèle de cahier des charges d'une concession de chemins de fer d'intérêt général.

Transport des matières dangereuses et des bestiaux.

Organisation actuelle du contrôle de l'État. — Attributions des différents fonctionnaires du Contrôle.

	Coefficients
Dispositions réglementaires relatives au contrôle de la durée du travail des agents de chemins de fer.	6

Nota. — Les commissaires de surveillance administrative des chemins de fer sont répartis en quatre classes.

Ils débutent nécessairement par la 4ᵉ classe et ne peuvent être élevés à la classe supérieure s'ils ne comptent au moins trois ans dans la classe immédiatement inférieure.

Leurs traitements sont fixés comme suit :

1ʳᵉ classe	3.200 fr.
2ᵉ classe	2.700 fr.
3ᵉ classe	2.300 fr.
4ᵉ classe	2.000 fr.

CHAPITRE VI

—

LES ARMÉES

———

I. LES ARMÉES DE MER ET DE TERRE

Dès 1880, le Ministère de la Marine se préoccupait des
vides nombreux que faisaient dans le corps des mécaniciens
— peut-être plus encore qu'aujourdui — les Anciens Élèves
des Écoles techniques à l'expiration de leur congé. Voici ce
que disait en substance l'organe du Ministre, l'amiral
Jauréguiberry :

« Il importe que la maistrance trouve, dans sa fidélité au service de la marine, des avantages assez sensibles pour l'emporter
sur les séductions d'une position lucrative dans la vie civile. Or,
qu'il s'agisse *d'officiers mariniers dont l'habileté professionnelle est
fort recherchée par diverses branches de l'industrie*, qu'il soit simplement question de ceux que leurs traditions de discipline, de
respect du devoir rendent précieux dans un grand nombre
d'emplois de confiance, la Marine n'est pas sans de *sérieuses préoccupations* sur les vides qu'elle constate dans les rangs des offi-
ciers-mariniers, etc. »,

La commission des Bulletins de la Société des Arts et
Métiers ajoutait fort à propos (juillet 1880) que : « les

les maîtres ou seconds-maîtres mécaniciens, par leurs capacités pratiques et leurs connaissances théoriques sont aptes à remplir une foule d'emplois dans toutes les branches de l'Industrie, les Chemins de fer, les Ponts-et-Chaussées, etc. Peu de temps après leur départ de la marine militaire, on les retrouve officiers de machines dans nos grandes compagnies de navigation ; chefs d'ateliers importants et souvent ingénieurs ; conducteurs de travaux ; chefs mécaniciens ou chefs de dépôt dans les chemins de fer, en un mot, *toutes les carrières civiles et industrielles leurs sont ouvertes.* »

Aujourd'hui, c'est-à-dire plus de vingt ans après, ces appréciations pourraient être rééditées sans y changer un iota. Mais la question pécuniaire n'est pas tout. Considérons la question morale.

Un extrait du même Bulletin nous sera d'un très précieux concours, pour qu'on ne puisse nous soupçonner d'émettre une idée, le reflet d'une accusation personnelle de l'ami qui nous communique ses observations en toute connaissance de cause, ayant souffert lui-même en qualité de second-maître mécanicien. Voici d'abord l'extrait dudit Bulletin.

«... Les mécaniciens de la flotte ne font pas exception aux conditions ordinaires de l'humanité ; ils ne seront pas insensibles aux avantages pécuniaires résultant du projet de loi déposé par M. le Ministre de la Marine, mais *ils ont autant besoin de considération,* nous ne saurions trop le répéter ».

Ainsi, la question pécuniaire est un puissant facteur — le seul sans doute — qui retient quelques Camarades, toujours affolés par cette lancinante pensée du lendemain incertain. Que sont donc ces émoluments tant vantés par quelques-uns ? Les voici, d'après un tableau que nous reproduisons textuellement, page suivante.

En résumé, on peut tabler sur des moyennes mensuelles de : pour les seconds-maîtres, 150 francs ; pour les maîtres

200 francs ; pour les premiers-maîtres 250 à 300 francs avec les suppléments (*soldes supérieures à la mer,* bien entendu). Les officiers-mécaniciens à deux galons, vers l'âge normal de 30 à 35 ans, touchent 350 francs environ ; 400 francs avec trois galons vers la quarantaine ; la suite... suivant les circonstances, au mérite ou au tour de... « tête ».

Pour un célibataire, qui en plus est logé et nourri (bien que tous aient une chambre et un restaurant à terre pour les soirs

Soldes

Officiers-mariniers	A la mer	A terre	Indemnité de logement	Indemnité de table
Elèves-mécaniciens	3 fr. 20	1 fr. 95	»	
Seconds-maîtres	4 fr. 75	3 fr. 10	»	0 fr. 40
	5 fr. 25	3 fr. 40	»	
Maîtres	6 fr. 50	4 fr. 55	»	
Premiers-maîtres	7 fr. 95	5 fr. 05	»	0 fr. 75
	8 fr. 70	5 fr. 50	»	
Officiers auxiliaires :				
Mécanic. principaux	4 130 fr.	2 539 fr.	246 fr.	2 fr. 65
	4 850 fr.	3 486 fr.	360 fr.	
En chef	6 745 fr.	5 608 fr.	720 fr.	7 fr. 75
Inspecteurs	9 814 fr.	8 185 fr.	966 fr.	

de permission), il y a possibilité de faire des économies. Mais pour les malheureux qui portent femmes et enfants, en plus des déchirements des longues absences (même au mouillage), les frais sont pour eux sensiblement les mêmes que s'ils n'étaient jamais séparés de leur famille.

Voilà les principaux avantages. Pour signaler aussi les inconvénients, reproduisons impartialement les détails qu'a bien voulu nous communiquer le Camarade dont nous parlions plus haut.

« ... Oui, on ne saurait trop répéter qu'il est vraiment stupide,

dégoûtant de contraindre à des besognes répugnantes des jeunes
gens généralement bien élevés, qui affinèrent leur intelligence,
agrandirent leur bagage scientifique sur les bancs scolaires
jusqu'à l'âge de vingt ans. Questionnez les Camarades qui quittent
la Marine après cinq longues années de misères morales et physiques. Tous vous diront qu'étant élèves-mécaniciens, assimilés
au haut grade de quartier-maître ou caporal, ils *grattaient,
essardaient les fosses des machines*, en véritables vidangeurs qu'ils
étaient devenus par force ; qu'ils lavaient la peinture salie à la
potasse corrosive, astiquaient les cuivres des graisseurs comme
les larbins frottent à reluire les bottes de leurs maîtres ; en un
mot, s'appuyaient la besogne qu'on ose à peine infliger aux
chauffeurs et aux mauvais ouvriers. Comme seconds-maîtres,
ils étaient obligés de démonter de leurs propres mains sales
les longues bielles, les brûlants presse-étoupes, les lourds fonds de
cylindres, tandis que *les ouvriers les regardaient narquoisement* ou
leur passaient les outils, *tiraient avec eux sur les palans*. Voilà
un aperçu de l'abominable vie qu'on inflige aux officiers-mari-
niers mécaniciens, pendant le travail, sans parler des insultes
continuelles, des nuits de ferraille, etc.

» Hors la machine, cela se vaut. Ils sont parqués dans un
poste fait pour quatre hommes et où on les entasse à dix-huit,
sans compter une dizaine d'élèves qui en sont fatalement exclus
et qui, s'évadant sur le pont avec les souliers sales, sont happés
par les *shakos* perpétuellement à l'affût de mauvais coups.

» Voulez-vous maintenant des extraits de punitions courantes ? — Une des moindres comporte de 4 à 6 tours de con-
signe, soit de 20 à 28 jours, *qui ne comptent qu'en rade*, où l'on
peut descendre à terre tous les quatrièmes soirs seulement ; en
mer cela ne compte pas : ce qui explique comment des hommes
mariés, des pères de famille ne peuvent, pour une vétille, pas
plus voir leurs femmes et enfants sur les côtes de Provence que
dans les mers de Chine. Voulez-vous des motifs — *sales motifs*
s'il en fût : bouchons d'étoupes oubliés dans la machine, à l'inspection du commandant — rambardes mal fourbies — fosses
mal asséchées par les *gambis* (élèves mécaniciens) — répandre de
l'eau savonneuse dans la cale — murmurer aux insultes du
maître — réclamer contre une punition manifestement injuste

— se refuser à punir par ordre un inférieur non fautif — etc.

» Comme nourriture courante : soupe aux haricots durs avec quelques carrés de lard (mention du menu : soupe, haricots, lard) ; un œuf ou une sardine, ou une tomate, suivant la saison (une seule unité, bien entendu) ; parfois un rondin de bœuf large comme un écu ; dessert ou salade ; voilà les festins du mouillage, où l'on a toutes facilités de se ravitailler en provisions fraîches. Mais en mer, c'est du propre, ah ! oui parlons-en, c'est du propre ! D'abord, pas d'eau, c'est de règle, pas d'eau pour boire, encore moins pour se laver ; l'eau des caisses, toujours sale, saumâtre va d'abord aux chaudières ; l'équipage après, s'il en reste ! (Les officiers ont leurs barils, leurs filtres ; n'insistons pas). Comme menu : des conserves irritantes, du vin corrosif, et du bétail d'Afrique à moitié mort d'avance des fatigues de la traversée. Vous voyez alors, ou plûtot non, vous ne pouvez rien voir ; vous croyez peut-être même que j'exagère, comme d'autres m'ont répondu en me traitant de blagueur, d'anarchiste... Oh ! oui, il faut avoir souffert de cette vie abominable, pour se tâter ensuite de bonheur en renaissant à la liberté, à la lumière, à la vraie vie humaine !... »

Nous arrêtons notre citation, cette opinion motivée d'un mécontent.

Voici un autre son de cloche. Il vient également d'un ancien marin, aujourd'hui ingénieur des Arts mécaniques très connu.

Ce respectable Camarade nous a répété qu' « il ne regrette pas, d'un côté, ses cinq années de misères, à cause de l'esprit débrouillard qu'il avait contracté à bord des bateaux modernes. Mais qu'on n'oublie pas, accentuait-il, que notre véritable voie, à nous techniciens, est dans l'industrie. Sans parler du sujet médiocre, négatif, qui échouera partout, où réussira mal dans la marine, un homme d'élite pourra se créer une situation toujours plus brillante dans la partie civile, *libre*, que dans la partie militaire, *servile* ».

15

Ce qui signifie que le maximum de rendement procède du maximum de liberté rationnelle.

* * *

Avant de nous séparer tout à fait de la Marine, disons un mot des pyroscaphes (voir aux *Racines grecques*) du commerce.

Un ex-officier mécanicien de ce corps nous disait dernièrement : On trime dûr là-dessus, parfois, car on n'est que le personnel strictement nécessaire, mais on n'y voit pas de « larbins à fourbir » comme sur leurs bateaux de guerre. Et puis, en arrivant au mouillage, on est sûr de pouvoir descendre à terre si on en éprouve le désir; tandis que sur les navires où je souffris autrefois, il fallait attendre son quatrième soir, en supposant qu'une anicroche, moins que rien ne nous affalât à la cale pour des semaines. Ah ! l'abominable vie !... Ah! tout ça ne vaut pas la libre vie civile, ah ! mais non !... »

Les examens de mécanicien de la Marine marchande sont très abordables pour les Anciens Élèves qui ont pu se procurer un cours de régulation, et surtout pour ceux qui sortent comme seconds-maîtres de la Marine nationale. En voici un spécimen :

Brevet de 1re classe

Compositions écrites	3
Examen oral :	
Arithmétique, géométrie, physique et mécanique . 3 ⎫	
Description, conduite et réglementation des ma- ⎬	9
chines . . . . 6 ⎭	
Epreuves pratiques	6
Total	18

Minimum des points d'admissibilité : 234 ; soit, moyenne :

$$\frac{234}{18} = 13.$$

Signalons enfin les préoccupations actuelles, toutes de bon augure, de nos parlementaires en faveur de notre Marine marchande. Les résultats ne sauraient tarder à satisfaire, au moins partiellement, les intéressés.

*
* *

Pour faire connaître l'opinion d'un homme du métier, nous eûmes l'idée de consulter le capitaine X au sujet de l' « Avenir des *polyz'arts* dans l'Armée en général, et dans les armes savantes en particulier. »

Voici quelques extraits de sa bienveillante réponse :

... A force de travail et, disons le, d'intelligence, nos élèves des Écoles industrielles surent s'imposer et mériter la confiance du Parlement qui voulut récompenser ces humbles en leur accordant le droit d'aspirer à l'épaulette.

Aujourd'hui que les errements d'antan ont fait place à la lumière, le corps si remarquable des officiers-mécaniciens peut voir à sa tête un des leurs, du grade équivalent à celui d'amiral.

L'avancement semble cependant vouloir se ralentir. Cela s'explique par le recrutement d'officiers-mécaniciens jeunes encore. Quoiqu'il en soit, la situation que peut espérer là un jeune technicien n'est pas à dédaigner.

Je me suis laissé dire que l'arche sacrée, jalouse de voir l'importance que prend à bord la mécanique, on aurait mis à l'étude la création sur le *Borda* d'une section technique. Les élèves qui s'engageraient à suivre les cours spéciaux professés dans cette section, prendraient à leur sortie le titre d'officiers-mécaniciens. Ceci semblerait vouloir fermer la « maison », et ne laisser à nos élèves que les grades inférieurs. Espérons donc que ce projet tombera « dans l'eau. »

Dans l'armée de terre, au contraire, c'est pour les jeunes techniciens comme une nouvelle aurore. Le Ministre de la Guerre, soucieux d'assurer un recrutement aussi utile, vient de décider qu'on pourrait accorder une tolérance de taille aux électriciens qui seraient désireux de servir en cette qualité dans l'un des corps du Génie ou de l'Artillerie.

L'élève sortant d'une École d'Arts et Métiers par exemple, ne peut que trouver avantage dans les armes spéciales. La science ayant remplacé les vieux mortiers par des canons dont le mécanisme est si compliqué qu'il ne peut être actionné que par des hommes ayant quelques notions de mécanique, et nos sapeurs du Génie devant connaître tous les théorèmes de la géométrie (moderne), l'avenir des jeunes techniciens semble encore assuré par là.

Certes, il ne faut pas s'exagérer cet avenir, car il est, jusqu'à un certain point limité. Les Polytechniciens fermeront pendant longtemps encore, la porte du vestibule qui donne accès aux hauts grades. Mais comme nos Écoles industrielles ont pour but de former surtout des chefs d'atelier, la situation qui, dans l'Armée est offerte à nos jeunes techniciens, ne doit pas les laisser indifférents, et on ne peut que les encourager à embrasser une carrière qui s'offre à eux, aujourd'hui surtout que l'industrie semble avoir pléthore d'ouvriers capables et intelligents.

Croyant avoir répondu à votre désir...

Bien que la très grande majorité de nos Camarades ne partage pas tout à fait votre enthousiasme, merci encore et quand même, mon Commandant.

*
* *

Nous ne manquerons pas de citer une fois de plus le nom de M. Jean Bourrat (Aix 1876). Notre respectable Ancien, d'accord avec nos autres Camarades du Parlement, n'a jamais ménagé sa cordiale activité dans l'intérêt des Anciens Élèves.

Au sujet de l'Armée, nous extrayons d'un récent Bulletin administratif :

Plusieurs sociétaires, précédemment *dispensés de deux années de service militaire*, au titre *d'ouvriers d'art*, ont récemment informé M. le Président que les difficultés rencontrées en 1900, pour la délivrance du certificat qu'ils doivent produire annuellement, jusqu'à l'âge de 26 ans, pour continuer à bénéficier des

dispositions de la loi militaire concernant cette dispense, se renou-
vellent cette année; le jury départemental de la Seine se refuse
en effet, à signer ce certificat, bien que les intéressés aient fourni
toutes preuves et pièces attestant qu'ils exercent toujours la profession qui leur a valu cette dispense.

Nos Camarades ont demandé à M. Jules Mesureur de vouloir bien, en la circonstance, user de toute son influence pour
qu'ils soient maintenus dans leurs foyers.

M. le Président s'est empressé de solliciter de nouveau le
dévoué et bienveillant concours de nos Camarades députés
MM. Bourrat (Aix 1876), Labussière (Angers 1868), et Groussier
(Angers 1878), dont l'heureuse et précieuse intervention, l'année
dernière, auprès de M. le Ministre de la Guerre, fit que les
Anciens Élèves se trouvant en pareil cas obtinrent satisfaction (1).

Mais la nouvelle loi de deux ans, injustement égalitaire comme
l'illogique suffrage universel, va changer cela (*Axiome* ; un ivro-
gne = un savant !)

II. — PROGRAMMES DE CONCOURS

Programmes des connaissances exigées des candidats
à l'emploi d'élève-mécanicien

Arithmétique. — Algèbre. — Géométrie.
Mécanique et Physique.

(1) Au moment de mettre sous presse, notre camarade Bourrat nous
transmet la réponse ci-après, qui lui est faite par le Ministère de la
Guerre..

Monsieur le Député,

Pour satisfaire au désir que vous m'avez exprimé, j'ai l'honneur de vous
faire connaître que des ordres ont été donnés aux Commandants des
Bureaux de recrutement, pour que les jeunes gens ayant obtenu réguliè-
rement la dispense à titre d'ouvriers d'art et continuant d'exercer leur
profession, ne soient pas rappelés sous les drapeaux.

Agréez, Monsieur le Député, l'assurance de ma haute considération.

Pour le Ministre de la Guerre ;

Le chef du Cabinet civil
Jean Cazelles.

Langue française.

Histoire et Géographie.

Travail manuel (au choix : ajustage, forge, chaudronnerie, fonderie).

Ages extrêmes pour concourir : 17 et 24 ans. Engagement de cinq années.

Ajoutons que les Élèves diplômés des Écoles nationales d'Arts et Métiers sont directement nommés, sans examen, sur la simple proposition de leur directeur à la fin de leurs études.

Examens pour le grade de 1er maître mécanicien théorique

Bien qu'on ne puisse aborder ces examens qu'après une assez longue pratique, nous en donnerons une idée par l'énumération des matières à bien connaître :

Arithmétique. — Physique. — Électricité théorique.

Description complète des machines marines et des appareils électriques.

Conduite des machines et chaudières marines. — Entretien et réparations de leurs organes. — Entretien des appareils électriques.

Régulation et travail des machines. — Montage.

Dessin (croquis, mise au net, et épure de régulation correspondante).

Tenue du Journal de la machine et du Registre descriptif. — Rédaction du Bulletin de voyage et du Rapport semestriel.

Mais, ici, plus peut-être que partout ailleurs, on tient compte surtout de l'aptitude, des notes de commandants, du « coefficient de binette » et autres atouts...

TROISIÈME PARTIE

———

L'AVENIR A L'ÉTRANGER ET AUX COLONIES

CHAPITRE PREMIER

———

LA COLONISATION

———

. LA COLONISATION

> ... Un homme qui veut s'ins-
> taller dans nos possessions doit
> s'attendre à travailler non
> pas *moins*, .mais *plus* que s'il
> restait en France. Voilà ce
> qu'il faut dire et répéter : le
> colon français sera laborieux
> ou il ne sera pas.

— Cordonnier, tiens-t'en à ta chaussure... C'est là un
reproche que nous regretterions de nous attirer, même après
quelques couples d'années de voyages sur les océans, près de
la désolation noire d'Afrique et sur les terres jaunes d'Asie.

Les considérations générales d'abord.

Pour la colonisation plus spécialement industrielle que
nous voulons envisager ici, il serait superflu de donner de
longs détails sur les Écoles coloniales, sur les procédés de

culture, etc. Mais nous ne devons pas oublier que les exploitations agricoles modernes supposent l'emploi aujourd'hui universalisé d'un machinisme plus ou moins complexe ; et que les études coloniales comportent forcément des notions assez précises et parfois très étendues de médecine exotique.

Donc, la principale condition que doit fournir le futur colon c'est, avec la santé, une grande puissance de travail, une énergie indémontable. Voilà beaucoup déjà. Mais les qualités exigibles ne sauraient s'en tenir à ces aperçus primordiaux. Et nous pouvons rééditer à ce propos les recommandations générales qu'on ne manque pas de répéter aux agriculteurs, qui tentent de s'établir outre-mer : plus que jamais, qui trop embrasse mal étreint. Cela revient à dire qu'il faut redouter de se lancer en partant, de jouer tous atouts sur table, de sacrifier son arrière-garde avant même de savoir où l'on va, où l'on arrive en étranger, — étranger sous tous les rapports.

Nous avons dit et nous répéterons sans cesse qu'à défaut de renseignements précis qu'on ne peut guère obtenir en France, les indécis peuvent s'adresser directement aux directeurs de nos possessions lointaines : consuls, résidents, gouverneurs.

Mais, malgré la réelle pénurie de centres *effectifs* de renseignements pratiques, nous devons cependant faire exception pour l' *Union coloniale française* dont l'éminent M. Chailley-Bert parlait avec sa grande compétence dans une de ses nombreuses conférences (*Les colonies et le choix d'une carrière*) :

...Pour être colon, il faut avoir certaines qualités et ce sont ces qualités que je vous demande la permission de vous exposer : il faut que le sujet soit doué d'une très bonne santé ; il n'y a pas de place aux colonies pour les malingres ni pour les timides. Le colon s'y trouve en face de deux éléments : en face des hommes qui seront ses concurrents et en face de la nature. Pour dompter cette nature, pour rivaliser avec ces concurrents, il faut être un

homme fortement taillé, il faut avoir de durs biceps et l'esprit
ferme. Je ne veux pas dire, — et c'est là une erreur de beaucoup
de ceux que je vois défiler dans mon cabinet, à l'*Union coloniale
française*, — je ne veux pas dire en parlant de biceps, qu'il faille
être un homme qui n'ait peur de rien...

...Quand on veut aller aux colonies, quand on veut y fonder
une exploitation, quand on veut y faire sa fortune, il faut être
trempé à tous les points de vue : intellectuellement et moralement, et d'une autre manière que s'il s'agit de rester en France.
Lorsqu'on est en France, la vie est singulièrement facile, dans
toutes les circonstances que nous pouvons imaginer, nous rencontrons à côté de nous quelqu'un pour nous aider. Sommes-
nous malades, nous avons un médecin : sommes-nous tristes ou
malheureux, nous avons les uns, la religion, les autres la famille,
les amis ; avons-nous besoin d'acheter un vêtement, nous avons
sous la main un confectionneur ; avons-nous un trou à notre
paletot ou à notre culotte, nous avons une femme de chambre
pour repriser ou ravauder. Mais quand on est colon, on est seul ;
à mon âge, on ne voit pas cela avec inquiétude ; à vingt ou
vingt-cinq ans, lorsqu'on se dit : « seul, vivre seul, presque
absolument seul au milieu des bois et des plaines », c'est une
rude perspective ...

Nous n'entrerons pas ici dans les détails concernant plus
spécialement les futurs agriculteurs et commerçants. Mais ce
qui intéresse tous les futurs colons, sans aucune exception,
c'est la capitale question sanitaire ; et nous allons en toucher
un mot, nous permettre cette incursion dans un domaine
qui nous dépayse sensiblement, malgré nos quelques notions
d'hygiène coloniale.

La santé aux colonies. — Une des conditions essentielles
pour avoir des chances de la conserver, c'est assurément de
s'adapter aux exigences du milieu. Plus que jamais ici, le
mot de Darwin est sinistrement vrai : quiconque le méconnaît
se condamne à disparaître.

Microbes exotiques... quel nouveau Pasteur, parmi ses
éminents élèves et successeurs actuels parviendra à vous

dompter, à vous exterminer ! En attendant, commençons
d'abord par tout tenter pour les éviter, en observant, en
copiant servilement certaines mœurs, les pratiques des aborigènes, pratiques qui, même lorsqu'elles sont d'apparence
exclusivement religieuses, ont presque toujours un fond de
salubrité générale — en dépit de tout le grotesque que nous
attribuons à leurs détails rituéliques.

Oh ! nous n'aurons pas longtemps à chercher pour mettre
en évidence les principales causes de ces terribles maladies
qui démontent tant de nos compatriotes, tant d'Européens
inexpérimentés, en qui ils abolissent toute manifestation vitale
extérieure, utilisable. Nous citerons donc, sans fausse pudibonderie : la femme indigène, l'alcool, la viande et le pain.

Pour la *petite femme*, qu'il nous suffise de rappeler, sans
insister ici, les terribles épidémies syphilitiques qui sévissent
à l'état permanent, sur les deux sexes des Pays-Chauds. Et
comme, hélas ! la nature exigeante en ses droits s'assouvit,
faute de mieux, sur le masculin comme sur le féminin, il
convient de répéter à satiété que les célibataires sont naturellement les plus exposés là-bas, et que le plus sage, incontestablement est d'y aller à l'aise, marié sainement, — et sans
progéniture, si possible.

Pour l'*alcool*, aussi, faut-il rappeler les hideux ravages
qu'il exerce chez tous les individus et leur descendance qui
s'en empoisonnèrent l'organisme, le sang, le cerveau, —
toutes les facultés lentement détruites... Et alors, comment
s'étonner que cette destruction, de lente devienne réellement
galopante sous les tropiques ; qu'elle crève, qu'elle déborde
en sa purulence par des inflammations d'intestins, de péritoine, de foie ; des abcès multiples, tous fatalement mortels.

Et la *viande* elle-même... A-t-on remarqué, l'été, en Occident (à Paris ou à Londres, par exemple, villes pourtant
septentrionales), de quel malaise on se sent gêné, oppressé,
de mai à septembre, par cet état fiévreux latent qui empire
encore après l'absorption de matières carnifères, — surtout

si l'on ne peut éliminer vite leurs dérivés d'acide urique par une gymnastique active. Pensez donc, alors, ce que sera cette exaltation exagérée sous le feu implacable du soleil tropical : cette fièvre deviendra folie — car fous, archi-fous sont ceux qui s'y exposent, la provoquent !

Enfin, la levure, le *pain* lui aussi, doit être prohibé, à moins qu'il ne soit très frais, — et encore ! — Mais, dira-t-on, les soldats exilés mangent bien des biscuits datant de plusieurs mois, enfouis dans des cales nauséabondes. — Et ceux qui en meurent, les connaît-on toujours ? — Par quoi, alors remplacer le pain doré, le pain délicieux de France ? C'est bien simple : on mange des pommes de Parmentier chez les Angles, du riz chez les Asiatiques, etc., et l'on s'en porte fort bien.

Et voilà comment on s'expose moins aux terribles accidents provoqués par les nombreuses maladies d'estomac, de foie, et les embarras gastriques d'apparence anodine, — tous accidents qui, là-bas, couvent en germe, le microbe sournois de la mort implacable !

Qu'on ne l'oublie point, selon Lao-Tsé, le prince des philosophes de tous les temps — maître des Darwin et autres Schopenhauer — « l'Adaptation oblitère le Mal »...

Ainsi, le jeune technicien, tôt débarrassé du harnais militaire, s'il ne se fixe en France, s'évadera vers les Ecosses, ou dans les parages des Californies, ou dans les Australies inviolées ; à moins qu'il ne commence par l'Espagne et le Portugal, en vue du Brésil et de l'Argentine ; ou qu'il ne vogue délibérément dans la direction des Yun-nams, des Mandchouries à moderniser... Le choix du « point » est à discuter certes, et longuement. L'essentiel est toujours de se bien aiguiller : que l'indécis voie où il va, et qu'il sache ensuite étudier sur place patiemment, activement.

Nous connaissons un vieux « long cours » parfaitement ahuri, qui s'imagine savoir « dans les coins » notre folle planète, sous le seul prétexte qu'il en doubla la ceinture une vingtaine de fois. Or, c'est à peine s'il articule le mauvais français, l'insipide et grossier jargon vomi par le vocabulaire des bords ; et il narre avec emphase des Indes, pour avoir acheté un jaune perroquet, son meilleur ami, à un faux bonze de Calcutta ; des Japons, parce qu'il acquit à Yokohama des bibelots qu'on obtient à moitié prix au boulevard Saint-Denis ; — et ainsi pour les autres ports de ses brèves relâches, où il regarda la terre ferme par le gros bout d'une longue-vue…

Nos jeunes Camarades voyageront différemment : mieux, ils ne voyageront pas ! Sitôt rendus définitivement « à pied-d'œuvre », ils s'y boulonneront, se feront du pays, — telle la bonne graine germe, prospère, « rend », là où les vents du favorable Destin l'ont portée.

Plus tard, très tard, ils redescendront de l'arbre comme se détachent les bons fruits mûrs, et ils reviendront — les glorieux ! — offrir leur ultime lumière au cher clocher natal de la toujours belle France d'Europe !

CHAPITRE II

—

EUROPE

———

I. ÉTUDE SUCCINCTE ET COMPARÉE
DES PAYS INDUSTRIELS DE L'EUROPE

———

Angleterre

Parmi les nombreux livres modernes qui furent écrits sur la « supériorité des Anglo-Saxons », les plus célèbres sont apparemment, ceux de M. de Lapouge et de M. Desmoulins. Le premier, anthropologiste savant, attribue ce majorat à la conformation des crânes. Comme d'autres chercheurs l'ont observé chez l'Albanais (et, chose bizarre, sous des latitudes opposées), l'Anglais, dolichocéphale par excellence, apporte-rait en naissant les éléments essentiels pour devenir actif, audacieux, énergique, en un mot, *dominateur*. Et d'après M. Desmoulins, la cause de cette suprématie serait due sur-tout aux conditions particulières du lieu et à l'organisation du travail.

Ces deux explications peuvent, doivent avoir du bon. De plus, nous croyons avec M. Omer Buyse d'autre part, qu'il est un facteur au moins aussi déterminant en faveur de la domination britannique, et c'est le système d'éducation :

l'orgueil de l'initiative privée, virile, de « self-government »,
— tous procédés qui, heureuse coïncidence, s'adaptent merveilleusement aux qualités natives de la race. Ceci, sans
doute, amena cela, — de même que « les fleuves *vinrent*
couler près des villes »....

Toujours largement généralisateurs, les Anglais préparent
leurs enfants en vue de l'avenir et surtout du présent, et les
considèrent, même très jeunes, comme des personnes faites,
es habituent de ce fait, à se tirer d'affaire avec leurs propres
forces, laissant dans l'ombre, dans l'immobilité navrante,
mais logique, les évènements du passé qui ne comporteraient
aucun renseignement pratique. Chez eux et chez le même
sujet, *l'instruction commerciale est développée autant que
l'instruction industrielle*. Et c'est ainsi qu'ils font des techniciens sinon parfaits, du moins presque complets.

Leur esprit d'initiative personnelle est puissamment
secondé par l'esprit complémentaire d'association, de coalition
en pays étrangers, où leurs précieux consuls sont sans cesse
à guetter les nouveautés à créer, les possibilités d'infiltration,
les moyens à employer, le but à atteindre.

Si, comme elles l'auraient dû faire depuis des siècles, les
élites parmi nos générations ancestrales s'étaient donné la
peine de s'assimiler une telle éducation supérieurement pratique, le Canada ne serait plus seulement français que de
cœur, et les Indes et les Egyptes, et tant d'autres « prises »
anglaises fussent restées ou devenues Nouvelles-Frances
lointaines !

Que les jeunes s'expatrient quelques longues années aux
pays des Angles ; qu'ils y sachent *observer, voir, retenir,* par
l' « art de penser », s'ils ont l'avantage de posséder cette difficile science ; qu'ils reviennent ensuite parmi nous prêcher la
bonne parole, et initier nos volontés attentives, nos énergies
constantes aux secrets de nos redoutables rivaux. Pour ceux
qui, malgré leurs capacités réelles, leur vocation irrésistible,
n'ont pas les moyens d'action de la fortune, des bourses de

voyages furent créées, sont chaque année attribuées aux
méritants, à ceux qui, par la suite « rendront », comme nous
expliquait un sous-chef au Commerce.

Avec plaisir, nous nous ferions un devoir d'indiquer à nos
jeunes amis audacieux, *rationnellement aventureux*, dans
quels ministères, à quelles portes de chefs de bureaux, il
convient d'aller frapper trois coups résolus, pour être bien
renseignés...

Qu'on ne s'exagère point, cependant, la valeur jusqu'à
présent prépondérante des élites britanniques. A ces dernières
(ou du moins à la plupart d'entre elles) il ne sied plus de
nous parler d'honneur, de vrai patriotisme, après l'éventrement des mines et des aborigènes du Transwaal, après certains procès retentissants.

Un éminent professeur, directeur d'études à la Sorbonne, qui
veut bien nous éclairer en ami, et qui, naguère, voyageait
dans les Indes pour sa documentation pratique, rapporte que,
ce qui fait aux yeux contemplatifs des misérables Hindous la
colossale puissance des fiers Angles, c'est surtout leur indes-
ructible sécheresse de cœur, leur apparente invulnérabilité...
L'avertissement pourrait servir aux Latins au moins quant à
faire naître l'illusion de la puissance ; — et nous entendons
par là ce que suppose de plus large, de plus noble, ce mot
omnipotent.

Au reste, les qualités réelles de la race britannique ne peuvent
sombrer à jamais ; chavirées aujourd'hui, elles reviendront à
la surface, aux sommets, par le jeu même des tempêtes sociales, cosmiques. Car on sait que toutes les branches industrielles sont merveilleusement ramifiées, épanouies dans le
royaume et dans tout l'empire de la Grande-Bretagne.

A Londres, la ville la plus grande, la plus riche et la
plus peuplée de l'Europe, nos Camarades trouveront
toutes les industries représentées, comme à Paris. Mêmes
indications pour Liverpool, concurrente de Londres, sur pied
d'équivalence.

Ils pourront tenter de s'immiscer dans les vastes manu-factures de tissus (laines, cotons, etc.) de Manchester, Bol-ton, Glasgow, Dublin, Halifax, Leeds, Nottingham, — pour ne citer que les principaux centres, rivaux de nos fabriques septentrionales.

Les étudiants ès sciences navales apprendraient fort à pro-pos les méthodes de construction de bateaux, usitées à Edimbourg, à Glasgow, à Sunderlan, à Dundee... (Un de nos vétérans nous contait un jour que les Anglais d'Ecosse, doublement Anglais, ont des procédés de constructions navales rapides dont *nous ne nous faisons même pas une idée approchée*, en France).

De même, à ceux qui se destinent aux exploitations mi-nières, nous conseillerons un séjour à Cardiff (charbons sans fumée), à Sheffield, à Manchester, à Newcastle, à Birmin-gham, et dans les mines avoisinantes.

Enfin nos Camarades, que tentent la construction et la vente bien commissionnée des moteurs anglais (vapeur, gaz, pétrole, etc.) pourront puiser de précieux enseignements aux fonderies et usines de Birmingham, de Sheffield, de Bristol, d'Halifax, de Bradford, de Newport, d'Odham, de Rochdale, etc., etc.

Après la Métropole, les Colonies anglaises, — une bonne partie de la Terre.

Amérique. — D'abord le Canada, cette vieille Jeune France d'outre-Atlantique... Un mot seulement : il y a là de tout, comme en Asie et comme en Europe, et, en plus de la richesse, de la grande liberté anglo-saxonne, on retrouve au-près de nos vieux frères le charme, le fond du latin francisé...

Après l'Amérique du Nord, vers le Centre et le Sud, citons les Petites-Antilles qui, en plus des productions de la Guyane, en bois, sucre, rhum, café (et usines appropriées) possèdent ces fameuses mines de goudron bitumineux (manjak) qui prennent une extension de plus en plus considérable.

Dans l'*Océanie*, on se préoccupe trop peu de la vaste Australie, au climat des plus salubres paraît-il, et où l'industrie manufacturière pourrait être bien plus développée, de même que la construction des machines à vapeur et autres, en vue notamment de l'exploitation des mines de toutes sortes, qui sont d'une incalculable richesse.

En *Asie*, dans l'empire anglo-indien, on rencontre, sous tous les climats, les extrêmes et les tempérés, de nombreuses fabriques de coton, de laines, de soieries, etc., et la plupart des montagnes mal connues sont gonflées de métaux recherchés. Mais le caractère fermé de l'Indien de race s'opposera très longtemps sans doute aux infiltrations modernes régénératrices. Pour s'en convaincre, il suffirait de lire quelques histoires sanscrites, au moins dans leur traduction, les védas et surtout ces admirables upanishads qui assurèrent à Schopenhauer « la consolation de sa vie et de sa mort »...

Enfin, en *Afrique*, il y aurait beaucoup à dire du Cap, du Transvaal, de toute l'Afrique australe aux mines à jamais fameuses. Inutile d'insister ici.

En résumé, la condition essentielle de réussite dans l'immense empire britannique (et quelquefois ailleurs) c'est d'abord de connaître un peu d'anglais, — non pas seulement l'insipide abécédaire des méthodes dites populaires en vingt et quelques leçons d'épicier, mais bien le véritable anglais parlé, ce volapuck de fait, langue universelle dont on ne s'assimile tout à fait l'accent qu'en terre d'Angle. Qu'on ne se lasse point de le répéter !

*
* *

Allemagne

Qui ne s'occupe aujourd'hui de la moderne Allemagne industrieuse et mercantile, même et surtout — indice précieux entre tous — nos Pouvoirs publics... C'est pourquoi nous eûmes l'idée de consulter, entre autres documents pro—

bants, une communication de consul français relative aux procédés qu'emploient la plupart des Maisons allemandes pour conquérir la prépondérance des marchés mondiaux. Nous les résumerons ainsi :

1º Les fils des industriels allemands voyagent à l'Etranger, puis résident pendant quatre ou cinq ans à Londres aux Indes, aux Amériques. Ils étudient patiemment les usages spéciaux à chaque contrée, les ressources des pays, la solvabilité des maisons établies, etc. : soit, l'ensemble et le détail du mouvement du commerce national.

2º Les maisons mères allemandes possèdent des services de commissionnaires parfaitement organisés. *Ici, nous transcrirons textuellement* :

« Lorsque le commissionnaire allemand a des fonds à sa disposition — ce qui arrive souvent — voici comment il s'y prend pour gagner où les autres perdent, écarter la concurrence possible, et rester, en définitive maître du marché. Il travaille partie à commission, partie à son compte. Il offre, par exemple, des commandes à des petits fabricants avec des conditions de temps et de paiement que ceux-ci, trop confiants et inexpérimentés, acceptent, mais qu'ils sont la plupart du temps impuissants à remplir exactement. Aussi, quand la marchandise est prête à être livrée, le commissionnaire la refuse sous prétexte qu'il y a eu retard, que le marché est actuellement mauvais, etc., etc. Toutefois, il offre, bien entendu par pure obligeance envers un client, de prendre livraison contre 50 o/o comptant et le reste après liquidation. Je ne crois pas m'avancer beaucoup en affirmant que le plus souvent ce « reste » se fait attendre longtemps et même toujours. Ce système, dont on peut vanter l'habileté, mais non la correction, est, m'assure-t-on, également pratiqué par des Allemands contre des Allemands. C'est sans doute une des raisons pour lesquelles les marchandises allemandes sont vendues meilleur marché que les similaires françaises. » (*Bottin*).

3° Leur outillage, datant d'une trentaine d'années, est relativement neuf.

4° Les fabricants allemands savent se plier aux exigences même d'apparence ridicule des clients : détails d'emballage, étiquettes choisies, etc.

5° Ils font toujours entrer dans leurs tarifs, les prix réels du fret le plus avantageux, ce qui porte le prix global des marchandises rendues à destination extrême.

6° Ils cotent leurs estimations en monnaie du pays destinataire, — ce que ne font pas les Français à cause des variations du change.

7° Ils se groupent, se coalisent par vingtaines de producteurs d'origines variées, non rivales, et envoient à frais communs leurs représentants explorer les pays lointains.

8° Enfin les Allemands, dès qu'ils ont un pied dans le pays en prennent immédiatement quatre et n'attendent pas les années de séjour pour s'instruire, pour s'assimiler la contrée qu'ils veulent mettre en coupe réglée. Règle générale : ils acceptent toutes les commandes, si minimes soient-elles.

Durant ces dernières années, les produits tudesques envahirent victorieusement les marchés du monde entier. Il conviendrait de bien définir les causes essentielles de notre infériorité temporaire. Et ce pourrait être le noble rôle des techniciens français qui s'expatrieront en plus grand nombre au-delà de nos provinces isolées.

Ainsi, l'admirable et prodigieux centre manufacturier qu'est devenu Mulhouse, initiera les jeunes activités aux divers services des constructions mécaniques modernisées, aux transformations des toiles et des tissus. De même pour les filatures et tissages d'Altkirch, de Dornach ; les forges et fonderies de Grafenstaden ; les tanneries de Strasbourg, de Colmar, etc.

Explorant l'Allemagne proprement dite, nos éclaireurs accosteront à Hambourg, la vaste Hambourg aux 12 kilo-

mètres de quais et 1 600 hectares de terrains et canaux,
Hambourg la fiévreuse, la perpétuellement rajeunie qui,
malgré ses onze cents ans de vieillesse, travaille à outrance,
se renouvelle éternellement en toutes ses puissantes fibres
vitales, sans cesse améliore, creuse, élargit le cours inférieur
de l'Elbe, sa principale corne d'or. Comme à Berlin et à
Paris, comme à Londres et à Liverpool, toutes les industries
rivalisent là, et nos amis pourront comparer, juger,
choisir.

Comparativement à Edimbourg, Glasgow, Dundee...
Kœnisberg Kiel et Brême retentissent de leurs vastes chantiers de constructions navales. Et les ateliers de constructions
mécaniques contribuent à la prospérité, au bon renom industriel de Düsseldorf, Breslau, Chemnitz, Karlsruhl, Leipzig,
Brunswick, Manheim, Stuttgart, Dantzig...

Un excellent apprentissage, si c'était possible, pourrait
être fait à Essen, le prodigieux Creusot allemand, aux usines
Krupp ou aux aciéries de Remscheid et autres ; ou encore
aux fonderies de cloches de Dresde, aux fabriques d'armes
de Solingen, etc.

Les fabriques de draps à Aix-la-Chapelle, de toiles cirées
à Leipzig, pourront initier ceux des nôtres qui se plairaient
dans ces industries peu répandues, peu courues. Et les
autres centres de Crefeld, Hanovre, Hoffenbach, Coblence,
Cologne, Magdebourg, etc., brillent de tout l'éclat de leurs
vastes manufactures : soieries, papeteries, parfumeries, produits chimiques, teintureries...

Et puis, nous conseillerions aux artistes, nos amis, de
s'embaucher dans une des renommées manufactures d'art
qui fleurissent à Nuremberg, ou dans une fabrique d'instruments de précision de Cassel. Ils reviendraient en France,
plus tard, augmenter à leur profit, notre universelle réputation d'art.

Enfin, au pays de la bière par excellence, quelques-uns
de nos Camarades (surtout après leurs études complé-

mentaires aux Ecoles de Paris ou de Douai) pourront tout à
leur aise se documenter précieusement. Ils n'auront que
l'embarras du choix de résidence, — c'est bien le cas de
le dire ! répéterait Daudet...

Ne quittons pas le grand pays de Gœthe, l'illustre chantre
de l'alchimie moderne, sans avoir dit un mot de la crise
industrielle et commerciale qui a sévi là-bas durant ces
dernières années. A quoi cela tint-il ? — A l'engouement
pour l'Electricité. Les actions électriques firent rage à tel
point — et dans toute l'Allemagne — que le nouveau *boom*
prit une envergure colossale. Naturellement les matériaux
nécessaires à ces formidables installations virent leur prix
hausser prallèlement. Et de même les salaires des ouvriers
spéciaux et de toute la main-d'œuvre en général. D'où, fatalement, des budgets écrasants pour les compagnies électriques
et autres, gravitant dans le même orbite désaxé ; d'où enfin
la crise économique observée. D'autres raisons pourraient
être invoquées dans le genre de celle indiquée ci-dessus,
mais elles ne feraient que la confirmer.

Mais suivons tous les mouvements... Le petit-fils, continuateur de Guillaume le Grand, malgré sa « Grandeur » qui
pourrait le retenir au rivage, n'encourage-t-il pas toutes les
entreprises nouvelles, même audacieuses. Après tant d'autres
projets plus ou moins heureux, voilà qu'on lui attribue celui
du gigantesque canal transeuropéen qui n'aurait pas moins
de 2 250 kilomètres, mais qui ne nécessiterait que 500 kilomètres environ de constructions neuves, de Stettin sur
l'Oder, à Fiume sur l'Adriatique, en utilisant les cours
d'eau navigables. Dès lors, tous les ports de la Méditerranée
seraient menacés par le plus grand canal du monde, et plus
que nulles autres, les lignes françaises, italiennes et suisses
des Alpes souffriraient de cette création. Or, il est de règle
universelle que lorsque le maître donne l'exemple constant,
même parfois intempestif de l'activité bien ou mal entendue,
les valets, les sujets, toutes créatures éminemment imita-

tives ont tendance à exagérer le procédé contrefait. Veillons
donc...

Enfin, ne clôturons pas cette conclusion sans une dernière
comparaison puisée à l'origine, dans l'essence même des
génies allemand et français.

Chez eux, tous les techniciens instruits sont salués du titre
rationnel d'*ingénieur*, car ils n'oublient point, là-bas, que le
mot ingénieur signifie : esprit, adresse, et par extension,
technicien, inventeur, qui cherche, qui crée, qui s'ingénie...
Semblablement, à chaque fois qu'il y a, non point nécessité
absolue, mais seulement utilité, leurs usines sont complétées
de doctes chimistes, hommes de science précieux, surtout pour
les industriels qui savent se les attacher. Et comme en Amérique, mais au rebours de tant de pays arriérés (et ils le sont
presque tous, hélas !) l'inventeur n'y est plus rabroué ainsi
qu'une insignifiante bête curieuse, affolée d'utopies... Non,
chez nos redoutables rivaux — et c'est là une de leurs tangibles
supériorités — le technicien qui invente, qui découvre, for-
çant la rude matière en ses plus complexes arcanes, l'âme en
un mot de l'usine, est considérée, respectée à sa juste et
haute valeur. Et le génie tudesque, tout rêveur qu'il apparaît,
ou peut-être grâce à cet avantage, s'affirme éminemment
propre à la poursuite des apparentes chimères qui, sous son
souffle puissant, tenace, indémontable, finissent par se transformer, par triompher en vérités productives.

Chez nos féconds vainqueurs toujours — multiplement
victorieux sur terre comme sur mer — les écoles techniques
et même polytechniques abondent. Elles ne sont point fer-
mées restrictivement derrière une sélection à chiffre annuel
immuable ; non, les gouvernements des Allemagnes les
ouvrent sur examen, (et pas avec concours) à toutes les
capacités, à toutes les volontés, aux intelligences naissantes,
sans doute encore incomplètement développées en leur prime
adolescence, mais qui se formeront, s'épanouiront au souffle

d'un enseignement gradué, « rendront » ensuite, contribue-
ront à la gloire pacifique de leur patrie, et à leur fortune
individuelle : le minuscule gland germe, devient arbuste
vigoureux, chênes aux glands innombrables qui engendreront
d'autres vitalités puissamment organisées...

Eh ! bien, pour ne pas conclure sur un dernier parallèle
au désavantage de notre routinier pays (considéré comme ensemble, en principe) nous voudrions non plus inutilement
faire appel à l'attention vite distraite de nos Pouvoirs publics, qui fouettent d'autres chiens bien moins dignes
d'intérêt... mais amener nos industriels français, tous les
techniciens de France à se préoccuper enfin sérieusement de
cette particularité — de cette anomalie ! — qui fait des
rêveurs Allemands un peuple d'ouvriers, de producteurs
mercantiles, alors que l'active nation française — si apte par
tradition à s'enflammer pour toutes les causes modernes —
demeure trop souvent, obstinément coincée dans sa navrante routine.

*
* *

Italie

Une sotte opinion consiste à toujours représenter notre
sœur latine, comme déchue en tant que grande puissance.
Et pourtant, après les crises successives que tout le monde se
rappelle, l'Italie s'est progressivement ressaisie, et son passé
noir s'abîma dans la nuit douloureuse du souvenir rétrospectif.

Dès lors, l'Industrie nationale pousse puissamment aux
robustes roues refondues d'acier, — elle-même encouragée,
soutenue par les sacrifices fort bien compris du Gouvernement, et par l'accueil enthousiaste des populations intelligentes. Car le peuple italien est assurément un peuple actif et
des plus ouverts : c'est du moins la constatation personnelle
que nous avons toujours faite, à chaque fois que nous eûmes
l'occasion et le plaisir d'entrer en relations avec nos voisins
amis, même hors d'Europe...

Un certain nombre de Camarades (pas assez à notre avis) ont planté le drapeau pacifiquement impulsif de nos Ecoles françaises, du Nord au Sud de la « Grande Botte », en Sicile, etc. Nous signalerons tout spécialement la province de Milan où, de jour en jour, la branche industrielle croît d'une façon stupéfiante. C'est ainsi que, pour ne parler que de cette belle Lombardie, on a pu compter en 1902 : 70 fabriques de chapeaux avec 6.000 ouvriers autour du centre de Monza qui, à lui seul, produit quotidiennement la bagatelle de 50.000 couvre-chefs ; 150 maisons de peaux, tanneries et dérivées, avec 2.500 ouvriers ; 70 papeteries et 2.600 ouvriers ; 200 typographies et lithographies avec 4.000 travailleurs ; des quantités de scieries mécaniques, caoutchoucteries, dont une seule (maison de vente à Paris) occupe près de 2.000 hommes, etc., etc.

Parlerons-nous aussi, puisque c'est plus près de chez nous, du projet de chemin de fer Coni-Nice, projet depuis longtemps approuvé, souhaité par la Chambre de Commerce de Marseille qui, par l'organe de M. l'ingénieur Paul Villeminot, sut si bien faire ressortir les avantages de ces communications rapides entre Marseille, Turin et la Haute-Italie, — opinion d'ailleurs partagée par le député M. Rossi, représentant autorisé de la Chambre de Commerce de Turin, qu'il préside avec tant de compétence... N'oublions pas non plus les pourparlers engagés en vue du percement probable du grand tunnel du Mont-Blanc, entre M. Noblemaire, directeur de la Cie P.-L.-M., et M. Farinet, député du Piémont.

Dans une autre section, l'industrie sucrière s'est aussi puissamment développée. Toutes les raffineries existantes se sont syndiquées, peut-être au détriment du bien-être général, car, tout en monopolisant le commerce du sucre en Italie, ces *trusters* d'un nouveau genre tyrannisent déloyalement, paraît-il, les fabriques nouvelles qui tentent de se créer une situation indépendante : d'où discussions interminables, tiraillements, etc. Cette affaire en est là.

Mais c'est incontestablement les applications électriques qui détiennent le record en Italie. Au point de vue de l'extension donnée à cette locomotion nouvelle et surtout des difficulté vaincues, notre voisine peut s'enorgueillir d'être à la tête du mouvement universel. On en parlait à peine, il y a dix ans, de l'autre côté de l'Alpe, merveilleuse, inépuisable mine de houille blanche, et aujourd'hui... Le premier tramway électrique circula de Florence à Frésole en septembre 1891 ; puis successivement se construisirent de longs réseaux, avec comme têtes de lignes : Florence, Rome, Turin, Milan, Naples, Livourne, Parlerme, Pérouse, Catane, Salernes, Bologne, etc., etc. De son côté, l'Adriatique tente actuellement un épineux essai de transformation de la traction à vapeur sur les chemins de fer, en traction électrique.

Or, possédons-nous tout cela en France, avons-nous des Sociétés d'applications électriques équivalentes, en nombre et en importance, à la Société du Mont-Cenis, à la Société lombarde, à la Société électro-chimique de Pont-St-Martin, à la Société nationale, aux Sociétés pour la traction électrique sur les chemins de fer, etc., etc. Certes, nous pourrions citer aussi des Associations à noms français ou francisés, appuyées sur des capitaux sérieux et actionnées par des directions fort compétentes ; mais, malgré tous nos efforts, la comparaison serait encore à notre désavantage.

Alors... allons-nous conclure que nous devons, sinon imiter nos voisins, tout au moins profiter de leur industrie, et nous particulièrement, techniciens, émigrer au pays bleu de Graziella et de Verdi? — Telle n'est pas exactement notre pensée intime ; mais nous insistons à dessein sur les conséquences de cette merveilleuse réussite des applications électriques, malgré les échecs qu'elles ont subi en Autriche. Erreur au-delà du Tyrol, vérité en deçà !

Qu'il nous soit permis de citer ici quelques passages de

longues lettres bien documentées d'un de nos obligeants Camarades, ingénieur français à Milan :

« ... Tu trouveras ci-inclus un article d'un journal italien. Il s'agit de la plus grande installation électrique faite en Italie, qui comprend 19.000 chevaux, et qui va être portée à 24.000. Cette usine a été inaugurée l'an dernier par le roi Victor-Emmanuel.

» Dans l'industrie, l'Italie progresse à pas de géant, particulièrement dans la Lombardie, où je me trouve ; avec toutes ces installations électriques, c'est extraordinaire ! Malheureusement pour nous, les Allemands ont pris le pied, et dans cette branche d'industrie électrique, les maisons allemandes et suisses ont la préférence.

» Les Français ne savent pas travailler, ou du moins nous avons toujours cette peur héréditaire de risquer un peu d'argent, contrairement à nos rivaux. Ainsi, tu as des maisons allemandes et suisses qui ont des usines dans leurs pays, mais elles ont établi à Milan (par exemple) un bureau technique avec un directeur et un ingénieur, et je t'assure qu'avec cela on fait des affaires. Lorsque, dernièrement, on a parlé d'imposer les Sociétés étrangères, vite ils se sont empressés de former une Société italienne avec un capital minime qui est sensé représenter la Compagnie ; cela ne les empêche pas, je le répète, d'avoir toutes leurs usines en Allemagne ou en Suisse.

» Tandis qu'au contraire, tu ne vois pas une seule maison française (je parle, bien entendu, des grandes maisons industrielles) qui ait un bureau technique à Milan. Des voyageurs pour l'outillage, les limes, etc., connaissant bien leur partie, pourraient enlever des affaires d'or...

» ... La Chambre de Commerce française de Milan est très bien placée pour les renseignements. Il y en a une autre à Rome.

» ... En Italie, le personnel est peu payé, comparativement à celui de France. Dans les usines, les bons manœuvres ont de 2 à 2ᶠʳ,5o par jour ; et pour te donner une idée des affaires d'Italie, je te dirai que le change, qui était, il y a un an, à 106,50, se trouve aujourd'hui à 102,30, et bientôt nous l'aurons au pair... »

Nous pourrions citer par dizaines d'autres grandes villes industrielles d'Italie, après Rome, Turin, pour toutes industries ; Ancone pour les tanneries ; Catanzaro et Chieti pour les huiles ; Florence pour les chocolateries et les produits pharmaceutiques ; de même que Naples, le plus beau tableau vivant de la Nature ; enfin Gênes, le vaste port, modernement outillé, continuellement transformé, avec ses grands môles récemment construits, ses quais longs de plusieurs kilomètres, armés de grues nombreuses, ses trains sillonnant les rails innombrables, et rayonnant de la gare centrale maritime, elle-même reliée à d'autres gares de l'intérieur...

Et Venise?

« ... Venise est bien plus un palais qu'une ville : le palais de la mer, et le palais de la mort aussi... Et c'est cette mort lente, où la volonté s'enlize, où toute énergie renonce et s'endort dans l'opium énervant d'un passé merveilleux de gloire et d'aventure, un passé immuable figé dans un immuable décor d'églises et de palazzi, c'est cette mort-là où l'on s'enfonce au bercement délicieux des gondoles, qui fait toute la volupté de la vie de Venise, une Venise de rêve et de silence, hallucinée de glorieux souvenirs, détachée du monde moderne, sublimée, en un mot, d'aristocratie et d'oubli ! » (Opinion de M. Jean Lorrain).

Donc, Camarades techniciens, fuyons les Venises, « où toute énergie renonce et s'endort ».

*
**

Autriche

Malgré sa grande étendue, il y a peu à dire, ici, de cet empire austro-hongrois.

Vienne, cependant, est « une admirable ville, des plus pittoresques, d'un séjour enchanteur », nous a confié un Camarade de promotion qui y demeura toute une année, en mission. En plus de nombreuses aciéries renommées, on y trouve des filatures de coton et des raffineries d'huiles importantes.

Buda-Pest se distingue par ses actifs ateliers de petites constructions navales, pourvoyant à la navigation du Danube, le beau *Danube bleu* tant chanté... On trouve d'autres chantiers importants à *Trieste*, grand port d'avenir.

A *Prague*, nos Camarades n'auraient que l'embarras du choix en écrivant aux consuls, par exemple. Toutes les fabrications de produits métallurgiques ou chimiques y sont florissantes : machines, couleurs, allumettes, alcools, huiles, sucres, chocolats, faïences, tissus, etc.

A *Graz* on fabrique de bons draps, on construit des machines, et les savonneries et papeteries sont en pleine prospérité.

Zara est enrichie par ses fabriques de maroquinerie, qui jouissent d'une réputation universelle.

Enfin dans le Gouvernement de *Bosnie et Herzégovine*, on exploite beaucoup de mines bien alimentées, des tanneries, des manufactures de tabacs. Nos Camarades pourraient peut-être se renseigner mieux, tenter l'aventure d'un engagement, — bien que la capitale *Bosna-Seraï*, possède son école d'Arts et Métiers.

Les chemins de fer autrichiens nous semblent appelés à bénéficier d'une extension progressive. Parmi les nouvelles lignes les plus importantes, celles de Tauri et des Karavanches coûtant 244 millions de couronnes, nous paraissent destinées à attirer le commerce des États de l'Europe centrale vers l'Orient. Les distances d'Allemagne en Orient seront du même coup diminuées, grâce à Trieste–Vienne, et surtout Trieste–Salzbourg. Mais le port de Marseille et celui de Gênes surtout vont perdre beaucoup.

Une autre ligne, plutôt stratégique celle-là, va se rattacher au chemin de fer de l'Adriatique, sacrifiant ainsi les vallées commerciales de la Dalmatie. Toutes ces constatations sont loin de rassurer le deuxième (ou le troisième) pilier de la Triplice. Voici en effet ce que nous découpons dans la *Tribuna* :

... Le salut de notre influence sur l'Adriatique dépend surtout de nous-mêmes, de ce que nous saurons obtenir de la Turquie, de l'intelligente application de la formule albanaise : « Si non indépendants, Turcs ; mais Autrichiens, non ». Nous ne devons donc rien négliger de ce qui peut nous faire revivre, même d'une façon effacée dans l'actualité des souvenirs romains et vénitiens qui se rencontrent à chaque pas sur la côte orientale de l'Adriatique, et surtout il importe d'opposer propagande à propagande, action à action, par tous les moyens possibles. C'est ainsi que nous devons appuyer la construction des chemins de fer que le Monténégro projette. Une de ces lignes part de Kladova, sur le Danube, descend dans la vallée du Tynock, croise à Nisch, la grande ligne de l'*Orient-Express*, et de là, par Pristina et Spek (empire ottoman), Andriewitza et Podgéritza (Monténégro) débouche à Scutari d'Albani d'une part, et à Médica de l'autre...

Nous ne voulons pas nous laisser surprendre par les événements. Y pense qui doit.

Pour une nation dont le *gouvernement* est l'allié du *gouvernement* autrichien, avouons que...

On le voit, il y a peu à dire, aujourd'hui, du grand empire austro-hongrois. Mais quand, du vieil empereur qui tient avec peine les rênes des factions, les favoris blancs verront leur neige hyémale fondue, que deviendra le char follement emporté vers d'inconnues destinées? — Le tenace parti allemand, se démasquant tout à fait, réussira-t-il à supplanter tous les autres éléments prépondérants? Nous le redoutons, — pour l'industrie française, pour l'industrie européenne, pour la politique mondiale.

Hormis les Allemands intéressés, nous sommes persuadé

que tout le monde y perdra. Et puis le caractère hongrois, autrichien, nous est très sympathique. Partout où nous fûmes en contact avec ces sujets, nous dûmes nous louer de leur commerce facile, de leurs manières douces, réservées. Nous les considérons comme des amis.

Si un jour, malheureusement, leur Patrie se trouvait submergée par la conquête étrangère, même pacifique, penseraient-ils à faire appel au dévouement de leurs amis techniciens de France? Ils connaîtraient mieux alors (après les gadz'arts, qui installèrent les premières fabriques de carbure de calcium de Méran) ce que valent nos écoles, ce que peuvent nos associations amicales pour la diffusion universelle des arts industriels...

Espérons.

*
* *

Espagne

Bien que nous n'ayons jamais vu les montagnes espagnoles qu'à distance, elles nous attirent fortement. En notre qualité de descendant de ces Maures de Provence, mi-latins et mi-musulmans, convient-il d'attribuer cette secrète attraction à notre origine? Nous aimons, c'est certain; or, *amar es bibir*... Et c'est pourquoi nous applaudissons de tout cœur à la création de cette *Ligue franco-espagnole*, dont nous parlait avec enthousiasme M. Georges d'Esparbès, ligue créée par notre consul M. Bryois, en vue de diffuser notre langue dans la Catalogne.

Industriellement parlant, les nations néo-latines sont moins arriérées qu'on ne le pense parfois. Et lorsque ces peuples issus de la superbe culture gréco-romaine seront enfin bien entraînés dans le tourbillon des spéculations modernes, alors les Germains déclineront peut-être à leur tour sur leur sol vidé; et les Latins renaîtront à nouveau, s'épanouiront magnifiquement. Une fois de plus, l'histoire des races est un éternel recommencement.

Qu'on ne voit point là une inconséquente appréciation personnelle. Entre autres Camarades compétents, notre ami S., directeur de tréfilerie, ne nous contredira pas, certainement. Transcrivons les plus saillants passages de son aimable lettre, dont nous le remercions une fois encore ici :

« ... En consultant l'*Annuaire des Anciens Elèves*, tu as dû remarquer que nous étions bien peu nombreux en Espagne ; ceci est d'autant plus étonnant que le pays est voisin et que l'expatriation que nous craignons tous tant n'est pas terrible : pas de mer à traverser, et tout au plus trois jours de voyage, pour le Français du Nord qui a sa situation dans le Sud de l'Espagne.

» ... *De l'Espagne en général.* Faut-il répéter ce que chacun dit : l'Espagne est un pays d'avenir ; mais l'industrie minière qui est celle prédominante ici, convient-elle bien aux gadz'arts? — Assurément elle leur convient moins qu'aux élèves des Ecoles spéciales (Mines de Paris, de Saint-Etienne, etc.) ; et les diplômes dont sont armés ces derniers leur facilitent l'entrée dans les Compagnies minières. Mais à côté des mines, il y a des établissements métallurgiques, des ateliers de constructions, etc. Et les Compagnies minières elles-mêmes ont besoin d'ingénieurs-mécaniciens. Or, quels sont les gens qui occupent ces postes bien rémunérés? Ce sont : des Belges, des Anglais, des Allemands et quelques Français centraux.

» Pourquoi cette pénurie de Français? Voici mon opinion, qui est aussi celle de plusieurs Camarades d'ici : Le technicien français qui vient à l'Etranger, n'y débarque pas comme débutant ; il possède déjà un certain bagage, et il tient à ce qu'on le lui paye largement ; plus encore, souvent, il lui faut un nid tout fait. Le frais émoulu se risque rarement hors de France, et, de plus, ses exigences ne sont pas en rapport des services immédiats qu'il peut rendre.

» La façon de procéder de nos rivaux est toute différente.

Ils arrivent ici jeunes, entrent dans la place facilement, d'autant plus facilement qu'ils ne sont pas gourmands, et au bout de peu de temps, lorsqu'ils sont au courant des mœurs, de la langue, ils sont devenus les intruments indispensables de maisons qui tiennent à les conserver à tout prix. Ceux qui quittent leur maison de début sont bien armés et peuvent être exigeants en se présentant dans une autre.

» *De Bilbao en particulier*. Ce qui précède sur l'Espagne peut s'appliquer ici, à Bilbao, où il y a des usines métallurgiques occupant un total de 8.000 ouvriers, dans de nombreux ateliers de construction. Quand je pense que des Gadz'arts pourraient occuper la plupart des belles situations laissées à des étrangers, alors que nous sommes ici trois sociétaires !... »

Il ne nous reste plus, de notre côté, qu'à compléter ces précieux renseignements par l'énumération des principales régions industrielles.

On sait que l'Espagne est administrativement divisée en une cinquantaine de provinces. Or, dans toutes (à part quelques-unes presque exclusivement agricoles), nous trouvons de très nombreux centres d'industries. C'est ainsi que les mines de charbon, d'or, d'argent, de fer, de cuivre, de plomb, d'antimoine, les carrières de marbres enrichissent les provinces de : Madrid, Alava, Alicante, Almeria, Avila, Baléares, Cuidaz, Gerona, Guadalajara, Guipuscoa, Huelva, Jaen, Léon, Lerida, Malaga, Murcia, Navarra, Salamanca, Sevilla, Tarragona, Toledo. Les fonderies et ateliers de constructions mécaniques abondent naturellement dans toutes ces régions minières, et plus spécialement dans toutes les provinces de : Madrid, Alava, Barcelona, Lugo, Oviedo, Santander, Sevilla, Valladolid. Les filatures et manufactures de laines, de draps, de tissus et dérivés, de cuirs, etc., se rencontrent en quantité dans les : Madrid, Canaries, Corogne, Grenade, Oviedo, Pontevedra, Palencia, Tarragona, Teruel, Tolédo, Valladolid, Vizcaya...

Et dans la plupart de ces belles provinces, on trouve également de nombreuses usines réputées pour les pâtes alimentaires, les chocolateries, les raffineries, les distilleries, les
savonneries, les briquetteries, etc.

Or, qui dit machines, dit aussi mécaniciens : contremaîtres, ingénieurs, inventeurs, — techniciens d'élite. Et les
Français réunissent les conditions requises. Qu'ils aient au
moins l'idée de le rappeler aux consuls et aux patrons étrangers !

*
* *

Russie

Nous adressâmes, en octobre dernier, trois lettres à trois
Camarades occupant en Russie des positions en vue, — tous
trois espacés d'âge et de résidence. Aucun n'a condescendu
jusqu'à un semblant de réponse. Du moins, nous ne vîmes
rien venir, après un trimestre d'attente...

Faut-il conclure de cet insuccès que nous ne devons point
conseiller à nos jeunes Camarades de s'expatrier aux pays
cosaques? Certes non, car il reste beaucoup à faire dans ces
régions mal exploitées encore, bien qu'on y ait fait beaucoup
déjà, — surtout comme chemins ferrés.

Sur un seul jet de fer, grâce aux Russes, on roule maintenant de Brest à Vladivostock, de l'Extrême-Occident à
l'Extrême-Orient. Le siècle qui commence, très vraisemblablement, portera le sceau du prodigieux génie russe, que
seconde, en plan secondaire, mais avec une prépondérante
activité, le fébrile génie français.

Nos amis actuels descendent ainsi sur Pékin, pacifiquement aujourd'hui, et peut-être tyranniquement demain, par
étapes de sang s'il le faut, sous la mobilisation des fourmillières
de baïonnettes levées de la Baltique à la Caspienne. des plateaux
de Valdaï aux montagnes de l'Oural ; en Sibérie, en Mandchourie, en Perse, en Turquie qui sait?... En suite logique
de quoi, maîtres de la puissance militaire omnipotente, nos

alliés d'aujourd'hui (peut-être redevenus, demain, nos concurrents sans cesser d'être nos amis), imposeront comme une domination inéluctable, leur vaste influence aux marchés de l'Occident, partiellement désorbités vers l'Orient. Et grâce au bas prix de la main-d'œuvre de-là-bas, l'aise générale sera progressivement augmentée, — au moins durant de longs lustres.

Ainsi s'amalgamerait en un formidable météore la synthèse de races disparates, constituant à leur profit, comme un nouveau péril jaune.

Et nous Français, techniciens, spectatifs pour le moment, devons-nous nous garer placidement, ou nous ruer à temps derrière le char du plus fort en marche? — Nos Camarades répondront sans doute. En attendant, que nos élites veillent et nous renseignent.

Le champ leur est largement ouvert, pour ainsi dire illimité, dans ces vastes contrées à la fois archaïques et neuves, qui s'affranchissent de plus en plus de l'Etranger. Près de cent mille usines de tous genres contribuent à la richesse des grandes agglomérations : *Pétersbourg* pour les filatures, les étoffes, les soieries, les aciéries et industries dérivées; *Moscou* et *Nijni-Novgorod* pour les grands ateliers de construction, les raffineries, les distilleries.

On exploite de précieuses mines de pétrole et de naphte aux environs de *Bakou*, de *Batoum*; et *Kazan* exporte ses produits chimiques.

A *Toula* fonctionnent une importante manufacture impériale d'armes et de grandes usines pour la fonte, pour le laminage des métaux.

Enfin la houille abonde dans les bassins du *Donetz*, du *Volga*; le fer et le cuivre dans les gouvernements de l'*Oural*, de *Perm*, d'*Orembourg*.

A défaut de nos Camarades résidant en Russie, nos consuls pourront peut-être compléter ces indications évidemment trop vagues...

Turquie.

Il serait difficile de ne pas consacrer toute notre attention disponible à l'avenir des activités qui émigreront vers les Turquies.

Il ne s'agit plus, aujourd'hui, de se tailler là-bas des empiètements, des « concessions » territoriales. A mesure que les conceptions des peuples modernes deviennent moins barbares, les conquêtes *manu militari* se voient réduites au second plan, comme accessoires *in extremis*. Comme en Chine, nous devons, en Turquie, réclamer... oh ! de simples pied-à-terre si l'on veut, quelques maisons de cantonniers toutes modestes d'apparence ; mais qui, juchées aux tournants de nos voies ferrées, constitueront autant de solides sentinelles avancées pour préparer et soutenir la lente infiltration de nos industries expansives...

Nous ne parlons pas pour nous seulement, techniciens français. Et pourtant nous le devrions ; oui, nous voudrions pouvoir, avec toute l'autorité nécessaire, jeter le strident cri d'alarme qui mettrait au grand jour le sournois danger de l'accaparement germanisateur.

Il y a une dizaine d'années à peine, Guillaume II ne pensait pas (du moins ouvertement) aux domaines de son cher cousin Abdul. Mais, successivement et sans bruit, par la progression glissante, reptilienne, des banquiers allemands arrachaient à l'entourage intéressé du sultan, la construction des lignes de Haider-Pacha à Smid ; de Constantinople à Angora, d'Angora à Kaisarieh, d'Eskichehr à Konia ; enfin la grande ligne plus récente de Bagdad, qui — ô ! ironie — *prolonge* notre chemin de fer de Smyrne. Ainsi, les somptueuses plaines historiques de la Mésopotamie, de l'Assyrie, de la Chaldée, de la Syrie, les blonds rivages de l'Euphrate, du Tigre, du Jourdain, les archaïques villes sacrées de Ninive, de Babylone, d'Iconium s'enfument aujourd'hui de houille tudesque. Ainsi, par la ferraille germaine, le Golfe Persique se trouve relié à la Méditerranée ; et par la Perse, l'Inde rapprochée de l'Europe.

En bons Européen, félicitons-nous néanmoins que soit réveillée la torpeur de ces contrées jadis merveilleusement florissantes, — elles qui, voici cinquante siècles, diffusaient leurs richesses variées sur le rayonnement des peuplades barbares, — nos générations ancestrales. Au contact de ces modernes lignes de pénétration, de nouvelles villes industrieuses vont s'élever au fond des vallées encore somnolentes que bleuissent les vagues d'oliviers géants. A l'image des plaines de Salonique, de la Canée, de Port-Olivier, à côté de la belle Mitylène, des multitudes de moulins à huile broieront les noyaux oléagineux ; d'autres fabriques de tapisseries, de soieries, s'illustreront à l'instar de celles de Constantinople, de Smyrne, et sous un climat délicieusement doux, que nous pûmes apprécier au cours de ces dernières années.

Il serait enfin temps de nous préoccuper sérieusement, à notre tour, de cette nouvelle prépondérance des Chrétiens sur les Musulmans. On se plaint toujours, en France, que les débouchés manquent à nos produits. Or, nous ne pouvons, dans cette étude trop sommaire à notre gré, parler des pays étrangers sans être tout de suite frappé par la perspective des immenses ressources qu'ils détiennent, qu'ils abandonneraient aux activités résolues, soutenues par des capitalistes intelligents. Alors ! que le Capital ne se confine plus dans son indifférence ou dans sa méfiance... Le Travail est là qui lui tend la pioche.

Après la mise au net de ce paragraphe, nous reçûmes une gracieuse lettre d'un bon Camarade, directeur d'institution professionnelle à Jérusalem. Quelques détails sembleraient y infirmer, en apparence, certaines de nos appréciations personnelles. Nous soulignons *en apparence*, car nous voulons parler de toutes les contrées des Turquies européenne et asiatique, — tout en reconnaisssant que notre excellent Camarade a des raisons pour porter un jugement défavorable sur la région qu'il connaît mieux que nous, puisqu'il l'habite depuis plusieurs années, alors que, personnellement, nous ne pûmes que la tangenter, autrefois...

INSTITUTION PROFESSIONNELLE
DIRECTION
Jérusalem, le 24 novembre.

MONSIEUR ET CHER CAMARADE,

Je m'empresse de répondre à votre honorée du 16 écoulé, en vous donnant les quelques renseignements que vous me demandez. Je souhaite qu'ils puissent vous être utiles dans la tâche que vous avez entreprise.

L'enseignement, en général, est assez répandu en Turquie, mais en ce qui concerne les professions, il l'est moins, à beaucoup près. Les Orientaux ne sont pas ordinairement portés pour les travaux manuels. Si ce n'était la nécessité où ils sont de travailler pour vivre, ils n'apprendraient pas de métier. Aussi, ceux qui en possèdent un, l'ont-ils appris, pour la plupart, n'importe comment et sans aucun principe bien fondé, en se confinant dans une vieille routine dont il est très difficile de les faire sortir. Si ce n'était cela, et s'ils étaient un peu plus partisans du progrès, il y aurait beaucoup à faire.

Il est assez rare de voir des gens du pays bien installés, quoiqu'il y ait beaucoup de corps de métiers ; les forgerons-serruriers, les chaudronniers en cuivre, les menuisiers-ébénistes, etc., existent partout. Ils travaillent assez bien, mais avec un outillage tout à fait primitif. Il n'est pas étonnant de voir un forgeron se servir encore d'une forge catalane ; aussi trouve-t-on peu de travaux bien finis. Tous les ouvrages sérieux viennent d'Europe et en particulier d'Allemagne, parce que c'est bon marché. On aurait tort de proposer à un ouvrier originaire du pays, des outils modernes, car il ne s'en servirait pas. Il aime bien mieux mettre plus de temps à l'exécution d'un travail quelconque, plutôt que d'abandonner la routine. Tous les bons ouvriers sont des Européens établis dans le pays depuis un certain temps.

Chaque race fournit son contingent. Ainsi, parmi les Grecs, on trouve surtout des menuisiers et des mécaniciens; des chaudronniers et des fondeurs chez les Arméniens; les Turcs seraient plutôt disposés à faire des forgerons, s'ils avaient l'amour du travail.

...L'Ecole des Arts et Métiers de Constantinople, dirigée par notre Camarade Faure, peut donner un aperçu de la valeur des élèves qui ne sont point studieux, quoique assez adroits. Ils ont peu ou pas d'initiative, — ce qui les condamne à la médiocrité toute leur vie.

Il faut reconnaître que l'ouvrier est mal rémunéré en Orient; les phénix ne dépassent pas 4 à 5 francs par jour. Dès lors, on comprend qu'ils ne cherchent pas à se perfectionner; au contraire, ils se plaisent ouvertement dans leur infériorité évidente.

Tous les industriels établis ont soin de conserver un noyau d'ouvriers européens; ceux originaires du pays végètent, n'exécutant que des commandes insignifiantes.

Dans l'élément israélite, au contraire, on trouve des sujets d'élite, nullement apathiques, non dépourvus de goût, et surtout avides d'instruction.

Ainsi, dans notre école, qui possède environ 200 élèves-apprentis, il est rare qu'un élève sortant après quatre années d'études ne trouve pas à se caser. Beaucoup, même, vont en France pour s'y perfectionner, puis y restent. Nous en avons quelques-uns qui maintenant sont à Paris où ils gagnent fort bien leur vie. Ceux qui restent dans le pays sont généralement bien établis. Cela vient de l'instruction qui leur fut donnée et dont voici un aperçu :

En quatrième année : Arithmétique et algèbre; géométrie plane et dans l'espace; quelques principes de géométrie descriptive se rapportant aux métiers respectifs des élèves, tels

que : pénétration, projection, développement, perspective
etc. ; physique et chimie ; technologie concernant principalement l'architecture et les constructions ; stéréotomie.

Un cours spécial de coupe des pierres est fait aux élèves
sculpteurs sur pierre.

En dessin, ils arrivent à d'excellents résultats ; ils font, en
linéaire, des planches de géométrie, d'architecture, d'organes
de machines, etc., sans modèles, après avoir exécuté eux-
mêmes le croquis de ce que veut le professeur.

En outre, chaque élève passe à tour de rôle au bureau de
dessin, où il étudie des projets d'exécution se rapportant spécialement à son métier. Ainsi les menuisiers font des études
de meubles, de charpente, etc. ; les mécaniciens, des études
de machines, etc. Et tous les calculs sont laissés à leur initiative, puis corrigés avec les explications nécessaires...

...L'enseignement du français est obligatoire, tous les cours
se font dans cette langue.

Nos ateliers se divisent en cinq sections : forge, mécanique,
menuiserie, chaudronnerie, sculpture sur bois et sur pierre.
Ils sont dirigés par des contremaîtres, anciens élèves de
l'Ecole ayant passé quelques années en France pour s'y perfectionner.

La durée journalière des travaux manuels est de huit
heures. Il reste quatre heures, qui sont partagées entre les
classes et les études.

Vous devez voir par cet exposé sommaire que nos élèves,
à leur sortie de l'Ecole, possèdent un bagage intellectuel et
pratique suffisant pour leur permettre de se tirer d'affaire. Et
si plusieurs écoles semblables étaient établies en Orient, toute
la vieille routine disparaîtrait et ferait place au progrès. L'instruction des indigènes en profiterait, et par la suite, la prospérité du pays.

L'Ecole d'Arts et Métiers du Caire, grâce à l'énergique
impulsion donnée par nos Camarades Guignon-bey et Meu-
nier donne aussi de bons résultats.

En résumé, actuellement, il n'y a pas beaucoup à faire
pour nos Camarades en Orient. Tant qu'il n'y aura pas un
changement complet dans les mœurs du pays, et tant que
l'industrie n'ira pas de l'avant, entraînée par l'instruction
donnée aux jeunes gens, les débouchés seront rares et pé-
nibles.

Voilà, mon cher Camarade, ce que je puis vous dire sur
ce sujet ; je me tiens à votre disposition dans le cas où vous
auriez besoin d'autres renseignements.

Je vous prie d'agréer mes sentiments de bonne camaraderie.

A. A.

*
* *

Pays-Bas.

Malgré ses trop proches frontières qui l'encadrent comme
des frettes encerclent un baril abondamment gonflé, la Belgique, cette petite France, affirme énergiquement son ardente
vitalité. De plus, et fort heureusement, le Congo fut découvert, et grâce à la protection constante, vigoureuse et éclairée
du roi Léopold, une plus grande Belgique prolonge aujour-
d'hui l'ancienne. Nous en reparlerons au cours de notre exploration africaine...

Ainsi, au nord de la France, à quelques pas de nos Ecoles
de Lille, nos jeunes Camarades trouveront beaucoup de leurs
Anciens disséminés dans les principaux centres industriels.
Ils auront le choix entre : *Bruxelles* aux très importantes
aciéries alimentant de grandes usines de construction, des
filatures, des manufactures de feutres, cuirs et dérivés ; et
Liège qui rivalisent de richesses métallurgiques. De même
pour *Bruge* qu'un grand poète (peut-être trop poète en la circonstance) qualifia de *Morte*...

Ceux qui se destinent aux mines trouveront certainement
de « l'embauche » à *Mons*, à *Charleroi*. A *Gand*, les fabriques

de courroies, précieux intermédiaires, sont nombreuses.
Même remarque pour les huileries de *Termonde*.

Tournai est une ville riche par ses chocolateries, intéressante surtout par le machinisme qui centuple leur valeur commerciale.

Enfin les amateurs armateurs en revenant de Hambourg (ou avant d'y aller) puiseront de précieux documents dans la vie intensive du grand port d'*Anvers*, — un des plus beaux du monde, un des plus instructifs.

La HOLLANDE est une nation créatrice, puissamment active ; sa forte marine en fait foi. Grands colonisateurs, les Hollandais nous disputèrent longtemps, ainsi qu'à l'Angleterre, l'empire des mers. Et la vitalité de la race n'est pas prête de s'éteindre, — la fameuse résistance sud-africaine le prouverait une fois de plus, si l'on en [pouvait douter encore...

Nos Camarades ne brillent pas en nombre, dans ces régions des anciennes Provinces-Unies. Et pourtant, à défaut du bon climat, les débouchés n'y manquent point.

Amsterdam, en plus de ses manufactures renommées de tabacs, fait une sérieuse concurrence à nos sucreries du Nord.

A *La Haye* fonctionnent sur une assez grande échelle les fonderies de fer. *Maëstricht* est riche par ses aciéries, ses forges, ses usines à céramique.

Enfin, comme pendant en plus petit d'Anvers, le port de Rotterdam se distingue avec ses chantiers de constructions navales.

*
* *

Scandinavie.

Puisque nous sommes vers le Nord, n'en redescendons pas avant d'avoir éclairé ce chapitre au lumineux pays des Ibsen, des Nansen...

SUÈDE ET NORVÈGE. — Il y a malheureusement peu à faire

pour nous dans ces froids pays conquis par la suprématie des Bernadotte.

Les principales productions s'y résument en bois (de qualité supérieure, il est vrai); en goudron végétal, en cellulose.

A *Stockholm*, seulement, prospèrent quelques usines électriques. On y pourrait, ce nous semble, monter en extension des ateliers de construction de machines, d'outils, y créer des fabriques de produits chimiques, de conserves, etc., etc.

A *Christiania*, les usines métalliques sont un peu plus en honneur. On y rencontre aussi des fabriques d'huiles (baleine, morue, phoque). De même à *Kergein*, où l'on trouve des chantiers de constructions navales et quelques fabriques de conserves.

DANEMARK. — Pas ou très peu de nos Camarades. Il y a pourtant à faire par là. Nos départements septentrionaux y expédient de nombreuses machines. On gagnerait, sans doute, à fabriquer sur place des moteurs diversifiés, des machines-outils, des machines agricoles (le paysan danois a, paraît-il, l'esprit très ouvert). Et puis, on devrait tenir compte de la sympathie qui nous attache à ce peuple spolié comme nous, — sympathie née sans doute d'une commune antipathie (atténuée par le temps) contre une tierce puissance rivale.

Ainsi l'industrie française peut acquérir la prépondérance industrielle sur les marchés du Danemark. Une des principales conditions à rechercher, c'est, ici comme partout ailleurs, le bon marché : faire au besoin moins fini, moins luxueux, et le champ de vente s'élargira considérablement.

« Vendre cher, mais peu, ne constitue pas une bonne affaire ; vendre à bon marché, mais à tout le monde vaut au total infiniment mieux. »

Telle est l'opinion d'un haut fonctionnaire de la légation française à Copenhague. Il siérait que les intéressés, moins désinvoltes à l'avenir, s'en inspirassent très sérieusement.

Suisse.

Nous attachons une importance toute particulière à la valeur industrielle de cet actif pays.

Inépuisablement alimentée de houille blanche, la Suisse entra de bonne heure et vigoureusement dans la voie des progrès industriels. A peu près sans exception, toutes ses villes et villages possèdent leur éclairage Edison, leur funiculaire à courant.

Un certain nombre de nos Camarades pourraient étudier — ainsi qu'ils le feraient dans des centres allemands — les procédés assez spéciaux qui font le succès des constructions électriques de *Bâle*, des fonderies de *Schaffhouse*; des constructions de machines et de chaudières de *Saint-Gall* et de *Winterthur*.

A *Lausanne*, sont installées de nombreuses filatures, — moins importantes que les nôtres comme nombre de broches sans doute, mais fort intéressantes à étudier de près. Il n'est pas de petit secret qui ne puisse être utilisé loin du lieu qu'il enrichit directement.

Nous n'indiquerons qu'à titre documentaire les manufactures d'horlogerie de *Genève* et de *Vienne*; mais nos Camarades feront bien de se renseigner amplement sur les emplois qu'ils pourraient trouver dans les papeteries de *Zug*, dans les brasseries de *Fribourg*; enfin les filatures, les tanneries et savonneries de *Zurich*, — bien que cette dernière cité possède, elle aussi, son Ecole d'Arts et Métiers.

*
* *

Portugal.

Une ritournelle — stupide comme beaucoup de ritournelles — attribue à tort aux Portugais un caractère perpétuellement gai. Tel n'est point l'avis d'un Camarade qui fut autrefois en contact avec beaucoup de ces gens, — loin d'Europe, il est vrai.

L'industrie ne se développe que très médiocrement dans ce petit pays.

A peine trouve-t-on, à *Lisbonne* et à *Porto*, quelques usines métallurgiques à côté de filatures de laine et de coton. *Coïmbre* y ajoute ses soieries.

Enfin, vu la richesse naturelle du terrain que fertilise l'humidité pluvieuse de l'atmosphère, nous sommes étonné que l'olivier, entre autres cultures intéressantes, ne provoque pas la création de très nombreuses fabriques et moulins d'huiles, — à l'instar de ceux qui font la richesse de *Santarem*...

**

Pays Balkaniques.

GRÈCE. — N'était la pénurie des moyens de transport gênés par la profusion des massifs montagneux, les Hellènes pourraient se livrer sur une grande échelle à l'exploitation de leurs richesses minérales (marbre, plomb, etc)..

A ceux de nos Camarades qui en pourront profiter, nous conseillerons instamment [une longue visite aux vestiges de l'Acropole, où le Parthénon, le temple de Thésée, le théâtre d'Hérode, etc., et les voies de marbre qui les complètent, tout cet art divin des Praxitèle leur suggérera d'impérissables émotions, — pour peu qu'ils aient le moindre sentiment de l'Esthétique supérieure... Nous ne leur parlerons pas des autres monuments et jardins d'Athènes, que nous ne pûmes qu'incomplètement admirer, ni de toutes les splendeurs historiques des vastes plaines d'alentour, bleuies de vagues d'oliviers, blanchies de carrières de marbres ; nous aimons mieux laisser toutes ces merveilleuses surprises à ceux des nôtres qui auront la bonne fortune de contribuer à la prospérité des exploitations minières du sol immortel de l'Attique...

ROUMANIE. — Une quinzaine de nos Camarades résident dans le petit pays qui n'est pas, ce nous semble, dépourvu d'un certain avenir industriel, — en dehors des postes techniques relevant soit de la Guerre, soit de la Marine. Et cet avenir serait considérablement accru si l'on pouvait fabriquer sur place, ce qu'on y importe : produits manufacturés, mécaniques, chimiques, pharmaceutiques, conserves alimentaires, cuirs travaillés...

Pour la Serbie, nous serons plus réservé. Mais nous signalerons que l'instruction y est donnée gratuitement à tous les degrés, de primaire à polytechnique.

Enfin le Monténégro *ne possède pas de chemins de fer ;* et les routes vraiment carrossables y sont mêmes rares, fréquentées seulement par des bœufs accolés à de lents chariots aux roues polygonales. D'ailleurs le sol est là d'une pauvreté extrême.

CHAPITRE III

—

AFRIQUE

———

ÉTUDE SUCCINCTE ET COMPARÉE
DES PAYS INDUSTRIELS DE L'AFRIQUE

———

Côtes méditerranéennes.

... Du paquebot, jetons un coup d'œil attentif sur la petite France de Corse. Notre ami C. y tient, — et il a raison.

... Je te dirai encore qu'il y a à la porte de la France, un département qui, malgré son patriotisme, est abandonné par la mère-patrie. Je veux parler de la Corse où certainement quelques capitaux pourraient produire. Il y a là des mines de fer, d'antimoine, de cuivre, de plomb argentifère qui, si elles étaient exploitées, deviendraient de nouvelles sources de richesses ; des sources d'eaux minérales, des forêts de châtaigniers pour le tannin, des forêts de pins pour le bois de construction, des carrières de granit et marbre, du vin, de l'huile... qui sont autant d'affaires à créer avec de petits capitaux...

Tous ceux qui, comme nous, ont eu la chance (plaisir ou désagrément) de fouler le sol de la France africaine ont dû être étonnés que tant de richesses naturelles sous un des plus délicieux climats du globe, y demeurent mal exploitées, inexploitées parfois.

A commencer par cette belle ville d'*Alger*, avec son grand port si bien posté face à Marseille, on est en droit de se demander pourquoi les chantiers de constructions navales, et par conséquent les entreprises d'industries civiles n'y sont pas davantage développées. On pourrait, ce nous semble, échelonner de la Place du Gouvernement à Mustapha des glacières, des fabriques de bouchons, des fonderies, des usines d'automobiles, — puisque la carrosserie proprement dite semble avoir fait son temps partout.

Les gisements de fer, de cuivre, de plomb argentifère, d'antimoine courent dans les plaines de *Médéha*, d'*Aïn-Nokra*, de *Bougie*, d'*Oran*, de *Tlemcen*, et n'attendent que les entrepreneurs bien outillés pour s'ouvrir à eux.

Les carrières de pierres, vastes piédestaux de forêts de chênes-lièges, abondent aux environs d'*Aumale*, d'*Azeffoun*, de *Dellys*, de *Philippeville*, de *Sétif*, etc.

Ceux de nos Camarades qui eurent l'excellente idée peu répandue de s'initier à la pratique des forages et sondages, ne doivent pas oublier que des sources sont découvertes et qu'ils peuvent en éditer d'autres vers *Berrouaghia*, *Miliana*, *Jemmapes*...

Après Alger, après Oran, *Bône* est une ville magnifique, et par son climat et par ses plages, un port de grand avenir qui n'attend que des capitaux et de l'initiative (tout ! hélas !) pour connaître et au-delà, la puissance d'Alger. Nous en dirons autant — question navale à part — d'une cité de l'intérieur, Perrégaux, commune autrefois dévastée par les débordements de l'Habra ; mais aujourd'hui que ces flots sont régularisés en un vaste volant-réservoir qui règle par canalisations la fertilité d'une plaine exceptionnellement germinatrice, aujourd'hui que le même courant dompté actionne des moulins, des usines d'alfa, nous serions heureux qu'on s'intéressât davantage à l'extension de ces merveilleux résultats dus à la science omnipotente de l'homme résolu.

Enfin *Tunis*, Tunis la voisine de Carthage, la moderne Carthage négociante, Tunis est aussi, croyons-nous, appelée à un grand avenir, — peut-être autant que Bizerte, le futur Toulon africain. Dans ces pays neufs et relativement proches (deux qualités à tenter les plus indécis) tout est à faire : constructions modernes à édifier, usines complétant la matérialisation des entreprises navales, minérales, agricoles...

Ainsi, les amateurs d'exploitations rurales s'en iront défricher la Tunisie, le Sud-Algérien, le Sud-Oranais, qu'ils civiliseront sûrement par le labourage à la vapeur. Très peu de techniciens ont osé encore s'affirmer franchement *agriculteurs*. Cette abstention est fort regrettable. Un bel avenir semble réservé aux agronomes, aux mécaniciens-chimistes ; à ceux, en un mot qui, derrière la charrue automobile, féconderont le sol d'engrais artificiels, — précieux amplificateurs des richesses naturelles.

Au sud de l'Algérie et du Maroc, il y a beaucoup à construire en voies ferrées, stratégiques et commerciales. Nos Camarades des grandes Compagnies et des Chemins de fer locaux pourront échanger là leurs services, en retour de la forte somme. Même le futur transsaharien laisse entrevoir de beaux rendements, grâce aux régions minéralogiques qu'il pourfendra d'un bout à l'autre. Les explorations géologiques des missions Foureau-Lamy, Flamand et autres confirment ces prévisions.

Enfin l'Égypte, ancien grenier d'abondance des Romains, devenue, un peu par notre faute il y a vingt ans, province britannique, l'Égypte autant et plus que beaucoup d'autres territoires africains, pourrait offrir de multiples débouchés aux techniciens résolus, notamment dans les sucreries et raffineries.

Terminons ce paragraphe par un extrait d'une lettre reçue d'un bon Camarade qui a vécu ces dernières années dans l'Afrique du Nord.

... Il y avait beaucoup à faire pour les Camarades dans le chemin de fer de Bône-Guelma. Cette compagnie qui exploitait un réseau comprenant une partie de la province de Constantine a augmenté son trafic du côté de la Tunisie, en achetant d'abord à une compagnie italienne son réseau de Bizerte et ensuite en construisant successivement les lignes Sousse, Gabès, etc. Il est certain que des Camarades sortant du service de la Marine ou d'un autre similaire au point de vue machinisme, trouveraient par là un débouché avantageux, en tenant compte du développement constant du réseau.

Vers la ligne Sfax-Gafsa se sont portés avec succès les efforts des chercheurs de mines. On a découvert ainsi des gisements considérables de phosphate, de calamine, de fer. Cette contrée me paraît dès lors appelée à un grand développement, et je me demande s'il n'y aurait pas avantage à y installer des usines de produits chimiques et engrais, reliées à un port de la Tunisie?

Toute la région de la frontière Algérie-Tunisie est riche également en mines de toutes sortes qui prospèreront de plus en plus, grâce surtout à la fusion des petites sociétés en un *Omnium*. Par exemple, la Société Vieille-Montagne, qui a vu clair dans le jeu, a envoyé à temps un ingénieur qui achetait à bas prix des affaires naissantes qui, aujourd'hui, réalisent des revenus considérables.

... En tout cas, il y a une différence capitale entre l'Algérie et la Tunisie : c'est qu'en Algérie les paperasseries administratives — apanage de notre belle administration française — retardent toutes les affaires, les ruinent parfois; tandis qu'en Tunisie c'est bâclé, pour ainsi dire *subito presto*.

Un commentaire ? A quoi bon.

*
* *

Côtes Atlantiques.

Au *Sénégal*, comme dans la plupart des pays relativement neufs, il faut penser tout d'abord à diffuser les lignes ferrées, — travaux prodigieux, surtout quand le climat est redoutable aux Européens condamnés à une grande activité.

Nous ne voyons guère, pour le moment, que le *Haut-Sénégal*, capable de couvrir immédiatement les frais d'établissement, grâce aux mines de *Cambouk*, de *Coure* (fer, cuivre, mercure, or, argent)...

Comme climatologie, deux saisons ; l'une sèche, l'autre humide. La première, la moins désagréable, commence fin novembre et finit fin mai. Il convient de suivre en tout temps une hygiène rigoureuse, complétée du plus de confortable possible. *Période dangereuse*, à éviter pour le débarquement : juillet, août et septembre.

Descendons vers le golfe de *Guinée*. Que ce soit à la *Côte d'Ivoire*, au *Dahomey* ou au *Gabon*, nous ne pouvons que renouveler notre appréciation relative au Sénégal : s'occuper d'abord des voies de communication qui amèneront à la côte les richesses de l'intérieur. En général, le climat est débilitant sur toutes ces terres basses du terrible golfe ; à l'intérieur, dans les régions minières, la vie est plus tenable pour les Européens, mais une hygiène rigoureuse y est encore indispensable.

Vu le peu d'intérêt que ces régions présentent actuellement pour nos Camarades, nous n'insisterons pas, cette année.

*
* *

South African

Nous voici vers des parages à jamais illustrés par la lutte épique qui s'y déroula au cours de si terribles années...

L'industrie dominante au *Cap*, comme au *Transvaal* et dans l'*Orange*, c'est, sans contredit, celle des mines : diamant, or, etc. On y construit beaucoup de chariots et, avant longtemps, l'automobile s'implantera là, comme sur toutes les autres routes carrossables du globe. Les tanneries, tonnelleries, brasseries, savonneries y sont également très répandues.

Nous voulons surtout retenir ceci, que l'avenir de nos

Camarades peut consister dans les forages et les exploitations
minières. Mais quelqu'un de plus autorisé que nous, notre
obligeant ami C., va, une fois encore, nous documenter
d'autant plus exactement qu'il a pioché — c'est le cas de le
dire — par là-bas...

... Les conditions de l'Afrique du Sud changent complètement,
en ce sens que l'or (en parlant au figuré) n'a plus la même valeur. La température y est chaude et les saisons inverses de
celles de l'Europe. Pendant la saison des pluies, il y a beaucoup
de fièvres et le meilleur préservatif consiste à prendre tous
les matins en se levant un cachet de quinine ; de même,
chaque jour, délayer dans un verre d'eau une cuillerée à café
de Sedlitz Chanteaud ou purgatif analogue qui entretienne la
fraîcheur du sang et combatte la constipation, germe de cette
fatale maladie de foie, apanage des colonies. D'ailleurs, dès que
l'on est installé, au bout de quelque temps, on connaît les jours
où l'on sent venir la fièvre ; prendre alors sa quinine, un, deux,
trois cachets par jour suivant l'intensité du mal.

Tous les deux ou trois ans, suivant les circonstances, rentrer
en Europe pour s'y retremper, et quoi qu'on en puisse dire, ne
pas oublier qu'il est préférable à tous les points de vue d'être
marié que célibataire ; j'entends, bien entendu, ne pas avoir
avec soi des enfants à qui l'on est obligé de donner éducation et
instruction.

Dans l'Afrique du Sud, avant de signer un contrat de situation, il faut s'enquérir auprès des Camarades qui y sont allés ;
car il est arrivé ceci, c'est que j'ai connu des ingénieurs engagés
par des Compagnies qui, croyant avoir une situation splendide
sous prétexte qu'ils avaient 8.000 à 10.000 francs, arrivaient
dans ces pays désillusionnés, trompés par des exploiteurs ; car à
Beira, par exemple, les ouvriers ordinaires étaient payés 750 à
800 francs par mois.

Beira est une ville construite sur du sable et qui date de six ans
à peine ; elle se trouve dans les terrains appartenant à la Compagnie de Mozambique ; c'est-à-dire que le gouvernement portugais a concédé les territoires de Solfala et Manica à cette compagnie internationale dont le siège est à Paris, Rue Lafayette.

Cette société met en valeur ces terrains, mais dans quelques années, ils feront retour au Portugal.

Lorsque j'ai quitté Beira, c'était au commencement de la guerre du Transvaal ; les affaires commençaient à tomber. Depuis, j'ai appris qu'elles allaient encore plus mal, et je ne crois pas à l'avenir de ce côté.

Plutôt, je crois que les techniciens trouveraient un immense débouché au Transvaal, maintenant que la guerre y est terminée. Mais, pour arriver aux hautes situations, il est nécessaire, je dirai même indispensable, de savoir parler l'anglais, qui est, dans toute l'Afrique du Sud, la langue nationale (même en territoire portugais). Mais, comme tu dois penser, tout technicien qui s'aventure dans ces pays doit y être soutenu par quelqu'un influent sur place, sinon il marche dans l'inconnu, et alors, c'est trop dur pour arriver. *Les Ingénieurs français sont très appréciés là-bas*, et il suffit qu'un Camarade en vue arrive pour ouvrir de grands débouchés aux autres, — la fortune enfin !

En général (trêve de rancune), là où il y a des Anglais, il y a de l'argent à gagner, car ces gaillards, avec rien, font tout... »

Complétons ces excellents renseignements industriels par d'autres également importants, relatifs au climat, puisés dans l'authentique *Report of the Meteorological commission of the Cape of Good Hope*, de Cape Town.

Il résulte des isothermes de janvier (mois d'été le plus chaud) que la *moyenne* $\left(\dfrac{jour + nuit}{2}\right)$ n'est pas inférieure à 28° entre Cap Town et Port-Elisabeth ; 30° de Colesberg à Ladybrand ; 32° à Kimberley, Blœmfontein, Johannesburg, Prétoria ; 34° à Mafeking, etc. ; moyennes qui supposent des températures de 45 à 50° le jour à *l'ombre*, les nuits étant fraîches. Les pluies sont, de leur côté, tout aussi intenses, puisqu'il tombe au Transvaal, toujours pendant ce redoutable mois de janvier, autant d'eau qu'à Paris en 3 ou 4 mois. Toutes ces révélations doivent inciter à la prudence, on en conviendra...

Côtes Océano-Indiennes.

La lettre dont on vient de lire ci-dessus des extraits se continue sans transition au travers du canal de Mozambique :

... A Madagascar, les conditions de vie et de travail changent suivant la ville. Ainsi, à Diégo-Suarez, le climat est excellent, mais l'Européen s'y anémie rapidement, non à cause des marais pestilentiels et des moustiques, mais bien par la température uniforme, élevée la nuit autant que le jour.

Pour qu'un climat soit assez favorable aux blancs, il faut qu'il y ait du jour à la nuit une chute sensible du thermomètre, pour pouvoir se reposer suffisamment après les travaux harassants sous la chaleur excessive. Et, dès que l'on se sent fatigué, il faut rechercher le moyen de se remettre promptement, ne jamais s'abandonner ; la bonne eau est un des meilleurs facteurs de la santé.

Pour les costumes et coutumes, cela dépend beaucoup de l'endroit où l'on se trouve ; c'est-à-dire, faire une différence entre Tananarive, Tamatave, Diégo, etc. ; mais je crois que Tananarive seule fait exception à la règle générale, et que pour Majunga, Diégo, Tamatave, etc., il faut porter des costumes blancs, casques, paires de bottes (car, lorsqu'il pleut, les routes sont impraticables) et un imperméable avec le plus de linge de corps possible. Avec cela, ton bagage est à peu près complet.

Ajoute encore une forte dose de philosophie, de je m'en f...isme ; car si l'on va dans ces pays prendre peur à la moindre indisposition, c'est fini. Il faut oser regarder les événements bien en face.

Comme hygiène, ne jamais manger de mets échauffants (viande, épices, moutarde, cornichons, etc.) mais beaucoup de légumes. Surtout, proscrire les spiritueux sans exception et de la façon la plus absolue, — tous liquides empoisonneurs. Par contre, boire du thé à volonté. Prendre son bain ou douche chaque matin pour entretenir le corps propre et frais, protégé de flanelle en toute saison. Se garder le plus possible du soleil, et dans le cas où l'on serait mouillé par la pluie, changer immédiatement de linge pour chasser la fièvre toujours à l'affût.

Comme situation pécuniaire, ne jamais aller dans ce pays sans un contrat signé et bien en règle à tous les points de vue : appointements fixes ; *logement et nourriture spécifiés* en complément (aux frais des Compagnies, qui n'en parlent pas les premières). En estimation, considérer qu'un Ingénieur allant aux Colonies doit pouvoir mettre de côté environ les deux tiers de ses appointements, en les faisant déposer par les employeurs eux-mêmes dans une banque à Paris ; voyage de retour payé en cas de cessation de service pour un motif quelconque, enfin, prime pour chaque année de séjour...

Ce qui vient d'être dit au sujet de Madagascar peut s'appliquer aux îles voisines : Sainte-Marie, Nossi-Bé, Mayotte, les Comores, la Réunion où le sol est généralement d'une fertilité inouïe, très propre à la culture de la canne à sucre. D'où les innombrables sucreries, etc., où nos Camarades pourraient trouver des emplois bien rétribués.

Autant que possible, éviter de débarquer au cours de la mauvaise saison, de novembre à avril (chaleurs excessives, cyclones, etc.), la période fraîche et sèche, étant ventilée de mai à octobre.

Dans le Mozambique, en plus de Beira dont nous avons déjà parlé, il convient de citer Lourenço-Marquez, Sena, où les mines pourraient être mieux exploitées.

En continuant de monter vers l'Equateur, nous atteignons l'empire d'Ethiopie, où les chemins de fer commencent à prendre enfin une extension progressive, d'autant plus rationnelle que le sol y est très fertile et deviendra prodigieusement fécond le jour où les procédés mécaniques et chimiques se pourront diffuser à outrance dans ces régions privilégiées.

Pour confirmation, nous eûmes l'idée d'écrire à un ami de S. M. Ménélick, à M. Hugues Le Roux, explorateur de la Montagne Emile Loubet, en le priant de vouloir bien nous communiquer quelques renseignements sur « l'avenir de l'Abyssinie et pays avoisinants, au point de vue des intérêts

de l'industrie française ». Nous reçûmes une réponse par
courrier :

Saint-Germain-en-Laye.

MONSIEUR ET CHER CONFRÈRE,

Je vous lis entre le train du Havre et le train de Bruxelles. Je
fais le tour de France et des pays voisins de langue française pour
prêcher la bonne parole.

Je rentrerai en France à l'adresse ci-dessus dans deux mois.
Voulez-vous me faire l'honneur de me récrire à moment-là, nous
prendrons rendez-vous.

Je vous prie de croire, cher Monsieur et cher Confrère, à mes
sentiments très distingués et dévoués.

Hugues LE ROUX.

Or, nous avons écrit de nouveau dernièrement, sans succès.
Plus, nous poussâmes l'indiscrétion jusqu'à aller nous informer, par un froid dimanche hyémal, non loin de la splendide terrasse connue, au bout de la rue Poissy, où s'élève le
confortable hôtel, sobrement artistique, de l'ex–confident de
Félix Faure. Ce fut, hélas ! peine perdue : le brillant écrivain,
sans doute, n'avait pas fini de prêcher la bonne parole...

* * *

Centre Africain.

La place d'honneur de ce paragraphe doit être attribuée au
Congo belge, terre désolée de fièvre, il est vrai, mais dont les
immenses richesses vont être enfin véhiculées vers la côte,
vers l'Europe, grâce au développement progressif des exploitations industrielles.

Parmi ces dernières, il convient de citer au premier rang
les lignes ferrées, dont la diffusion est due surtout à l'initiative hardie du roi Léopold qui, un des premiers, en comprit
toute la future valeur. Ainsi, dans un avenir sans doute
proche, on pourra rouler en Afrique d'un Océan à l'autre, —
presque aussi vite qu'en Amérique.

De même que le Tour du Monde en 80 jours rêvé par Jules Verne put être effectué en 63 jours par Gaston Stiégler ; de même, le rêve de Stanley va se matérialiser magnifiquement. L'immense forêt d'Arouvvimi, qui couvre une étendue de 850.000 kilomètres bientôt s'enfumera de nouvelles caravanes aux promptes bêtes d'acier qui vulgariseront cette contrée comparable à « toute la France et toute l'Espagne revêtues d'arbres d'une hauteur variant entre 6 et 54 mètres », dont parle avec admiration le célèbre auteur des *Ténèbres de l'Afrique*.

Des vastes terres brûlées du Soudan français, nous aurions également long à dire au point de vue des richesses minérales inexploitées, parce que très souvent inexploitables, — faute de moyens de communication. Mais le jour où la France pourra tenter en faveur de ses colonies incivilisées encore, ce que vient de réussir la Belgique, ce jour-là une ère nouvelle de prospérité enrichira nos plus audacieux pionniers, tout en augmentant l'aise générale.

Parlons précisément de nos pionniers. Pour ce qui est des parages du Niger soudanais, nous avons la bonne fortune de pouvoir en référer au lieutenant P..., qui dirige le poste extrême de Néré, avec une poignée de négriots et une pincée d'hommes pâles. Le valeureux officier nous pardonnera d'avoir fait connaître publiquement, à son insu, une partie de ses brillants mérites, — indiscrétion dont nous sommes redevable à un ami commun, avocat à Paris, tout près de la Bourse...

Ce qui nous a le plus frappé dans cette lettre qui mit *trois mois* pour nous parvenir, c'est l'admirable esprit d'abnégation qui embellit encore l'œuvre de nos soldats exilés en d'affreuses brousses.

Il y aurait pourtant de quoi se plaindre, gémir ! quand on réfléchit que la température atteint normalement *cinquante degrés à l'ombre*... Avec cela de l'eau bourbeuse, une nourriture à peu près infecte, débilitante par elle-même ;

bien qu'on réussisse à se procurer parfois — chers — des
œufs et du lait.

Qu'on s'étonne alors de la redoutable intensité des fièvres
qui sévissent à l'état latent par ces parages maudits ! Le lieutenant P... se voit ainsi des semaines entières, torturé de co-
liques, de vomissements, d'accès de délire. Mais il retrouve
quand même des sursauts d'énergie d'une lucidité rare. Il
parle à l'occulte Tueuse comme à un bandit en os et sans
chair :

« Ah ! gueuse ! tu as beau me tourner et me retourner...
tu voudrais, comme tant d'autres, me voler dans tes serres
gluantes ; mais tu m'as mal regardé... Moi, un enfant des
beaux pays blancs... moi, blanchir mes os sous cette noire
terre infernale d'Afrique... N'espère rien, va-t-en, maudite
gueuse !... »

Ce n'est pas tout encore. Il reste les tornades, les terribles
ouragans qui dévastent tout en leurs engouffrements, démo-
lissent les tentes rudimentairement clouées, affolent les gens
et les animaux. De sûreté, on n'en peut trouver nulle part :
le sable aveugle, s'infiltre par le nez, les oreilles, dans les
malles et valises les plus hermétiques ; et les pauvres cabanes
sont à réédifier chaque soir pour s'y mal abriter la nuit, —
quitte à les voir retomber le lendemain matin, — pour les
relever encore le soir... et ainsi de suite. C'est gai, parfois, la
vie coloniale...

M. P... parle aussi de l'étrange façon qu'ont les aborigènes de se prêter à ces travaux indispensables de réédifica-
tion en quelque sorte ininterrompue ; de quelle façon tou-
chante ces « loyaux serviteurs » s'esquivaient avec une bonne
volonté unanime. Il eut alors la bonne idée de requérir le chef
du village en personne pour la surveillance effective de son
monde.

Tout s'effectua presque en ordre jusqu'à neuf heures du matin, signal de leur « première messe » ; et le mahométan de-
manda l'autorisation de courir à la mosquée, rendre à Allah son

culte obligatoire. Il partit, et ses hommes suivirent son exemple, et l'on n'en revit aucun de la journée... L'« oubli » se renouvela le lendemain, malgré de cordiales remontrances de l'officier blanc français qui, *lui*, partout, eut à cœur de s'honorer de procédés éminemment humanitaires. Mais le surlendemain, quand retentit l'appel coutumier du muezzin, le lieutenant marcha droit au chef qui se secouait sur sa natte ombragée, et lui fit tenir par l'interprète cet édifiant langage :

« Tu sais que le Coran interdit d'abandonner un travail commencé... Tu vas le continuer... Oh ! ne te tourmente pas sur ton sort ; Allah, sois-en convaincu, sera tout aussi satisfait de te voir l'implorer sous un arbre, en dehors d'une enceinte ; je m'en porte garant. Continue donc de surveiller tes hommes, et que l'ouvrage prévu soit achevé ce soir... »

Depuis ce jour, le bicot fut d'une docilité, d'un dévouement exemplaires, — pour le plus grand avantage de toute la colonie. Un peu moins de prières, et un peu plus de travail !

En plus de ces intéressants détails inédits, nous avons appris que de grands gisements de sel gemme pourraient — avec des moyens autres que ceux dont on dispose actuellement — améliorer sensiblement le sort de ces contrées miséreuses. Mais voilà, ici comme dans tant de régions similaires, les communications sûres et rapides font défaut. Et puis, les *cinquante degrés à l'ombre*, les tornades, la diarrhée, la folie, la mort, brrr.

Merci, pour nous et pour nos Camarades, mon lieutenant. Et au plaisir de fêter votre heureux retour, capitaine Peilac !

CHAPITRE IV

—

ASIE

Indo-Chine.

Un publiciste américain, tout dernièrement, conviait, exhortait les Français à porter leurs ambitions en face, sur le grand continent noir, et d'en faire une *Afrique latine*. Contre le Tonkin et d'autres possessions asiatiques, l'Angleterre nous céderait ses domaines de l'Afrique occidentale, — ce qui équivaudrait (toujours d'après l'hypothèse du Yankee) à des compensations correspondantes (?) qu'accepterait l'Amérique de Monroë.

Certes, les merveilleux résultats obtenus — encore que d'une façon très incomplète — dans l'Afrique du Nord, depuis Oran jusqu'à Tunis, sont bien faits pour nous pousser à poursuivre la réalisation du rêve des Brazza, des Marchand, des Gentil, des Paulhiac et autres plus obscurs pionniers de la pénétration française. Grâce aux voies ferrées, nos machines agricoles alimenteraient mieux la France et le monde entier, par les haltes de Tunis, de Bône, de Philippeville, de Bougie, d'Alger, d'Oran ; Saint-Louis, Freetown, Grand Bassam, Libreville...

Ainsi, grâce toujours au machinisme des régions barbaresques, sahariennes et soudanaises, on paierait moins cher le coton, le caoutchouc, le thé, le café, les huiles, les produits chimiques, le bois, les ivoires, le bétail, le riz, etc., etc. D'accord, sous ce rapport-là. Mais nous n'en sommes pas

moins persuadé que l'échange envisagé ci-dessus serait pour
nous un véritable marché de dupe, car notre croupe indo-
chinoise vaut bien au delà les comptoirs anglais de l'Afrique
occidentale, — peut être même de l'Afrique australe.

En plus des actuelles ressources du sol où germent avec
une extrême intensité le riz, le thé. le café, nous appelons
l'attentions des intéressés sur ce fait regrettable que d'immenses gisements d'or, d'argent, de fer et autres métaux, de
houille sont inexploités, comme ignorés à dessein ! Les glacières, brasseries ont en Indo-Chine un succès tout naturel.
Nos Camarades. en plus grand nombre, pourraient trouver
là des emplois de début, d'acclimatement pour « voir
venir ».

Le *Tonkin* a besoin surtout, comme intermédiaires entre
capitalistes et ouvriers, de bons contremaîtres et ingénieurs,
les deux seules catégories à encourager ici pour l'expatriation — la main-d'œuvre pullulant à vil prix.

Voici d'ailleurs ce que nous extrayons d'une lettre de
M. Fauquier, alors directeur des Travaux publics à Hanoï,

... Nous aurions à faire ici, Monsieur le Président, des
travaux très importants et très intéressants : routes, chemins de
fer, canaux, constructions de toutes sortes et tout ce qui s'y
rapporte.

En effet, quand on voit cet immense pays de très près,
quand on le parcourt dans tous les sens, comme je l'ai fait, on est
frappé des richesses du sol, des avantages qu'on pourrait en retirer, après une réorganisation sérieuse et complète ; on est persuadé que l'argent dépensé ne serait pas perdu.

L'agriculture pourrait jouer un très grand rôle ; malheu-
sement la plupart des demandes de concessions émanent de gens
inconnus, sans argent, sans valeur, ignorant le point de départ
de la culture qu'ils se proposent de suivre.

Les métallurgistes ont leur large part, et tous les jours on
découvre des mines de toutes sortes : charbon, plomb argentifère, étain, et même or...

A signaler encore les mines d'Haïphong, les charbonnages de Hong-Gaï, où 3000 coolies alimentent l'usine à agglomérer érigée à proximité, et qui, à son tour, approvisionne les autres usines de la région, les compagnies fluviales, côtières, etc. Epoque favorable au débarquement du Tonkin : fin octobre.

En *Annam*, les mines d'or, d'argent et autres métaux seraient à éventrer sur une grande échelle, surtout dans les montagnes. Dans les plaines, l'argent et l'initiative manquent pour creuser des canaux qui, facilitant les irrigations judicieusement réglées, décupleraient la fertilité déjà merveilleuse de terrains mal entretenus. Entre ces hautes et ces basses régions, c'est dans les parties intermédiaires que l'Européen s'acclimate le mieux.

Tout ce que nous venons de dire de l'Annam, richesses et climat, peut exactement s'appliquer au Cambodge.

Nous serons plus réservé pour la *Cochinchine*, chaude et humide, où la température, *uniforme nuit et jour*, varie peu entre 30° et 35°. On doit recommander là autant que dans les plus meurtrières colonies, plus même, l'observation rigoureuse des pratiques hygiéniques.

Tout le monde, en Indo-Chine, a constaté M. Henri Turot (*D'une gare à l'autre*), a gardé du ministre de la Marine (alors M. de Lanessan) un excellent souvenir, et partout j'ai entendu vanter son activité et sa clairvoyance ; c'est lui qui a préparé la tâche si bien continuée par M. Doumer.

L'un et l'autre, malheureusement, n'ont pu rien changer à l'état sanitaire de Saïgon, qui laisse bien à désirer.

On est péniblement impressionné, en débarquant, par la vue des colons amaigris, anémiés et blafards qu'on rencontre.

Hélas ! c'est moins encore au climat détestable qu'il faut s'en prendre qu'à l'imprudence des Saïgonais. Nulle part, en effet, je n'ai vu absorber l'absinthe en telle quantité ; nuit et jour, les cafés sont pleins de consommateurs qui se confectionnent d'horribles « purées » à la glace.

Partout l'alcool est néfaste ; sous les tropiques, il est plus redoutable encore, et les terrasses des cafés de la rue Catinat sont certes plus meurtrières que les rayons du soleil impitoyable, ou les miasmes pestilentiels des marais...

Pour plus de raisons encore qu'au Tonkin, on pourrait multiplier prudemment les glacières, les brasseries, les sucreries. Le matériel de mines, de salines trouverait des emplois plus nombreux, — avec plus de capitaux confiants.

Eviter de débarquer pendant la période la plus dangereuse : du 15 avril au 15 juin.

Clôturons ce trop court paragraphe en appelant l'attention de nos Camarades intéressés sur l'emprunt garanti par l'Etat, qu'a lancé dernièrement la *Compagnie française des chemins de fer de l'Indo-Chine et du Yun-nan.*

Il y aura beaucoup à gagner par là-bas, du commencement à la fin de ce siècle : d'abord les voies ferrées ; puis les mines ainsi mises enfin en valeur ; puis les industries qui naîtront d'elles-mêmes ; puis... Techniciens, faites-vous Chinois !

*
* *

Japon.

— « Croyez-en ma vieille expérience, disait un jour à Tokio un éminent diplomate, ne flattez jamais les Japonais et soyez persuadé que ce serait une mauvaise action de grandir encore par des louanges imméritées leur incommensurable orgueil. »

Si l'admirable peintre des *Japoneries d'automne* et de *Madame Chrysanthème,* n'était en ce moment gêné par ses hautes charges, nous lui eûmes volontiers demandé son opinion autographiée, précieuse en la circonstance. Et comme nous connaissons depuis longtemps sa bienveillance, il voudra peut-être bien plus tard, pour une prochaine édition...

Reconnaissons tout de suite que, malgré leur laideur physique et leurs défauts moraux, les Japonais ont une merveilleuse faculté d'assimilation. Maintenant que leur industrie, leur armée, leur marine sont éduquées à fond, grâce aux ingénieurs et officiers que l'Europe leur délégua, ils construisent, naviguent, détruisent par leurs moyens propres. Courageux ? Ils le sont devenus également. Après la facile épopée sino-japonaise, ne vit-on pas, tout dernièrement encore, ces mêmes casquettes jaunes à côté de nos pantalons rouges, là où l'épineuse charge à la baïonnette devait donner l'élan de l'assaut décisif.

Ainsi les Japonais semblent procéder partout avec la même impétuosité. Et nous devons les féliciter, au point de vue de la production générale, de leurs progrès intensifs sur le marché du globe. Hier encore nos élèves, les voilà aujourd'hui passés moniteurs de leurs frères déchus. Et les Chinois se laissent faire toujours...

Mais pour être tout à fait impartial, nous croyons devoir rapporter ce simple extrait d'un livre paru ces derniers temps (*Au Japon...* H. Turot) :

... Avec le manque de capitaux, l'augmentation des impôts, la hausse des salaires, une autre considération vient encore s'ajouter qui peut faire prévoir un prompt arrêt dans l'essor industriel : c'est le manque de probité des commerçants et industriels japonais.

Tous ceux qui sont en relations d'affaires avec le Japon se plaignent amèrement du peu de sécurité qu'elles offrent. La fabrication est de moins en moins parfaite : on produit en quantité aux dépens de la qualité, et rarement les marchandises livrées sont identiques aux échantillons présentés...

En résumé, à part de très rares exceptions, nos Camarades devront continuer à considérer le Japon comme un pays défavorable à leur avenir...

**

Chine.

« — Pourquoi, récriminait l'illustre feu Li-Hun-Chang à un journaliste français qui l'interviewait, pourquoi nous traquer ainsi en sauvages stupides et dangereux... Chez nous, la plus belle fête de l'année est celle de l'Agriculture, lorsque l'Empereur conduit lui-même la traditionnelle charrue symbolique : tandis que vous, Européens soi-disant civilisateurs, moins civilisés que nous, vous excellez dans la glorification des parades martiales, menaçantes ; dans l'art de détruire, d'exterminer vos semblables... »

La boutade est de tous les temps. Et le Jaune continue à contempler jalousement la terre ancestrale, qui le nourrit sans effort.

Mais qu'on y prenne garde ; qu'on profite de cette apparente indolence, quand il en est temps encore. On connaît l'implacable haine que le propagandiste du meurtre par le fait, Tuan, consacre aux Blancs. Il est d'autres dangers qui, pour être moins sanguinaires, n'en existent pas moins à l'état latent dans les sphères éclairées. A-t-on, par exemple, entendu parler d'un livre, célèbre par là-bas, du philosophe Tchang-Tche-Tong, et intitulé *K'iuen-Hio pien*... Il vaut au moins quelques citations résumantes.

On peut, entre autres choses, y méditer les exhortations suivantes :

1° *Savoir rougir* (de voir l'Empire inférieur au Japon, à la Turquie, au Siam).

2° *Savoir craindre* (de voir l'Empire devenir semblable à l'Annam, à l'Egypte, à la Pologne).

3° *Savoir changer* (les vieilles coutumes, les vieilles méthodes, etc.)...

Au chapitre des voyages, il est dit qu'un an passé en Europe est plus utile au Chinois que cinq ans d'étude dans les livres européens ; mais le Japon est ici préférable (courte distance, littérature plus facile à saisir, mœurs moins dissemblables). Il y a par là une simple inimitié actuelle de famille, non de race ; le Japonais est un diable, d'accord ; mais c'est un diable simple, compréhensible, un frère quelque peu écervelé, pas autre chose ; tandis que l'Européen se présente

toujours sous l'aspect de l'ennemi éternel ; il est, pour le qua-
lifier d'un mot juste et terrible, le *diable étranger* !

Ils sont en effet d'incorrigibles éléments submersifs, ces
insatiables diables débarqués d'Occident : le Français progresse à marches méthodiques vers les montagnes du
Yun-nan ; le Russe descend par le transsibérien dans les
plaines de la Mandchourie ; l'Anglais prend ses aises dans
les vallées du Yan-tsé ; et l'Allemand enfin, qui arrive le
dernier, veut faire bouchées triples pour se rattraper... Le
Japonais, prudemment avisé, surveille attentivement tous les
jeux, combine les atouts, toujours prêt à happer les meilleurs
morceaux.

Aucun capitaliste ne peut, aujourd'hui, ignorer les immenses richesses qui gisent sous le vieux sol toujours neuf
des terres du Milieu : mines de houille, d'argent, de fer, de
plomb ; fleuves aurifères ; plaines d'une fécondité inouïe.
Et, avec cela, une main-d'œuvre d'un bas prix stupéfiant,
des procédés d'exploitation d'une extrême naïveté rudimentaire : pas de machinisme !... Et pourtant, on nous représente les Chinois, du moins certains Chinois, comme très
entreprenants, sobres, intelligents. Beaucoup d'entre eux
s'expatrient, augmentent la prospérité des pays où ils se
fixent, — pour ne citer que leurs toutes récentes immigra-
tions dans Madagascar.

On le voit, il y a par ces terres lointaines de l'or pour tous,
pour toutes les activités. Qui en veut, qui veut remplir ses
malles, après un travail acharné ?

Et avec cela, un climat relativement tempéré, autrement
supportable que ceux de la Cochinchine, du Gabon, du
Transvaal même. Si, comme on nous l'a affirmé dans un
Ministère, les créateurs des nouvelles Ecoles d'Arts et Métiers
ont en vue la diffusion du génie industriel de la France à
travers ces merveilleux pays inviolés, qu'on se hâte parmi
nous ; — mais que messieurs les capitalistes nous facilitent
d'abord la traversée, — et le reste. On n'aura alors jamais

vu coopération plus intelligente, plus productive du Capital et du Travail.

Nous pensons intéresser beaucoup de nos Camarades en faisant revivre ici — bien trop pâlement à notre gré — la fameuse séance du 28 novembre 1897, présidée à Lyon par le Ministre des Colonies, et au cours de laquelle M. Henri Brenier, directeur de la Mission lyonnaise d'exploration commerciale en Chine, présenta son Rapport général sur les travaux qu'il avait conduits.

La Mission, en un parcours de 16.000 kilomètres, visita 5 provinces. Elle dut maintes fois subir l'hostilité naturelle des mandarins qui tiennent à leurs sinécures, et qui, pourtant, ont besoin des Européens pour traiter beaucoup d'affaires avantageuses aux deux parties. Le grand négociant chinois nous est en général favorable, et il se montre d'une probité absolue, même sur engagement verbal. L'attitude du peuple, parfois antipathique, est plus souvent curieuse, de cette curiosité si naturelle aux Orientaux.

Ce qu'il faut redouter pour nous, ce sont les associations chinoises, formées contre les étrangers, et qu'on doit déjouer, au besoin par la voie diplomatique, en se servant des traités favorables.

L'outillage, en Chine, répétons-le à satiété, n'est nullement en rapport avec la prodigieuse richesse du sol, vierge, détenteur de mines sans fond à exploiter scientifiquement, surtout au Yun-nan, où l'influence française tend à prédominer. Pour la houille seule, M. de Richtofen (un des voyageurs qui connaissent le mieux la Chine) évalue sa valeur actuelle à *plusieurs milliards de tonnes*, qui suffiraient à alimenter le monde entier, après épuisement des mines d'Europe et d'Amérique...

Après la guerre sino-japonaise, les Etats-Unis et l'Angleterre ont le plus profité de la reprise des affaires, — contrairement aux espérances de l'Allemagne, qui négligea trop longtemps ce magnifique marché extérieur (Opinion de

M. Wilda, ingénieur allemand). Ainsi, les Américains ont
fondé une Association nationale de manufacturiers (*United
States National Association of Manufacturers*) qui a pour but
de tenir ses membres exactement et continuellement au courant de la situation économique de l'Extrême-Orient. Cette
société compte plus de mille adhérents, tous choisis parmi
les plus grands industriels du Nouveau-Monde, et dispose
de capitaux formidables. Le plus brillant succès ainsi obtenu
jusqu'à ce jour consiste dans l'exportation des machines.

Mais qu'on ne s'exagère pas l'importance des insuccès
passés de l'Allemagne. Le Germain, toujours prompt à se
métarmophoser, partout se hâte, réclame à coups de pistons
ou de mitrailleuses sa part de curée coloniale. Le Kaiser
lui-même, après avoir chevauché en Palestine en paladin
Mastuvu, harangue ses lourdauds Poméraniens, les incite à
la face du monde civilisé à ne point faire de quartier aux
Jaunes inoffensifs réfugiés à Pékin, dans ce Pékin même où
le baron Branpt, *ex-ambassadeur d'Allemagne,* est aujour-
d'hui *représentant officiel* de la firme Krupp, d'Essen, qui
lui a adjoint un nombreux personnel — un peu plus, et
nous écrivions *domestique* — industriel et commercial. En
même temps, les maîtres de forges, d'aciéries, de mines,
multiplient des démarches bien accueillies auprès du gouvernement de Berlin, pour obtenir de nouvelles réductions de
transport par voies ferrées, à destination des steamers à long
cours.

Et nous, que tentons-nous à Paris, et dans nos grands
centres industriels (Lyon excepté) ? — Hélas !...

CHAPITRE V

—

OCÉANIE

—

ÉTUDE SUCCINCTE ET COMPARÉE
DES PAYS INDUSTRIELS DE L'OCÉANIE

—

On connaît peu, on semble ignorer totalement cette magnifique partie du globe qui nous procure la fraîche sensation d'un immense bassin émaillé d'innombrables fleurs, qui surnageraient pareillement à notre *Nouvelle-Calédonie*, où le climat ressemble sensiblement à celui tant recherché de nos côtes méditerranéennes.

L'exploitation la plus prospère a été et s'affirme de plus en plus en faveur du nickel. Le sous-sol en est profondément fourni ; aussi les usines de toutes sortes s'augmentent-elles d'année en année.

Un certain nombre de Camarades pourraient trouver par là-bas des emplois sans doute bien rémunérés, — en se renseignant d'abord auprès de nos Anciens qui s'aventurèrent les premiers...

Vers les mêmes parages privilégiés, la vaste *Australie*, sur une surface équivalente presque à la surface de l'Europe entière, étale, pour ainsi dire en pure perte, ses inépuisables richesses naturelles, sous un climat délicieux. Ses *Montagnes bleues* recèlent des mines, par régions inexploitées, même inexplorées, de diamant, d'or, d'argent et autres métaux précieux, de mercure, d'antimoine, de charbon, etc. L'élevage des bestiaux s'y pratique sur une grande échelle, et les usines sont nombreuses où se transforment les viandes d'exportation.

En plus petit, nous pourrions en dire autant de la *Nouvelle-Zélande*.

On le voit, ce ne sont point les débouchés qui font défaut aux techniciens, en Océanie comme dans toutes les autres parties du Monde. Le manque d'initiative, l'indifférence, l'ignorance souvent causent notre infériorité parfois lamentable.

Mais, pour ne pas lancer les jeunes dans l'inconnu absolu, nous les engagerons vivement à faire une escale de quelques semestres aux Etats-Unis. Ils pourront ensuite aller disputer sur place les succès de leurs rivaux qu'éduquèrent l'Ecole d'Arts et Métiers de Sydney, et autres établissements pratiques.

CHAPITRE VI

—

AMÉRIQUE

—

ÉTUDE SUCCINCTE ET COMPARÉE
DES PAYS INDUSTRIELS DE L'AMÉRIQUE

—

Amérique du Nord.

(Nous ne résistons pas au plaisir de transcrire *in extenso* la réponse que nous avons reçue de notre bon Camarade J. M., ingénieur à New-York).

MONSIEUR ET CHER CAMARADE,

J'ai bien reçu en son temps votre estimable lettre.

Permettez-moi de vous féliciter d'abord pour l'heureuse initiative que vous avez prise de rechercher les moyens de succès de nos techniciens à l'Etranger.

Afin que vous puissiez juger des faits et opinions que je viens vous donner, je vous dirai d'abord qu'après avoir appris une spécialité (fabrication de l'acier par le procédé Tropenas) dans une usine française, je suis allé compléter ma connaissance de la langue anglaise à Sheffield. De là j'ai été envoyé en Amérique en mars 1899, toujours pour le même service.

Depuis cette époque, je fus occupé à la construction et mise en marche d'usines de fabrication d'aciers moulés par le procédé ci-dessus.

Quoique au compte du même propriétaire, j'eus comme patrons successifs les administrateurs des usines que je mettais en marche, au moins pendant quelques mois, jusqu'à ce que le personnel fût au courant. Je n'ai jamais été employé comme dessinateur ou comme ingénieur dans aucune autre branche, mais, entre deux installations, j'ai eu largement le temps de me mettre en contact avec des personnes chargées de travaux variés, pouvant intéresser nos Camarades.

Vous connaissez l'histoire de l'Anglais racontant à ses connaissances que toutes les Françaises avaient les cheveux carotte, sous prétexte que la seule Française qu'il avait rencontrée portait des cheveux de cette couleur... De même quiconque habitera l'Amérique pendant un temps relativement court ou qui s'y endormira, se fera une idée fausse du pays, en emportera généralement un mauvais souvenir ; ce que j'aurais fait si j'étais retourné en France après un an de séjour ici. Je connais des Français qui ont vécu quarante ans en Amérique sans pouvoir l'apprécier, car ils ne parlaient pas l'anglais.

Un pays d'une étendue aussi vaste que les États-Unis ne peut être connu à fond ; les habitants y sont cependant en apparence de langue et de coutumes plus uniformes qu'en France. Avant mon installation ici, j'ai habité New-York (4 mois), Chicago (7 mois), Milwaukee (3 mois), Saint-Paul (5 mois), Longuiew, Texas (7 mois), Phœnixville, Pensylvania (2 mois), Reading, Pensylvania (3 mois). Le reste du temps, j'ai voyagé et habité de un jour à une semaine à l'est du Mississipi et un peu dans la province de Toronto (Canada), en passant par Washington, Philadelphie, Saint-

Louis, Minnéapolis, etc. ; soit, au total, environ 3o.ooo kilomètres.

Je ne connais la partie des Etats-Unis située à l'ouest du Mississipi que par ouï-dire ; c'est la moins peuplée, et, à part quelques régions semblables à des déserts, il y a beaucoup d'avenir, surtout vers la côte du Pacifique où le commerce avec la Chine, la Sibérie et le Japon se développe très rapidement.

L'industrie des Etats-Unis, quoique déjà très prospère, est destinée à se développer beaucoup plus, si l'on considère que la production de fonte et d'acier y est presque aussi grande que celle de l'Angleterre, de l'Allemagne et de la France réunies ; que la même comparaison, étendue à toute l'Europe, peut être appliquée aux Chemins de fer, que le trafic du port de New-York est plus considérable que celui de Londres ou de Liverpool, sans parler d'autres ports tels que Philadelphie, Boston, San-Francisco, Chicago et Cleveland sur les grands lacs ; que les minerais de fer, cuivre, argent, or, zinc, etc., houille, pétrole, sont pour ainsi dire inépuisables ; que l'agriculture peut faire concurrence à celle de n'importe quel pays sur des produits très importants, tels que : céréales, cotonnades, fruits, etc. ; que la population n'y est pas encore très dense ; que le climat y est varié... Bref, *un grand pays comme celui-ci ne peut être que très favorable à l'avenir de gens vigoureux qui veulent gagner de l'argent.*

Les positions qu'un technicien peut occuper sont en général celles de dessinateur, ingénieur ou chef d'atelier. Pour remplir une quelconque de ces situations, il faut d'abord connaître la langue anglaise, mais il n'est pas nécessaire de la savoir à fond. Il faut ensuite posséder son métier. Nos Camarades sont en général mieux équipés pour cela que qui que ce soit en France, et ils ont grand tort d'être peu nombreux dans l'industrie américaine.

Il y a tellement d'étrangers aux Etats-Unis qui parlent l'anglais imparfaitement, que l'on pardonne très facilement des fautes de langage ; ce qui n'est pas le cas en Angleterre. L'anglais parlé en Amérique est beaucoup plus compréhensible que l'anglais parlé en Angleterre ; l'Américain prononce mieux toutes les syllabes, chante moins et n'est pas sous l'influence de divers dialectes comme dans les provinces anglaises.

Un séjour de 6 mois en Amérique serait très suffisant pour arriver à se faire comprendre. Une personne ayant quelques connaissances de la langue, mais qui n'aurait jamais habité le pays, pourrait se débrouiller au bout de 3 mois. Le même séjour en Angleterre aurait un effet analogue ; et pour un technicien qui voudrait occuper une position en Amérique, il serait peut-être bon d'aller passer préalablement quelques mois en Angleterre où la vie est moins chère qu'en Amérique, mais où, par contre, les positions sont plus difficiles à trouver.

On peut vivre confortablement en Angleterre pour 20 schillings par semaine, plus 10 schillings pour vêtements et frais divers ; soit, en tout, 37 fr. 50.

En Amérique, la pension coûte 6 à 7 liv. st. par semaine, plus 5 à 6 liv. st. pour frais divers : vêtements, blanchissage, menus-plaisirs, etc., soit, en tout, 65 francs par semaine.

Quoique ces données soient à peu près invariables pour n'importe quelle partie des Etats-Unis, il serait plus juste de dire que, dans les petites villes, on peut bien vivre pour 50 dollars par mois, c'est-à-dire 250 francs. Dans les grandes villes, il faut compter 310 francs tout compris. La différence provient plutôt de ce fait que, dans les petits centres, on ne peut dépenser son argent avec la même facilité, ou qu'il n'y a presque pas de lieu d'amusement, et le seul moyen de ne pas s'ennuyer, c'est de faire comme les jeunes Américains, c'est-à-dire fréquenter la société des jeunes Américaines, desquelles il faut faire le plus grand éloge. Si quelques Camarades veulent avoir plus de renseignements à ce sujet, ils n'ont qu'à venir vérifier par eux-mêmes.

Il ne faudrait pas que nos compatriotes venant en Amérique s'attendissent à mener la vie parisienne... On ne les paiera que pour le travail qu'ils auront produit, et au bout de leur journée ils n'auront pas souvent de quoi faire ce qu'on appelle « la noce ». Ils ne pourront s'en plaindre qu'au

commencement, car, au bout d'une année, ils ne s'en trouveront que mieux. Un de mes Camarades de promotion, que
j'ai un peu aidé à obtenir une position en Amérique, me
disait : « Un Tel n'est plus ce qu'il était à l'Ecole ; il n'a
que les os et la peau » ; « Un Tel est mort poitrinaire, la vie
de fête l'a tué » ; « Un Tel n'est plus le vigoureux gaillard
que tu connus à l'Ecole » ; etc., etc. Donc, tout me porte à
croire que l'on est mieux ici, vu qu'à la fin on se retrouve
en bonne santé et avec de l'argent en poche, tandis qu'en
France un jeune ne peut pas ou presque pas économiser.

Actuellement, les affaires vont très bien en Amérique, et
tout porte à croire que cet état de choses durera encore plusieurs années.

Lorsque les affaires subissent une crise, on ne peut absolument pas trouver d'emploi, car les périodes de crise et de
bien-être semblent plus accentuées ici qu'en Europe, où les
mauvais moments sont moins durs à passer. Je le répète,
en ce moment, les affaires vont très bien et se maintiendront
ainsi pendant deux ou trois ans, au moins.

Un technicien qui connaît la langue suffisamment, mais
n'a pas de spécialité, peut gagner, comme dessinateur, de 70
à 80 dollars par mois, soit 350 à 400 francs — sans compter
dépasser 600 francs. — Si le même sujet fut dessinateur en
Europe pendant trois ou quatre ans et débarque ici avec une
spécialité, il peut devenir chef dessinateur ou ingénieur
avec des appointements variant de 625 à 1.250 francs par
mois.

Avec de très bonnes recommandations dans une spécialité,
il peut arriver à de bien meilleurs appointements encore,
comme chef-ingénieur ; mais il faut d'abord qu'il soit amé-
ricanisé, c'est-à-dire, bien au courant des coutumes du
pays.

Les dessinateurs américains sont en général des copistes,
et ne peuvent que rarement monter de dessinateur à ingénieur, comme cela a lieu en France. Il faut donc prévoir
ceci et agir selon les cas particuliers de connaissances et
autres dans lesquelles on se trouve.

Le personnel d'une usine se compose généralement d'un

manager (directeur) qui, bien souvent, n'est pas un homme technique ; d'un *superintendant*, qui est le Directeur technique (cette haute position ne peut être occupée que par un homme pratique connaissant bien la spécialité) ; d'un *Master Mechanic* ou *Engineer*, qui correspond à Ingénieur chargé de l'entretien, réparations et constructions nouvelles ; d'un ou de plusieurs *foremen* ou contremaîtres (généralement anciens ouvriers élevés sur place). En dehors de cet état-major, se classent les dessinateurs, les ouvriers et les manœuvres.

Dans les usines d'une certaine importance, il y a un *Chief draftsmann* ou chef-dessinateur, et un *Chief Engineer* ou Ingénieur en chef qui font les calculs. Les dessinateurs n'étant que des copistes n'ont pas besoin de connaître beaucoup de mathématiques. Les ouvriers sont payés en moyenne de 12 à 15 francs par jour.

La majorité des positions en vue ci-dessus énumérées, sont occupées par des Allemands, des Anglais, des Américains et quelques rares Français.

Pour un Français célibataire, n'importe quelle position lui permettra d'économiser de l'argent (à moins qu'il ne soit trop dépensier) ; mais ce n'est pas à simple dessinateur qu'il doit viser ; il peut arriver après beaucoup de travail à Chef dessinateur, Ingénieur, Superintendant ou Manager (appointements annuels échelonnés de 7.500 à 30.000 fr.).

Dans les positions de Superintendant ou Manager on a quelquefois à dépenser un peu plus de 300 francs par mois, mais il est très rare que les dépenses atteignent 500 et même 400 francs.

Une famille composée du père, de la mère et de deux enfants devra prévoir de 80 à 90 dollars de frais dans les villes de moins de 100.000 habitants et de 100 à 120 dollars dans les grands centres, à la condition de vivre en ménage. Les célibataires n'ont pas recours à l'hôtel, comme en France, mais au *boarding house* qui est une pension tenue dans une maison ordinaire, où l'on peut avoir nourriture et logement, ensemble ou séparément. Les familles privées prennent parfois des pensionnaires.

Le logement, l'habillement, les menus frais et plaisirs sont très chers ; tandis que les viandes, légumes, linges, chaussures, charbons, sont tout aussi bon marché qu'en France. Aussi peut-on conseiller aux immigrants de se munir de deux ou trois bons complets et d'un bon pardessus ; le reste a moins d'importance et il vaut mieux n'apporter que ce qui est strictement nécessaire, car on court le risque de dépenser précipitamment son argent pour des articles qui pourront paraître trop exotiques en Amérique.

Règle générale : il faut procéder ici comme les Américains, si l'on veut faire des affaires et gagner la confiance des aborigènes, et tout aussi bien dans l'apparence physique que dans le travail. Quelques-uns de nos Camarades pourraient tenter de professer la Mécanique théorique, mais pas en vue de gagner de l'argent. Et comme cette dernière considération est la seule pour laquelle nous devons peiner, il est avisable de ne débarquer en Amérique que dans le but de récolter pratiquement, et même théoriquement.

J'ai lu en son temps, dans un journal américain, que le gouvernement français avait l'intention de créer une Ecole française d'ingénieurs, à Philadelphie ou à Chicago. Cette idée me paraît excellente.

Si cette Ecole est fréquentée par de jeunes Français y entrant dans les mêmes conditions qu'aux Ecoles d'Arts et Métiers ou Centrale, et y faisant à peu près les mêmes études, cela aura pour résultat que les jeunes gens en sortant prendront des positions en Amérique et y resteront probablement le reste de leur vie, à moins qu'en France on ne double les appointements sans augmenter les charges provenant du prix des denrées, etc. ; que les habitations ne deviennent aussi confortables qu'en Amérique ; que chaque personne ne laisse *plus de liberté à ses voisins*, que les jeunes gens ne soient *davantage encouragés dans leurs premiers efforts* ; que les hommes, enfin, ne soient *jugés d'après leur valeur réelle* et non en vertu de leur âge ou des Ecoles où ils firent leurs études. Il y aurait d'autres raisons encore, si on cherchait bien.

Et voilà ce qui fait la force de l'Amérique qui parvient, tout en salariant deux ou trois fois plus haut qu'en Europe, à produire, à vendre meilleur marché sur toutes les places du monde.

Je ne sais si je réponds à vos questions comme vous le désirez ; une étude complète serait très longue et risquée.

En résumé : un JEUNE homme a des chances de gagner ici plus d'argent qu'en Europe ; et il en sera ainsi jusqu'à ce que la population des Etats-Unis soit très dense, ce qui demandera beaucoup de décades.

On compte à peine 5 ou 6 Camarades aux Etats-Unis. Mais je suis persuadé que chacun d'eux se ferait un devoir d'aider ceux de France à trouver des positions, ce qui, dans les conditions actuelles exceptionnellement prospères, demanderait quelques jours, pourvu que ces mêmes Camarades parlant un peu l'anglais, consentissent à traverser l'Océan, — le Canal.

Mais il faut d'abord débarquer, avant de chercher à se placer, car une loi interdit aux sujets américains (sous peine d'une forte amende) d'engager des personnes habitant l'Etranger.

Il y a de belles situations à remplir à New-York comme dans tous les centres industriels d'Amérique. Je souhaite que ceci puisse être utile à quelques Camarades, et serai toujours heureux d'aider un ami français à se débrouiller en Amérique.

Votre tout dévoué Camarade,

J. M., engineer.

Broadway, New-York.

Nous avons tenu à reproduire cette longue et précieuse lettre dans sa forme même, peut-être un peu primesautière, et qui n'en met que mieux en relief la franchise et l'exactitude de notre cher Correspondant.

Nous l'en remercions une fois de plus ici.

Sans avoir la prétention de compléter les renseignements qu'on a lus et qu'on relira certainement, nous ajouterons que les mines de toutes sortes sont d'une richesse inestimable, surtout dans les Etats de : *New-York, Missouri, Colorado, Dakota, Montana, Californie, Nevadia, New-Jersey, Orégon, Texas, Washington, Alaska*, etc.

Les meilleures huiles industrielles sont extraites des pétroles de *Pensylvanie*, de l'*Ohio* et de l'*Indiana*, tous très riches en carbures gras d'hydrogène.

Les manufactures de tissus sont principalement répandues dans le *Kentucky*, le *Rhode-Island*, le *New-Hampshire*. Enfin, le *Maine* est riche en sucreries, la *Virginie* en clouteries et tanneries, le *Vermont* en carrières de pierres...

Ne descendons pas de l'Amérique du Nord, sans dire un mot des débouchés que nous offre le *Mexique*, où une douzaine de nos Camarades se haussent aux positions transcendantes des exploitations minières, — pour ne parler que du cuivre de Santa-Rosalia — et des gisements d'or, d'argent des Cordillières.

Trois zones bien distinctes se partagent les divers climats du Mexique : 1° Terres chaudes (30 à 35° de *moyenne journalière*), pour des altitudes au-dessous de 1.000 mètres ; 2° terres tempérées (20 à 25°), altitudes de 1.000 à 1.600 mètres ; 3° terres froides, sur des hauteurs supérieures à 1.600 mètres.

Malheureusement, la plupart de nos Camarades n'ont pas le choix ; et nous savons, grâce à un Ancien à qui nous devons d'avoir renoncé à l'expatriation de ce côté, que le

climat spécial à la région Santa-Rosalia est très dur à sup-
porter, non seulement parce qu'il appartient à la première
catégorie ci-dessus, mais surtout parce que la température
y est uniformément élevée, la nuit comme le jour. Entre
autres particularités, on couche dehors, sous des vérandas,
mais sans plus de chance de pouvoir se reposer efficacement...

Au reste, nous espérons bien qu'aucun de nos amis ne
consentira à s'expatrier pour un point colonial et même métropolitain quelconque, avant de posséder à cet important
sujet *tous les renseignements essentiels,* — et quelques autres
détails d'apparence secondaire, si possible.

*
* *

Amérique Centrale.

Voici quelque six ou huit ans, un de nos Anciens, M. Ronfaut (Ch. 1871), aujourd'hui manufacturier dans la Meuse,
alors directeur fondateur de l'École d'Arts et Métiers de Nica-
ragua, adressait à la Société des Arts et Métiers, à Paris, une
intéressante lettre d'où nous extrayons les principaux
passages suivants :

Notre Société contribuerait dans une large mesure au développement de l'industrie française en plaçant un certain nombre
d'Anciens Élèves à l'Etranger. En effet, les constructeurs français
en général, connaissant à peine de nom certaines industries étrangères, ignorent presque complètement, par cela même, les conditions spéciales dans lesquelles elles doivent être établies : la
nature et la qualité des produits qu'elles traitent, les moyens

de réparation et de transport, le degré d'habileté des ouvriers, etc. Il leur est donc bien difficile d'apprécier les conditions d'établissement que doivent remplir les machines qu'ils exportent. Cette insuffisance de nos connaissances des besoins de l'Etranger se manifeste dans l'Amérique espagnole où nous luttons pourtant avantageusement avec les autres nations européennes dans l'établissement des industries connues, comme les sucreries, les exploitations de mines, etc... mais où nous sommes devancés par les Anglais et les Allemands, notamment, dans un grand nombre d'industries spéciales. Cela tient à ce fait, qu'en France, nous construisons comme si nos machines devaient fonctionner en Europe et être conduites par des Européens.

Je puis citer à l'appui de mon dire quelques inconvénients que j'ai éprouvés dans l'organisation de l'outillage de la nouvelle Ecole d'Arts et Métiers de Managua : aucun objet exporté dans l'Amérique Centrale ne devrait avoir le sapin comme élément constitutif, cette essence de bois étant rapidement rongée par une sorte de fourmi blanche ; à l'Ecole, deux tours à pédale et une machine à sable contenant du sapin ont été détériorés en quelques jours. Des machines à grande vitesse, telles que ventilateurs et pompes rotatives, n'ont pu fonctionner faute d'un dispositif spécial pour le graissage, nécessité par l'impossibilité qu'on éprouve à se procurer de bonne huile pour machines. Des bâtis et autres pièces essentielles ont dû être abandonnés au port, faute de moyens de transport répondant à leur poids considérable, alors qu'il eût été facile de les faire en plusieurs pièces. Des turbines n'ont jamais fonctionné en raison des difficultés de montage qu'elles présentaient et de l'absence d'ouvriers suffisamment habiles. Plusieurs machines à vapeur ont été inutilisées, leur foyer n'étant pas disposé pour brûler le bois. Je pourrais continuer cette énumération, mais qu'il me suffise de dire que pour des raisons analogues à celles que j'ai citées, le nombre des machines mises hors de service dans l'Amérique centrale est considérable. L'agriculteur ou le petit industriel qui commande, ignore presque toujours ces particularités ; c'est donc au fournisseur qu'incombe le devoir de le questionner, d'apprécier ses besoins, afin de faire une livraison satisfaisante, et *il ne peut le faire judicieusement que s'il a voyagé.*

Les Anciens Elèves de nos Ecoles, en voyageant, apprendraient la géographie commerciale qu'on ne leur a pas enseignée, les langues étrangères, dont l'ignorance est une des causes de notre infériorité commerciale ; et on comprend aisément quel serait leur rôle lorsque, rentrés en France, ils feraient profiter notre industrie des études pratiques faites sur les lieux. C'est dans ce but que j'ai l'honneur d'émettre les vœux suivants :

1° Que le Comité étudie le meilleur moyen d'engager les Anciens Elèves à voyager, deux ou trois ans après leur sortie de l'Ecole ;

2° Qu'une circulaire soit adressée à tous les Consuls des pays étrangers à Paris, et aux consuls de France à l'Etranger, pour les informer que la Société des Anciens Elèves des Ecoles d'Arts et Métiers a toujours à leur disposition un certain nombre de jeunes ingénieurs propres à remplir les emplois relatifs à l'industrie.

En travaillant ainsi au développement de notre industrie nationale, nous agrandirons le cercle de notre société en offrant de nouvelles carrières à nos jeunes camarades.

RONFAUT.

Nous pourrions compléter ces précieux renseignements, en ajoutant que, si le climat est chaud sur la côte, il est par compensation délicieusement frais à l'intérieur des montagnes, où les bras seuls manquent pour les exploitations intensives.

Ces remarques peuvent s'appliquer aux autres petits territoires républicains qui forment la jonction naturelle des deux principales parties du Nouveau-Monde, — à l'exception élogieuse du *Guatemala* dont la tiède température constante de nuit comme de jour (17 à 22°) réalise le suave rêve de l'éternel printemps.

Les îles avoisinantes jouissent également d'une prodigieuse fertilité.

Après *Cuba*, les petites républiques *dominicaine* et *haïtienne* sont favorisées, l'une d'industries sucrières très florissantes, grâce surtout à la multiplication des modernes usines à vapeur ; l'autre d'industries minières que dirigent en partie les anciens élèves de l'Ecole d'Arts et Métiers de Port-au-Prince.

Mais l'existence, les succès plus ou moins éclatants de cette institution concurrente n'impliquent pas que nos Camarades doivent s'abstenir de chercher à faire fortune dans l'Amérique Centrale. Bien loin de là...

*
* *

Amérique du Sud.

Sans vouloir insister sur un parallèle désobligeant pour les Latins, *catholiques*, nous sommes néanmoins bien forcé de reconnaître une fois de plus la réelle supériorité des races anglo-saxonnes, *protestantes*. Car, ce que nous avons constaté en Europe, nous est confirmé par les Amériques.

Tandis que, dans le Nord, les mœurs austères, les idées de large liberté étaient importées par les navigateurs britanniques ; dans le Sud, les Espagnols et les Portugais au caractère nerveux et parfois insolent imposaient un despotisme néfaste à l'avenir de leurs colonies, qui, après avoir secoué le joug, au lieu de se conglomérer fraternellement comme leurs puissantes sœurs, se morcelèrent, se déchirèrent, s'anéantirent en un grand nombre de petites républiques — (à l'exception du Brésil).

En descendant méthodiquement, nous rencontrons d'abord la Colombie, sans nous arrêter à *Panama* où tant de capitalistes et de techniciens français trouvèrent une mort inutile...

La république de l'Equateur a beaucoup d'analogie avec la précédente. Les terres basses y sont chaudes et pernicieuses à l'Européen ; mais les montagnes cachent de précieux gisements d'or et d'argent, et leur climat n'est pas seulement favorable aux farouches Indiens.

Nous citerons également ensemble les trois républiques

unitaires du PÉROU, de la BOLIVIE et du CHILI, dont les principales industries consistent encore dans les exploitations minières : or, argent, cuivre, plomb, salpêtre, iode, etc. Le nombre de hauts-fourneaux y est déjà considérable et s'augmente d'année en année. Aussi, nos Camarades, bien pilotés, pourraient-ils trouver dans ces parages peu courus des Européens, des emplois bien rémunérés. Mais, ne nous dissimulons pas que les plaines enserrées sous d'étroites lisières sont desséchées lamentablement ; il n'y tombe jamais d'eau, et les habitants, paraît-il, y sont réduits à boire l'eau de mer distillée ! Mais alors, c'est donc une marine de déserts, autant d'étuves... Les plateaux sont tempérés, jusqu'à l'altitude, alors glaciale, de 4.000 mètres, et desservis par des voies ferrées qui, nous expliquait un Ancien, revenu de là-bas, dépassent en hardiesse tout ce qu'on a pu imaginer jusqu'à ce jour sur tous les autres précipices du globe...

Remontons maintenant aux plateaux vénézuéliens et guyanais.

Le VENEZUELA mérite bien, en ses terres tempérées, son poétique surnom de *Petite Venise*. Il est, malheureusement, bouleversé par intermittence de luttes intestines qui en compromettent la prospérité. Ainsi, l'industrie des mines d'or pourrait être une prodigieuse source de richesses, et nos techniciens français y seraient sans doute bien accueillis, — même par leurs Camarades rivaux de l'Ecole d'Arts et Métiers de *Caracas*...

Les GUYANES produisent en abondance le sucre des cannes ; ce qui explique le développement grandissant des sucreries à vapeur, où nos Camarades rendraient des services sans doute bien rémunérés. Mais — question de patriotisme à part — nous leur conseillerions vivement d'opter pour la *Guyanne anglaise*, la mieux cultivée des trois...

BRÉSIL. — Si on vous y offre des situations quelque alléchantes, quelque paradoxalement brillantes qu'elles vous paraissent, demandez tout d'abord la latitude de la région. Si

c'est dans les plaines torrides, mortellement fiévreuses de
l'*Amazone*, refusez sans hésitation. Les plateaux tempérés
du Sud-Est seulssont acceptables.

N'était cette accablante humidité suivie d'une excessive
sécheresse dans les vastes parties marécageuses, le sol du
Brésil, inépuisablement riche, serait des plus tentants. La
culture de la canne à sucre y est assez développée, et des
mines d'abondance regorgent de diamant, d'or, d'argent, de
cuivre, de fer, etc., qui réclament des machines, des ouvriers
robustes et intelligents pour les actionner, des ingénieurs
énergiques pour tout diriger. C'est peut-être demander
beaucoup...

RÉPUBLIQUE ARGENTINE. — Ces contrées qui s'avancent vers
la zone australe sont beaucoup plus saines que les précédentes,
malgré leur température encore élevée.

En plus des exploitations minières de toutes sortes, nos
Camarades pourraient s'offrir aux directions techniques des
établissements frigorifiques (exportation de viandes), et surtout dans les entreprises de travaux publics.

Notre appréciation documentaire ne vient d'ailleurs
qu'après celle, éminemment qualifiée, d'un de nos Anciens,
M. Lacombe. Nous relisons en effet dans un *Bulletin* de 1896 :

M. Lacombe (Chât. 1854), à Buenos-Ayres, nous informe, par
sa lettre du 19 octobre, qu'en ce moment on fait de grandes
études pour travaux d'irrigation dans le sud de la Province de
Buenos-Ayres, et que des opérateurs habiles trouveraient probablement à se caser assez convenablement. M. Lacombe s'occupe de faire des démarches dans ce sens et nous avisera du
résultat.

Notre Camarade insiste à nouveau sur l'utilité d'apprendre
des langues étrangères dans nos Ecoles ; car, dit-il, ces connaissances éviteront aux Anciens Elèves de grandes difficultés dans
les débuts de leur séjour à l'Etranger.

Il estime, en outre, qu'elles faciliteraient leur placement et
aideraient puissamment au développement du commerce et de
l'industrie français.

M. Lacombe recommande tout particulièrement l'étude des langues espagnole et anglaise.

Après consultation de nos récents *Annuaires*, nous doutons fort que cet appel amical ait provoqué des échos parmi nos Camarades. Ce désintéressement est d'autant plus regrettable qu'un de nos amis, ayant des attaches à la légation de la République Argentine à Paris, a bien voulu nous communiquer un avis qui va paraître dans les journaux, relatif aux travaux d'assainissement de la Province de Buenos-Aires.

Voici la traduction de ce document élaboré en langue espagnole :

La Direction d'assainissement, facultée par décret du 8 juillet 1901, met en adjudication la Construction des Travaux d'assainissement qui, conformément à la loi du 24 septembre 1900, doivent être exécutés dans les zones inondables de la Province de Buenos-Aires et qui comprennent les excavations et terrassements pour le creusement de plus de mille kilomètres de canaux émissaires avec branchements et canaux latéraux et des autres travaux accessoires.

Les soumissionnaires peuvent obtenir les renseignements nécessaires relatifs aux conditions de l'adjudication et la présentation des soumissions à la Légation Argentine à Paris, 47, avenue Kléber, tous les jours ouvrables, de deux à quatre heures.

L'ouverture des propositions aura lieu dans la ville de La Plata.

> *Le Premier secrétaire de la Légation Argentine,*
> D. GARCIA MANSILLA.

Et voilà. Que les forts (robustes, intelligents, jeunes) songent à l'expatriation !

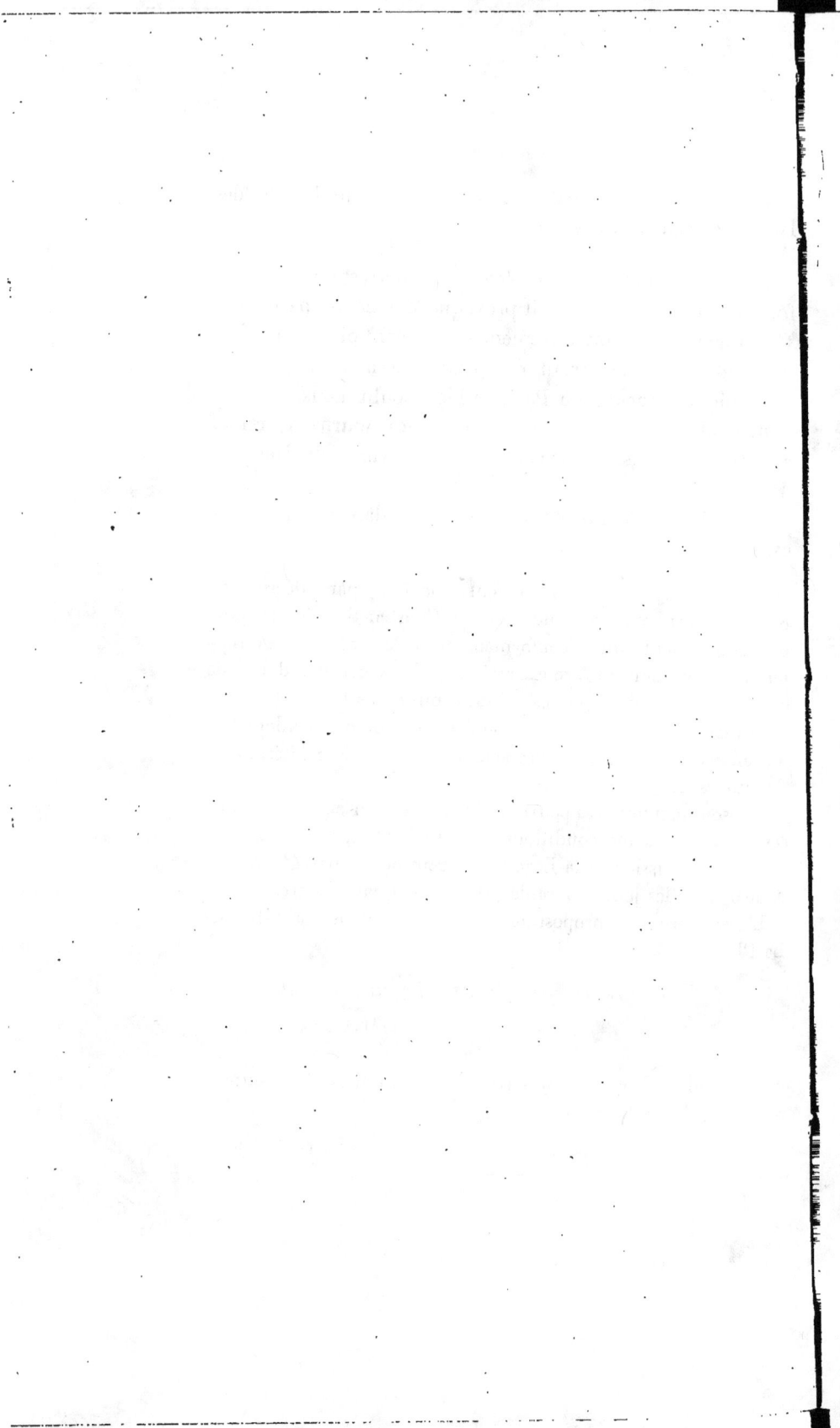

RÉCAPITULATION COMPLÉMENTAIRE

—

Est-il bien nécessaire, ou plutôt bien aisé de conclure ? Pouvons-nous donner une indication précise, un avis final, un conseil très net au père de famille, au jeune homme qui attendent peut-être notre appréciation personnelle ? Nous ne le pensons pas. Essayons pourtant de nous résumer.

I

Et d'abord, si on veut notre idée *ex-abrupto*, en coup de burin emporte-pièce, nous ne cacherons nullement notre préférence pour le système... anarchiste idéaliste. Oui, *anarchiste* (de *an*, privatif, *arché*, chef). Pas d'école ! si possible.

Ah ! que ne pousse-t-on entre les mains de tous les adolescents, ces merveilleux *Souvenirs d'enfance et de jeunesse*, où Renan reparle avec tant de fraternelle sympathie de son cher « compagnon de route », l'illustre et immortel chimiste Berthelot : « Il (M. Berthelot père, le médecin) fit la carrière scientifique de son fils en lui permettant de se livrer, jusqu'à l'âge de plus de trente ans à ses recherches spéculatives, sans fonction, ni concours, ni école, ni travail rémunérateur... ».

Et c'est là que nous voulions en venir : *sans fonction, ni concours*, NI ÉCOLE, *ni travail rémunérateur...* C'est la bonne école, que celle de la liberté mentale bien-comprise, la

meilleure, celle qui ne souffre aucun principe d'obéissance
irraisonnée, car « tout ordre est une humiliation », tout
internat, total ou partiel, une atteinte plus ou moins grave
au libre épanouissement des facultés individuelles. Voilà
pourquoi, sans rien retrancher des indications générales
données sur les écoles industrielles, nous ne saurions en
conseiller une quelconque à l'exclusion des autres ; c'est
affaire de considérations évidemment modifiables suivant les
aptitudes du sujet, les prétentions des parents.

Mais nous devons dire néanmoins ce qu'il faudrait, à notre
avis, pour compléter la didactique générale de l'enseignement industriel français, en dehors de ce que nous avons
mentionné dans notre modeste ouvrage.

Mettons les points sur les j. On fait actuellement réciter
aux bambins-perroquets de huit à douze ans, en plus de
fables à double sens de La Fontaine, les chapitres vagues de
l'Instruction civique. Eh ! bien, nous sommes persuadé que
ces notions — à la rigueur ! — seraient autrement mieux
comprises de nos jeunes hommes, un peu assagis par seize
ou dix-huit printemps.

Nous souhaiterions qu'on modifiât (au besoin, avant
l'entrée dans nos écoles professionnelles) les méthodes d'enseignement primaire et même secondaire. En France, dès
que l'enfant peut grimper au pupitre scolaire, on le bourre
de principes excellents au fond, mais qui le rendront fort
malheureux plus tard, s'il s'avise de les prendre au pied de
la lettre. Darwin ne l'écrivit point à la légère, quand il expliquait la transformation des espèces par la sélection naturelle : « Dans la lutte pour l'existence, démontre-t-il hélas !
les individus les plus faibles, les moins aptes à se plier aux
exigences du milieu disparaissent ».

Sapons donc la base encore trop solide (comme tout ce qui
est mauvais) de la ridicule morale irraisonnée qu'on impose
aux enfants et aux adolescents. Non ! pas de morale *théorique ;*
la vraie moralité viendrait d'elle-même, sans pression défor-

mante, serait la conséquence naturelle des autres bonnes choses apprises, mentalement digérées, — comme la liqueur est la quintessence des fruits dont on l'exprima.

La niaise pubibonderie de certains éducateurs, de tout temps consacra l'ignorance des préservatifs moraux et physiques. Plus que jamais, l'exemple de Diderot est à suivre, surtout pour les enfants mâles. Écoutons-le : « J'ai fait apprendre l'anatomie à ma fille, et c'est ainsi que j'ai coupé racine à la curiosité. Quand elle a tout su, elle n'a plus rien cherché à savoir. Son imagination s'est assoupie et ses mœurs n'en sont restées que plus pures. C'est ainsi qu'elle s'est instruite sur les périls et les suites de l'approche de l'homme. C'est ainsi qu'elle a apprécié la valeur de tous les propos séducteurs qu'on a pu lui tenir. C'est ainsi qu'elle a été préparée au devoir conjugal et à la naissance d'un fils ou d'une fille ».

Il siérait, n'est-ce pas, de faire méditer ces belles paroles intelligentes, de les expliquer à nos garçons de quinze ans, pour leur préfacer leur devoir social. L'homme est un grand enfant, a-t-on souvent écrit ; mais tient-on compte assez que l'enfant est un homme en raccourci, que parfois ce petit bout d'homme terriblement précoce est plus raisonnable qu'un grand enfant...

Jetons à la visière des barbus écoliers de vingt ans, cette pleine vérité : tout dessinateur, tout ouvrier, tout apprenti possède, sous sa casquette, le crayon d'ingénieur, car, peut-être est-il bon de le répéter, le mot *ingénieur* signifie esprit, adresse, et, par extension, technicien qui cherche, qui crée, qui s'ingénie... Mais il ne faut pas abuser du vocable ; tel inventeur de salon sera convaincu qu'il a découvert, le premier (toujours !) un appareil merveilleusement équilibré au point de vue cinématique, c'est-à-dire mécanique–géométrique, à l'état de repos, *sur le papier ;* puis, au point de vue dynamique, la construction en sera souvent irréalisable, soit à cause des formes ou dimensions particulières à donner aux organes de fonderie, soit à cause des effets nuisibles inhérents à leurs mouvements. Au contraire, tel bon ouvrier dont l'initiative intelligente librement développera, amplifiera la production, pourra devenir, en s'aidant des indispensables notions de dessin, de géométrie générale et de mécanique appliquée, deviendra peut-être un excellent petit ingénieur sans prétention transcendante, complété d'un adroit contre-maître... Voilà ce qu'on devrait répéter aux « luisants » de salon, d'une part, aux « calqueurs » de certaines écoles professionnelles, d'autre part.

C'est aussi l'avis de M. Buyse qui, dans sa remarquable « Etude sur l'organisation pédagogique des écoles techniques anglaises », attribue la supériorité des Anglais dans la partie, à ce fait qu'ils « font généralement apprendre à leurs enfants un métier manuel ; considèrent par exemple que ce n'est pas à l'école, mais par la pratique à l'atelier qu'on devient ingénieur : la théorie n'est que le complément de l'apprentissage dans toutes les professions ».

Un métier manuel... la pratique à l'atelier... Mais alors les Ecoles d'Arts et Métiers répondraient parfaitement aux conditions du programme théorique et pratique... Car la question des travaux pratiques est pour nous de toute première importance. Et nous revendiquerons le devoir de rappeler ici que beaucoup de nos Anciens, éminents industriels, à différentes époques de notre laborieuse histoire technique, eurent à cœur de faire aboutir les réformes relatives à l'organisation des travaux manuels.

La mieux conçue de ces revendications fut, croyons-nous, soutenue en 1890, par l'excellent M. Hyppolite Fontaine, en un magistral rapport que nous avons résumé ailleurs (¹). Qu'il nous soit permis de nous en inspirer en principe, pour mieux fixer nos appréciations personnelles.

(¹) Voir : *Nos Ecoles d'Arts et Métiers* (Formation — Enseignement — Débouchés). En préparation.

D'abord, l'atelier de Modelage. C'est celui qui se prête le mieux au développement technique des jeunes intelligences, grâce à la véritable science qu'il exige pour la construction de modèles exécutés d'après dessins et devant satisfaire à un double but pratique : 1° rendre possible la coulée en fonderie par l'observation générale et permanente de la « dépouille », la disposition judicieuse des vis de bossages démontables, des « trous à noyaux », des « trous de sable », des « masselotes » greffées aux points voulus pour assurer la pureté, la cohésion de la pâte métallique aux endroits plus particulièrement délicats ; étude des phénomènes de retrait, etc. ; 2° faciliter l'exécution, le finissage de l'organe à l'ajustage.

Uu bon modeleur pourrait, en exaltant son sentiment artistique, devenir un sculpteur distingué, sinon un Praxitèle, peut-être un émule de Boulle. Nous ne l'y pousserions pas ; c'est une simple hypothèse.

En tout cas, un séjour de quelques mois dès la première année (ornementation) et d'un trimestre avant la sortie (pièces mécaniques) serait fort utile au jeune modeleur pour compléter sa technique à l'atelier de fonderie.

A la Fonderie, nous ne serions point partisans de supprimer les moulages d'objets d'art. Loin de là ! On en augmenterait au contraire le nombre, avec formes de plus en plus compliquées. Il n'est rien de délicat, en effet, comme ces petites pièces de sable à battre dans les cavités d'un modèle, à extraire, à épingler dans le moule, à raccorder proprement. Les moulages à la « trousse » auraient également plus d'importance, surtout durant le dernier semestre.

« ... Le but à rechercher n'est pas de réussir toutes les pièces, dit M. Fontaine, mais bien de montrer aux élèves comment on doit fondre, comment on réussit, pourquoi on ne réussit pas, comment il se fait que, pour corriger le retrait d'une pièce, il faut en refroidir certaines parties et en abreuver d'autres, comment enfin certaines formes ne donnent jamais que de mauvaises pièces ».

En résumé : toute la première année complète consacrée aux délicats ornements, parfois tourmenteurs (frises, statuettes, motifs décoratifs, etc.); la deuxième année aux petites, puis moyennes pièces mécaniques (poulies à courroies, à cables; volants, crapaudines, pâliers, boîtes à étoupes, excentriques, roues dentées, tiroirs, etc., etc.); enfin les deux derniers semestres aux grandes coulées (statues, bâtis, cylindres simples ou accouplés, etc.); le tout complété par de nombreuses manœuvres de châssis, et l'initiation à la conduite chimique des creusets et des cubilots.

Entrons à la Forge. C'est une des spécialités qui exigent le plus d'adresse, le meilleur coup d'œil, l'initiative sûre la plus audacieuse, une érudition technique bien ordonnée; en un mot le plus d'aptitude professionnelle. Pourquoi, dans l'industrie, voit-on tant de « frappeurs à devant » et si peu de bons spécialistes marteleurs, « dirigeants de coups », « là si-ou-plaît » ? — C'est parce que, très probablement, en plus de la division concentrée des travaux, les artistes forgerons sont rares.

Applaudissons donc à la vieille et toujours actuelle demande de la Commission de 1890, tendant à faire « donner aux Elèves de la Forge, des notions pratiques de chaudronnerie relative à la fabrication des chaudières et à celle des charpentes métalliques; créer des vitrines constamment à la portée des Elèves, renfermant des collections d'échantillons, et des modèles réduits des outils et des machines en usage dans différentes usines, ainsi que cela a lieu à l'Ecole de Cluny ».

Pour l'Ajustage et Annexes, nous aurons peu à dire; on a fait beaucoup en faveur de ces importants ateliers; mais il serait bon de poursuivre jusqu'à réalisation complète, les

revendications relatives à la vulgarisation des machines-
outils durant la dernière année. Là, gît une des questions
vitales de la suprématie industrielle. Inspirons-nous, ici
comme presque partout ailleurs, des Américains nos maîtres.

Nous avons nommé les Américains, mais nous pensons
aux Anglo-Saxons en général. L'École secondaire de Birmingham, par exemple, pourrait servir de modèle.

« ... Dans une salle bien ventilée, bien aérée, rapporte
M. Buyse, est installé le laboratoire : une quarantaine de
tables pourvues d'un réchaud à gaz et d'un bec Bunsen ; les
produits chimiques, les vases, les éprouvettes et les ballons
sont rangés sur une étagère ; bref, l'outillage nécessaire aux
expériences du programme... »

Dans nos Écoles aussi, on a des laboratoires, avec des
appareils qu'on manœuvre trop rarement, et des cours plus
souvent *dictés* qu'*appris* expérimentalement. C'est là de la
déclamation tout à fait stérile, en rien supérieure à l'uniformité monotone du texte inexpressif.

Il siérait de faire mieux, si l'on veut former des chimistes
d'usines qui trouveraient certainement des débouchés sérieux
dans les milliers de sucreries, raffineries, distilleries que
nous avons comptées dans notre France seule.

Au hasard des bribes retenues... Après la différence théoriquement établie entre un *mélange* et une *combinaison*,
faites *opérer par chaque élève* la synthèse de l'eau que produit l'étincelle électrique avec l'oxygène et l'hydrogène. Il
ne serait même pas interdit de tricher à dessein, de taquiner
l'opérateur novice, par exemple en interposant entre les
éléments constitutifs un corps mince, obstacle non visible
du premier coup et qui s'opposerait au contact. Alors
l'élève, intrigué, s'efforcerait de rechercher la cause de son
insuccès accidentel ; mais, après réussite, il n'oublierait plus
que le *précipité blanc* ne se produit qu'après contact intime
des deux substances en présence, et que cette combinaison

deviendra d'autant plus efficace que les points de tangence seront plus nombreux. On pourrait pousser plus loin encore le champ d'action de l'initié en lui faisant noter sur son inséparable calepin, quelle est, pour divers corps, la meilleure préparation avant l'épreuve cohésive : réduction en poudres plus ou moins fines, odeurs dégagées, ordre de succession des phases, criterium de succès...

Fidèle aux exhortations de Pascal, nous tiendrions à assurer la parfaite compréhension des termes fondamentaux. Au lieu de dicter simplement à toute une classe reniflant le soleil printanier, qu' « on appelle *oxydes acides* ou *oxacides* ou plus simplement *acides* des corps composés qui, par leurs propriétés chimiques ressemblent au vinaigre » (Troost), ce qui nous semble incommode à emmagasiner mnémoniquement, — on tirerait au sort parmi les auditeurs pour qu'ils vinssent à tour de rôle ou simultanément, sur plusieurs tables voisines, concourir à la production la plus rapide de l'acide phosphorique, par la combustion du phosphore sous cloche aérée. Et le *vade-mecum*, promptement mentionnerait que la neigeuse buée déposée sur les parois est un *acide* très énergique.

De même pour les *oxydes basiques* ou *bases*, la potasse par exemple, qu'on ferait produire en mettant au concours de vitesse et de propreté la réaction du potassium sur l'eau. De même encore pour les *oxydes neutres*, les *sels*, etc. etc.

Les notions classiques devraient être beaucoup plus étendues sur : le traitement des minerais, la production du gaz d'éclairage (visites à l'usine la plus proche) ; la constitution chimique des allumettes, des métaux usuels (avec expériences de résistances) ; les signes distinctifs des métalloïdes dangereux ; les procédés de conservation des matières animales, les ferments, les fumiers naturels et artificiels ; la fabrication du vin, de la bière, l'usage intelligemment modéré des alcools, des éthers, des phénols ; l'analyse sérieuse des eaux domestiques, la composition de l'eau douce, de l'eau de mer ;

les préservatifs mécaniques et chimiques des incrustations et corrosions, et cœtera.

Au laboratoire de Physique, on procéderait de façon analogue pour exercer les élèves aux manipulations nombreuses. Deux appareils fondamentaux à disséquer : le générateur et le moteur, avec leurs accessoires. Faire préparer l'allumage avec conduite du tirage ; observer les causes des ébullitions, primages, explosions ; effectuer les manœuvres promptes, aptes à enrayer ces graves accidents. Examiner *à la main* les éléments constitutifs de la machine pneumatique, de la machine à vapeur et dépendances ; démontages fréquents de tous les organes repérés, puis remontages méthodiques, après relevés de croquis détaillés.

En Électricité, les élèves ne feront jamais trop d'exercices sur les piles (remplissage, fonctionnement, nettoyage) ; les dynamos génératrices et les réceptrices (calage des balais, mise en marche, réglage, entretien) ; installation d'éclairage avec divers systèmes comparatifs d'appareillage, calcul du nombre normal de bougies-lampes, etc.

On s'occupe aujourd'hui de toutes ces questions, nous le savons ; mais on pourrait y intéresser davantage encore, ceux de nos jeunes Camarades susceptibles de poursuivre leurs études à l'Ecole Supérieure de la rue Staël. Pour ceux-là surtout, les mathématiques transcendantes seront d'un très précieux secours. Qu'ils ne l'oublient point.

On pourra nous objecter maintenant qu'à l'Ecole Centrale « on fait » les véritables matières de l'art de l'ingénieur?

Nous ferons d'abord observer que si cette appréciation est à peu près juste en tant que niveau d'enseignement théorique, il n'en est plus de même au point de vue pratique. En effet, un jeune émoulu de la rue Montgolfier n'obtiendra qu'exceptionnellement, d'emblée, un véritable emploi d'ingénieur, c'est-à-dire de chef éclairé d'un important service technique.

Car, franchement, il serait fort à craindre, qu'il ne possédât
tous les éléments pratiques et même théoriques indispensables : formules spéciales et coefficients empiriques, coup
d'œil de détail et d'ensemble ; en un mot toutes ces précieuses qualités qui ne s'acquièrent que par le long contact
intime des bureaux de dessin et des ateliers. Tout comme son
rival le Gadz'arts, le Central est donc réduit, dans la plupart des cas, à jouer des coudes pour débuter à la modeste
pièce de cent sous du simple dessinateur, voire même du
chauffeur futur élève-mécanicien. Et c'est logique.

C'est encore l'opinion de M. de Saporta, dont nous aurons
le plaisir de signaler certaines périodes exhumées de son
étude superficielle parue dans la *Revue des Deux Mondes*
(octobre 1892) sous le titre : *Une Ecole d'Arts et Métiers* :

... Nos jeunes gens ont, à leur actif, dit-il, l'énorme avantage
d'avoir été habitués à une vie claustrale et très rude ; pour des
postes qui n'exigent pas des connaissances trop supérieures ou
s'écartant trop du programme qu'on leur a enseigné, ils sont
préférables, au point de vue de la régularité, pour des travaux
quotidiens et fastidieux, aux jeunes centraux plus instruits
qu'eux au fond et tout aussi intelligents, mais qui, après trois
années de séjour à Paris, ne s'accommodent pas quelquefois d'une
occupation absorbante dans une résidence trop éloignée. Il est
même à noter qu'en dépit d'une lacune des programmes de
l'Ecole d'Aix, on peut tirer parti des élèves des Arts et Métiers
comme chimistes d'usine. Bien qu'ils n'aient jamais manié de
réactifs durant leurs trois années d'études, leurs connaissances
technologiques et l'adresse manuelle qu'ils ont acquise contribuent à en faire bien vite des manipulateurs très suffisants.

Elargissant notre champ de comparaison, personne ne
conteste la supériorité du Polytechnicien sur tous les autres
élèves des Ecoles exclusivement industrielles. Or le voit-on,
dès sa sortie de la rue Descartes, prétentieusement bombardé
ingénieur de ceci, ou ingénieur de cela? Non pas ; s'il veut
suivre une branche spéciale de la technique générale, il doit

assister durant plusieurs années encore aux cours des Ecoles d'applications. Il devient alors modestement *élève-ingénieur* : et c'est encore logique. Conçoit-on, en effet, un jeune chef d'exploitation ne sachant point discerner une pièce de fer d'un organe en fonte ; ignorant totalement la valeur d'un coup de lime droit, le degré précis de bonne trempe d'un outil indispensable, la manœuvre d'une vanne, d'une mise en train, d'un frein...

... Mais admettons tout de même que le Central diplômé possède les connaissances fondamentales de l'Art de l'ingénieur, — soit mécanicien, soit électricien, soit chimiste, etc. Pourquoi le Gadz'arts ne pourrait-il s'attribuer un titre analogue, avec une prétention plus modeste (élève ou apprenti ingénieur) et assurément mieux en rapport de sa destination réelle : « arts mécaniques » au lieu de « arts manufacturiers ».

En plus des éléments pratiques, tours de main de métier que donne seule la ductilité de la « pâte », nous estimons que les actuelles notions scientifiques sont suffisantes, en temps que germes, pour s'enraciner solidement et porter des fruits appréciables, après un complément de travail soutenu et intelligemment compris : « Apprendre à apprendre », répétons-nous après tant d'illustres éducateurs...

*
* *

Nous ne clôturerons pas ce chapitre sans avoir signalé la modification, mise à l'étude, de la prise manuscrite des notes par les élèves. Nous découpons d'autant plus volontiers l'entrefilet suivant paru dans un grand quotidien, que nous avons été à même de constater la défectuosité d'un procédé suranné :

COMMENT SUIVRE LES COURS ?

Voici une nouvelle qui va intéresser tous les élèves ingénieurs actuellement dans les écoles du Gouvernement, l'Ecole Centrale, les Ecoles d'Arts et Métiers, les Ecoles des Mines, etc., ainsi que ceux qui aspirent à y entrer.

L'Echo des Mines et de la Métallurgie et des Travaux publics a ouvert une discussion qui s'est élargie par une foule de communications, sur la question de savoir si les avantages de la prise manuscrite des notes par les élèves, sous la dictée des professeurs, aux cours, étaient compensés par le surmenage intellectuel et physique de cet exercice et les services rendus par ces notes.

La plupart du temps en effet, ces notes sont prises d'une façon tellement incomplète que leur reconstitution après le cours devient un vrai travail qui prend un temps énorme.

Les réponses de tous les majors des différentes écoles interviewés et de beaucoup de professeurs ont été très concluantes contre la prise des notes complètes de l'élève aux cours. Un système mixte a été préconisé. Il consisterait à avoir devant les yeux, au verso du cahier, le cours préalablement autographié dans ses parties essentielles avec les dessins, les calculs tout faits et, en face, une feuille blanche où l'élève inscrirait les observations originales du professeur et les particularités du cours, ainsi que les actualités.

Le travail serait ainsi diminué des trois quarts et gagnerait en clarté, il serait presque inutile de reconstituer le cours après qu'il a eu lieu et l'élève pourrait employer son temps à autre chose. Enfin le cours ainsi constitué pourrait être consulté durant sa vie d'ingénieur, tandis qu'actuellement les cahiers de notes ne servent généralement à rien plus tard.

M. Millerand a été pressenti à ce sujet. La question préoccupait déjà probablement le ministre, qui est animé du désir d'améliorer tous les services qui lui sont confiés.

Il a répondu la lettre suivante :

MONSIEUR,

Vous m'avez adressé une communication relative à l'intérêt que pourrait présenter pour l'enseignement dans les écoles techniques la renonciation à l'habitude de faire prendre aux élèves des notes souscrites pendant les cours.

J'ai l'honneur de vous faire connaître que cette question a été soumise à une enquête en ce qui concerne les écoles relevant de mon département.

Je ne manquerai pas de vous informer de la solution qui lui aura été donnée, lorsque les résultats de cette enquête me seront parvenus.

Recevez, Monsieur, mes salutation empressées.

MILLERAND.

Ainsi donc, voilà une chose intéressante mise sérieusement à l'étude. Nous avons grande confiance dans le jugement des professeurs et directeurs des écoles, et il est très probable qu'une réforme utile sortira de cette intéressante enquête.

Nous le souhaitons à notre tour et le demandons doucement, mais énergiquement. S'il nous était permis de donner à cette occasion un conseil à nos futurs Camarades, ce serait d'apprendre leur leçon comme l'artiste ou le dilettante passionnés de théâtre procèdent pour mieux saisir la pièce nouvelle : ils la lisent d'abord dans le temple du cabinet ou de l'atelier, puis la suivent avec ferveur par les transformations et les décors des actes scéniques ; enfin la savourent en la relisant et la commentant, dans la paix du *home*.

Jeune technicien, crois-moi, apprends ta leçon de semblable manière : parcours-la, repères-en les principales phases, les déductions essentielles, assimile-t'en l'ensemble des détails avant de trébucher aux gradins de l'amphithéâtre ; là, suis attentivement et tâche de comprendre tous les gestes du démonstrateur ; enfin, de nouveau calé sur ton pupitre ami, ordonne tes notes résumant la teneur de l'autographie, *refais de toi-même toute la leçon*, et ne crains point de t'aider du compas, et même, si tu peux, de te justifier au tableau noir, sous le contrôle d'un petit comité sélectionné...

II

Nous avons dit peu, trop peu du professorat industriel en général. Aussi y revenons-nous pour parler également de la littérature technique qui en est la base, le réservoir alimentaire.

Jusqu'à nos jours, l'enseignement du français dans nos Écoles industrielles fut négligé d'une façon vraiment pitoyable. L'erreur est criante, devient un non-sens, même par ce modernisme outrancier.

Si un de nos meilleurs écrivains a pu définir d'un mot viril le style, en l'identifiant à l'homme même, dont il est comme le reflet photographique du caractère, du cœur et de l'intelligence, on pourrait appliquer cette catégorique définition aux écoles et même aux peuples en général. Ceci d'ailleurs, ne peut être qu'à la louange de l'élite intellectuelle française.

Parmi les prérogatives essentielles du bon style, il en est une sur laquelle nous tenons à attirer l'attention de nos jeunes Camarades destinés à occuper des postes techniques plus ou moins transcendants. Car il ne suffit point, jeune technicien, d'élaguer, de châtier ta prose, par la suppression rationnelle des accumulations, de tous ces *qui* et *que*, *lequel* et *ledit*, *tandis que* et *attendu que*, des *avoir* et des *être*, de tous ces parasites ennemis de la clarté, de l'*hygiène littéraire*, (s'il nous est permis de tenter ce néologisme) ; d'organiser des battues attentives aux « répétitions oiseuses », ce qui est toujours possible, grâce au choix judicieux des mots synonymes et des expressions équivalentes ; d'éviter soigneusement les phrases mal faites et plus encore les tournures toutes faites, fatalement imposées, par les lectures banales dont on s'abreuva jeune (livraisons romanesques étalées dans l'atlas, ou feuilles illustrées farcies de littérature de gargote, déployées par derrière une porte opaque). Il ne te suffit point encore de poser la cadence ou équilibre des incidents ; en un

mot de refondre à outrance ta prose qui « jamais ne sera
finie », d'autres avant toi furent extrêmement rigoureux sur
leurs élucubrations. Non, toute cette concision et toute cette
impeccable harmonie ne pourront suffire si tu ne les ali-
mentes par ton imagination, la documentation de tes lectures
délicatement choisies, enfin, par ton talent de description.

Voici, au hasard, une douzaine de modèles définis d'un
mot, une admirable pléiade éclectique : *Rabelais*, la Verve
gauloise folichonne, la satyre la plus facétieuse ; *Montaigne*,
la Franchise enjouée dont on excuse volontiers la crudité
accidentelle ; *Pascal*, la Logique littéraire mathématique ;
La Bruyère, l'exacte Photographie en même temps que la
Gravure nette ; *Montesquieu*, l'Observation incisive, l'Histoire
vivante ; *J.-J. Rousseau*, la Divagation géniale ; *Chateaubriand*,
le génie de la Description colorée ; *Balzac*, l'Entité littéraire
et technique ; *Musset*, l'Homme maladif resté dans l'Enfance,
sans cesser d'être un magique peintre sentimental, *Flaubert*,
le type du Plastique concis ; *Hugo*, le Cerveau colossal,
réfractaire à la synthèse de son immense production ; *Daudet*,
le pathétique peintre des Visions...

Voilà pour quelques chefs d'écoles, ou mieux chefs de
files, sous l'égide toujours jeune, éternellement resplen-
dissante, presque inaccessible de la synthèse homérique des
divins rhapsodes.

Nous pourrions encore recommander bien des auteurs
célèbres à juste titre, citer dix fois, cent fois plus d'ouvrages
modèles dans les genres ; mais tous, tu pourras t'en convaincre,
tous procèdent d'Homère. Tu objecteras qu'il ne t'est guère
possible d'alimenter tes cases mnémoniques au texte même
de l'*Iliade* et de l'*Odyssée*, même après avoir nourri ton
esprit de substantielles Racines grecques ? — Mais il est des
traductions parfaitement fidèles de ces chefs-d'œuvres impérissables. Je ne te parlerai pas des contrefaçons à la Mme Da-
cier ; l'œuvre de Lecomte de Lisle, au dire des plus érudits
hellénistes, est préférable sous tous les rapports. En cher-

chant à imiter cette très fidèle imitation, ta plume s'aiguisera
à tailler du vraisemblable coloré, du relief intensif, de la
vraie vie enfin !

N'oublie point tes carnets de notes. Le professeur commu-
nique-t-il un détail inédit, une démonstration audacieuse
inconnue des cours? Vite la transcription au carnet; lis-tu
une vérité frappante de concision, d'élégance, consigne-la
au calepin; une réflexion judicieuse, mais fugitive vient-elle
germer en ton cerveau toujours en gestation, happe-la au
vol et noircis quelques lignes que tu retrouveras plus tard, à
ton contentement. Tu verras, ce *vade-mecum* sera pour toi
d'un secours très appréciable par la suite. Tiens! écoute
encore le pur Daudet, un des fervents disciples d'Homère et
de Virgile : « Comme les peintres conservent avec soin le
albums de croquis ou des silhouettes, des attitudes, un
raccourci, un mouvement de bras ont été notés sur le vif, je
collectionne depuis trente ans une multitude de petits cahiers
sur lesquels les remarques, les pensées n'ont parfois qu'une
ligne serrée, de quoi rappeler un geste, une intonation, développés, agrandis plus tard par l'harmonie de l'œuvre importante. A Paris, en voyage, à la campagne, ces carnets se
sont noircis sans y penser, sans penser même au travail futur
qui s'amassait là... ».

Il n'est point nécessaire, crois-tu peut-être, de posséder à
fond les *anciens*, ni même les *modernes*, pour griffonner un
rapport sur un accident, élaborer un projet d'installation
d'usine, défendre une conception de machine nouvelle...
Quelle erreur est encore la tienne ! Ainsi, tu te figures que
les bons auteurs font du gribouillage au hasard de leur ca-
price, à seule fin de donner un aliment au microbe exigeant
du mal d'écrire? — Pendant que tu y es, tu pourrais supposer
aussi qu'ils procèdent à l'instar de Musset crachant son *Rhin
allemand* avec un verre de poison vert sur sa table et une
tête à voilette sur son épaule?... Non, va, sois bien persuadé

que tous ces écrivains dépensent une somme énorme de travail, pour se documenter dans beaucoup de publications polyglottes, sans compter les innombrables bouquins qu'ils époussetèrent du fond des bibliothèques amies.

Une branche qui, selon nous, relèverait de la littérature technique sans cesser d'appartenir à l'arbre colossal de l'industrie générale, c'est celle de la propriété industrielle. A tout dire, l'Office des Brevets d'invention, avec ses archives qui sont l'histoire du génie en quelque sorte mondial, constitue la merveilleuse synthèse de toutes les productions industrielles.

Quelles sont donc les qualités essentielles que doit réunir le bon ingénieur-conseil en la matière? Les voici résumées, après interview d'un de nos plus brillants « avocats industriels » :

Posséder des notions générales et précises sur tous les corps de métiers, avec connaissances très approfondies, très fouillées de la mécanique proprement dite, — l'âme de toute l'industrie ; être versé dans l'étude parfaite de la législation correspondante, la polyglottie, la littérature technique au style clair et concis : ne dire rien de trop, mais bien exprimer tout ce qui est nécessaire. Voilà pour le bureau.

Ces qualités d'érudition ne sauraient suffire ; un excellent « conseil » serait-il meilleur praticien encore qu'il n'obtiendra jamais qu'un médiocre succès, s'il se confine dans le temple de son cabinet, s'il ne se produit, ne se pousse en relief, ne se prodigue sans cesse dans les sociétés, réunions, etc., fréquentées par des inventeurs, en n'oubliant point que tout industriel, ouvrier ou patron, est plus ou moins inventeur.

En résumé : avoir étudié, vécu la vie industrielle intensive, diversifiée ; en connaître la législation spéciale, être homme du monde, pour causer, se faire remarquer, estimer, provoquer et retenir la confiance, asseoir en un mot, sa réputation,

— et la consolider sans trêve. Voilà peut-être le type du technicien complet ?

*
* *

Rentrons maintenant dans cet immense Palais des Machines qu'est l'industrie française.

Le père de famille, c'est entendu, est bien décidé à faire un industriel de son fils dont les aptitudes pratiques, *manuelles* (insistons sur le mot, car il résume toute la vocation technique) ne lui laissent aucun doute. Car étrangement coupable serait cet éducateur despotique qui voudrait abaisser un jeune tempérament rêveur au triste contact noir de la vie usinière. Pensons à l'infortuné Jack !

Ceci dit et jamais trop répété, que choisir ? Car, point ne suffit de vouloir courir après la carrière industrielle, comme d'autres entreprennent la mieux rétribuée carrière commerciale, ou la plus noble carrière libérale. Ces derniers deviennent soit des médecins, soit des avocats, soit des professeurs, etc. De même, dans notre vaste domaine rébarbatif, vers quelle ruelle obstruée orienter la lampe plus ou moins sûre du débutant ? Sera-t-il mécanicien-vaporicien, gazier, pétrolier ou mécanicien-électricien, ou machiniste de la marine, des chemins de fer, ou conducteur de travaux publics, privés, ou mineur, ou chimiste, ou... ou...

Surtout, n'oublions pas les petites industries ; embrassons peu à la fois, pour mieux étreindre, renseignons-nous, prenons l'air du milieu pour essayer d'y vivre sans asphyxie, mais attendons-nous partout au bourdonnement des pistons, au ronflement redoutable des volants, au contact dangereux de toutes ces machines à l'âme bruyante, insolite. C'est ce que répétait notre vétéran M. Denis Poulot dans son rude *Sublime*, ce livre d'observation serrée qui, s'il n'est pas écrit dans un style toujours impeccable (quel ouvrage est parfait ?), n'en contient pas moins de précieuses indications sociales, et qui, on le sait, fut d'un réel concours au dramaturge de l'*Assommoir*, pour le ton de ses acteurs :

« ..... Qu'on le dénie tant qu'on le voudra, le monde appartient maintenant aux mécaniciens ; dans cent ans, les historiens constateront la colossale puissance de l'invention. Ce pauvre génie militaire, tout chamarré d'or, de cuir et d'acier, fera triste mine relégué comme antiquité dans nos musées nationaux, lui si fier, si adulé, si triomphant aujourd'hui. Si actuellement le sabre est la faucille de la gloire, vous verrez peut-être, brillants moissonneurs, le jour où il faudra le cintrer pour en faire la faucille du grain. Qu'il sera plus glorieux d'être le boulanger de l'humanité que d'en être le boucher ! »

Des machines, encore des machines et toujours des machines ! voilà le levier qui ébranle la Terre et qui soulèvera le monde, matérialisant ainsi le rêve colossal et multiplié du levier d'Archimède.

Quelles qualités techniques exige l'industrie privée ? — Le bon industriel doit être bon négociant. Bon industriel en se montrant administrateur avisé de l'usine, sévèrement juste envers les ouvriers et les employés qui, tous, lui en feront « pour son argent ». Bon négociant, en ne produisant que ce qu'il peut raisonnablement écouler, sans être contraint de baisser les prix de façon scandaleuse, pour en arriver à vendre quand même, voire à perte ! Surtout ne jamais oublier que « l'œil du maître » est le plus important facteur du succès dans les détails, donc dans l'ensemble.

Voilà quelques vérités essentielles dont devrait se pénétrer quiconque se destine à l'industrie, même s'il n'y prévoit qu'un poste secondaire de contre-maître, d'ingénieur — de sous-ordre toujours. Et qui sait ? l'avenir est aux très forts piocheurs...

Un peu d'Economie politique serait une excellente préface à la vie usinière ; oui, l'Economie, cette « science ayant pour objet l'étude des lois qui président à la production, à la répartition, à la circulation et à la consommation des richesses, en tant que ces lois découlent de la nature et du développement de l'esprit humain ».

Ainsi, l'utilité de la science des Quesnay, des Turgot, des Say, des Stuart Mill, des Proudhon, ne nous paraît pas contestable, surtout pour des futurs chefs de petites ou de grandes agglomérations ouvrières. Préalablement avertis eux-mêmes, les contre-maîtres et les ingénieurs sauraient mieux propager les vérités qui régissent les conquêtes progressives de l'esprit des élites évolutionnistes, grâce à la fusion cordiale ou plutôt à l'entente rationnelle du Capital et du Travail exploitant les agents naturels. Ainsi, par contre-coup, l'ouvrier lui-même serait plus instruit et de ses droits stricts et de ses devoirs réels, n'outrepasserait point les uns, respecterait davantage les autres.

Mais quelle ruche choisir dans le vaste champ industriel?

La Mécanique générale? C'est l'âme même de l'industrie ; mais franchement, ce n'est pas dans cette caverne que l'on rencontre le plus de bons ouvriers, d'*ouvriers vrais*, le modèle enfin de l'ouvrier d'élite, travailleur, adroit, intelligent, possédant une certaine instruction éclectique sans cesse accrue ; les mauvais ouvriers abondent, les *sublimes*, le type du fainéant, du vantard-matamore, du lâcheur au pied levé. Au reste, voici un tableau (p. suiv.) comparatif des dix parties formant la mécanique générale (extrait du *Sublime*).

Soit une proportion de 60 % de mauvais ouvriers, dans cette ingrate partie de la mécanique générale. Ce sont là, sans doute, des évaluations approximatives, mais tous ceux qui connaissent ces travailleurs conviendront qu'elles n'ont rien d'exagéré.

Nous avons dit dans un chapitre forcément incomplet, tout le peu de bien que nous pensons de la « grande industrie ». Et nous répéterons qu'à notre avis les jeunes techniciens moyennement ou supérieurement doués (évidemment les

seuls capables de réussir presque partout) devront s'orienter
sans longue hésitation vers les provinces tributaires de ce
vaste empire (trop vaste!) qu'est la mécanique générale.

	Sublimes	Ouvriers
Modeleurs	40	60
Mouleurs, fondeurs	40	60
Forgerons	75	25
Frappeurs	85	15
Boulonniers.	85	15
Chaudronniers, tôliers	75	25
Ajusteurs, monteurs	50	50
Tourneurs, raboteurs, mortaiseurs . .	60	40
Serruriers	60	40
Manœuvres	30	70
Totaux	600	400

Revenons au royaume (futur empire!) de l'électricité, dont
l'agriculture se pénètre chaque jour davantage, pour ne dire
que quelques mots de l'électroculture et de la houille blanche.

L'électroculture est une des sciences de l'avenir. Ce nouveau
traitement des plantes a pour objet de développer artificielle-
ment leur germination et leur épanouissement ultérieur.

Un spécialiste, M. Kermey, s'est livré à de nombreuses et
sérieuses expériences qui lui ont permis de constater les effets
suivants : 1° l'électrisation a une influence réelle sur la germination et le développement ultérieur ; 2° cette opération
active la germination d'environ 30 % le premier jour,
20 % le deuxième, 6 % le troisième, etc.

En résumé : maturité plus précoce, surproduction, produits bonifiés, tels sont les principaux et très précieux avantages de l'électroculture. Incontestablement, le jour où l'on
pourra l'appliquer universellement, dès ce jour-là rayonnera
une ère nouvelle de prospérité générale.

Et nous ne nous attarderons pas à rappeler dans cette révision des procédés industriels à préconiser, les excellents résultats obtenus avec les engrais et autres produits chimiques qui ont depuis longtemps donné leurs preuves.

Mais avant de prendre congé de cette grande reine Electricité, saluons encore une fois la dame d'honneur qu'on a si pittoresquement baptisée « Houille Blanche », — un baptême à l'eau froide des limpides glaciers.

Nous voici maintenant à Grenoble, le viril berceau de Condillac et de Vaucanson, de Bayle et de Berlioz, Grenoble la Propre, capitale forcée de ce nouvel empire des Glaces albiennes (tout l'opposé par conséquent du fantomal empire des sables sahariens), cathédrale technique assise au carrefour naturel où aboutissent les vallées torrentielles en contact avec la France, l'Italie, la Suisse et presque l'Allemagne.

A l'exemple de M. Bergès (ce célèbre inventeur et gouverneur des Hautes Chutes) toute une population laborieuse par droit de naissance, par goût — tout ce peuple vigoureux des Allobroges — s'est rué à la conquête de la moderne Toison Blanche. Mais (verso de la médaille) l'exploitation fut dès le début si riche de promesses, d'avantages immédiats, que d'innombrables pisteurs et barreurs escaladèrent à la découverte de chutes utilisables, puis, les ayant acquises à prix vil, attendirent pour les revendre à bénéfices souvent scandaleux. Ces difficultés d'ordre spécial amenèrent la création en Dauphiné du « Syndicat des Propriétaires et Industriels possédant ou exploitant des forces motrices hydrauliques », analogue à l' « Association des Propriétaires d'appareils à vapeur ».

Au reste, l'importance de la nouvelle puissance industrielle est de moins en moins niable. D'après une récente statistique officielle, plus de 50.000 chutes d'eau alimentent, en France, autant d'établissements avec un total de 600.000 chevaux environ ; et c'est comparativement peu à côté des 7.000.000 de chevaux de la Houille noire, — surtout si l'on

pense que, mieux exploitée, cette gigantesque et vraiment
inépuisable, éternelle mine de charbon d'albe recèle un total
approximatif de dix à douze millions de chevaux, — plus que
n'en réclame toute l'industrie française.

Mais la région des Alpes tributaire de l'altier royaume des
Chutes n'avait pas d'industries aptes à profiter de cette colossale puissance naturelle ; et c'est alors que… l'Électricité,
(toujours elle !) vint bouleverser l'existence — jusqu'alors
miséreuse sous ce rapport — d'une province splendide, —
une des premières en descendant des étoiles ; l'électricité sous
ses formes les plus utiles, les plus attrayantes ; l'électricité
dans l'éclairage économique et sûr des villes et des hameaux ;
l'électricité dans la traction sur voies ferrées et sur routes
libres, apportant avec la rapidité, la propreté, avec le bon
marché la joie ; l'électricité toujours dans la métallurgie, la
mécanique générale, etc., etc., aux innombrables applications dont le champ vaste, illimitable s'élargit chaque jour :
fabrication des tubes de cuivre électrolytique, des carbures
dans les fours nouveaux, préparation des métaux par voie
sèche, électrolyse de l'eau, production de l'hydrogène, concentration de l'acide sulfurique, préparation des hypochlorites
alcalins ; dynamos génératrices et surtout réceptrices, nouvelles perceuses et autres appareils similaires, excitateurs des
neurones, etc., etc., etc.

. La Houille blanche transformée, en plus de ces merveilleux
résultats, peut encore actionner les arbres sur aubes des
moulins. des papeteries ; irriguer, reboiser les terres.

Et nous croyons devoir rappeler dans cette révision complémentaire que l'Université de Grenoble prodigue à flots
(n'est-ce point le cas de le dire) le bon enseignement tout
à fait approprié, aux étudiants techniques aimantés par ces
magnifiques montagnes au chutes d'argent vif. Que les pères
de famille, tous les intéressés ne l'oublient point.

*
* *

Nous avons déjà dit à son chapitre, ce que nous pensions de l'automobilisme dont la fureur, le mors aux dents (parfois, hélas! la mort au ventre) est bien loin de se ralentir… Fuss! la masse stridente, presque invisible à l'œil ébloui, passe, s'anéantit devant un nuage de poussière et de gaz, l'effrayante automobile lancée comme à la poursuite d'un but fantomal qui toujours s'éloignerait inaccessible, insaisissable — le Rêve modernement matérialisé! — emportant des diables humains déguisés en bêtes, casqués de loutre hérissée, au regard double de cyclopes rébarbatifs.

Halte! La panne… la réparation, dans l'annexe de l'usine de construction. Et c'est là que nous devons revenir, sans trop nous attarder, car l'espace nous talonne, nous touchons presque au cadre inférieur, au mot *fin*.

Tout en conseillant cette spécialisation aux jeunes techniciens adroits, actifs et pondérés à la fois (gare au moindre louveton!), prévenons-les de la morte saison qui sévit dans la partie, et à la même époque que pour les « midinettes » au service des belles madames qui font voir leur tonquin à Paris dès la dernière giboulée printanière : tout le beau monde parti, plus ou peu de travail dans les ateliers fabricant le luxe périodique.

Mais les bons « ouvriers » sont partout suffisamment estimés pour ne pas craindre ou moins redouter une mise au repos. Et, en Industrie, qui n'est patron est ouvrier, depuis l'apprenti formé jusqu'à l'ingénieur, en passant par le comptable, le dessinateur, le contre-maître et le chef d'atelier…

Parallèlement à l'automobilisme, une autre « industrie à paysages » s'est élargie en un vaste développement : la photographie vulgarisée. Et si les artistes photographes perdent (surtout les inconnus et les médiocres), les architectes, les fournisseurs et installateurs d'usines gagnent en préparant la fabrication de plaques et d'appareils spéciaux. Nous en avons visité plusieurs à Paris et en Banlieue dont on est loin de soupçonner l'importance. Et c'est là que la valeur de l'ingénieur mécanicien-chimiste peut s'affirmer le plus brillamment, croyons-nous.

A propos de chimie, nous ne nous attarderons pas davantage aux établissements de produits chimiques et dérivés, estimant qu'il convient de s'astreindre longuement à une préparation spéciale, non seulement dans une des écoles que nous avons mentionnées à leur place, mais surtout dans le cloaque visqueux, délétère des laboratoires et autres salles d'usinage.

Enfin, puisque le mot *chimie* signifie *fondre*, revenons une dernière fois sur la fonderie, cette genèse de l'art mécanique, pour conseiller aux futurs spécialistes de se documenter très attentivement (en dehors des principes courants du vieux métier) sur les très modernes machines à mouler que les Angles et les Saxons nous offrent, et dont la victoire lente, sûre, imposée, est en train de révolutionner économiquement l'antique profession.

Et cet avis peut et doit s'appliquer à tous les corps de métiers à moderniser, à perfectionner sans trêve, à outrance !

*
**

Dans notre quatrième chapitre qui nous a fourni comme les autres, matière à articles parus dans un périodique, nous avons résumé les documents que nous possédions sur les Travaux publics en général. Or, tandis que se composait le corps de cet ouvrage imparfait, jamais fini, d'autres renseignements nous furent communiqués que nous mentionnons ici.

L'excellente *Tribune des Travaux publics* va nous procurer encore matière à copie, en nous entretenant de la question du « changement de titre », le qualificatif de *conducteur des Ponts et Chaussées* (pour commencer par celui-ci) ne correspondant plus à la situation sociale, à la science technique et aux attributions de celui qui le porte ; il semblerait plus équitable et plus vrai de dire *ingénieur des Travaux publics*, surtout si le Parlement transformait les actuels services des « Ponts et Chaussées, Mines, Navigation, Voies ferrées, etc. » en service global des « Travaux publics ».

Mais voici l'opinion à prétentions plus modestes, d'un « provincial » évolutionniste, nullement révolutionnaire :

... En résumé, outre qu'il convient de laisser en l'état, quant à présent, la dénomination générique et officielle des corps des Ponts et Chaussées et des Mines, il y a lieu de donner à tous les conducteurs ou contrôleurs le même nouveau titre, en réservant pour l'ancienneté le qualificatif de *principal*. Il serait, d'autre part, prudent de choisir des appellations qui ne fussent pas de nature à être combattues en sous-œuvre par les ingénieurs. Il suffit que les titres caractérisent simplement les fonctions et qu'ils puissent être en même temps bien compris du public et des corps élus.

Répondent à ces raisons les modifications suivantes :

Le conducteur des Ponts et Chaussées deviendrait le sous-ingénieur des Ponts et Chaussées.

Le conducteur principal des Ponts et Chaussées deviendrait le sous-ingénieur principal.

Le conducteur faisant fonctions d'ingénieur deviendrait l'ingénieur adjoint.

Le sous-ingénieur deviendrait l'ingénieur adjoint principal.

Le conducteur serait alors ce qu'il est réellement, c'est-à-dire un sous-ingénieur. Cette dénomination très honorable caractériserait parfaitement la situation du fonctionnaire qui est à l'ingénieur ce que le sous-préfet est au préfet, sous la réserve de cette nuance que, si le sous-préfet est, dit-on, à peu près inutile, le conducteur est indispensable. Quoi qu'il en soit, le public, en langage courant, transformerait vite l'appellation précitée en celle d'*ingénieur*. Ce serait alors le moment de demander la consécration officielle de l'usage établi.

Pourquoi pas?

Le même journal, dans son même récent numéro, donne une très actuelle analyse du Corps national des Mines.

Les chefs de service dans les Mines n'ont jamais été tendres pour les intrus appelés par quelque hasard de résidence, à la tête des sous-arrondissements minéralogiques. Désirant conserver ces postes avec un soin jaloux pour les ingénieurs du Corps national, ils prétextent que les contrôleurs n'avaient pas l'instruction technique ni les connaissances générales suffisantes.

Il était déplacé alors de faire observer que, parmi les contrôleurs, nombreux étaient ceux qui possédaient des grades universitaires, qui avaient occupé des situations d'ingénieur avant d'entrer dans l'Administration, qui étaient sortis diplômés des Ecoles nationales d'Arts et Métiers, de l'Ecole des Mines de Saint-Etienne, et qui avaient suivi les cours de l'Ecole des Mines de Paris ; rien n'y faisait, car il n'est pire sourd (c'est bien le cas de le dire) que celui qui ne veut pas entendre.

Que les temps sont changés ! A l'heure actuelle, la faveur est tout acquise aux élèves des Ecoles des Maîtres ouvriers mineurs. Pour eux, il n'était nul besoin de concours pour entrer dans le corps des contrôleurs des Mines ; il leur suffira, dans un avenir restreint, de sortir leur brevet pour être appelés aux fonctions d'ingénieur des Mines, de même que pour occuper dans l'industrie minière celles de maître porion.

Est-ce une question d'équivalence rationnelle ? est-ce une méthode ingénieuse et souterraine d'éviter la concurrence ? Peut-être les deux. Pour remplir la fonction, un agent de police de bonne mine suffit ; cela était connu, et il n'était pas besoin de le mettre davantage en évidence. Mais, s'il est nécessaire, pour justifier la grande Ecole de Paris et ses plus modestes sœurs d'Alais et de Douai, de créer des sinécures administratives en faveur de leurs meilleurs élèves, ne serait-il pas de bonne justice distributive d'en réserver de temps en temps quelqu'une autre à un brave contrôleur ayant jusqu'alors bien servi l'Administration ?

Evidemment. Et voilà les jeunes intéressés à même de puiser d'exacts renseignements comparatifs sur les branches d'une vaste carrière dont ils connaîtront mieux par la suite les avantages relatifs et les nombreux ennuis.

Sous ce dernier rapport, nous ne saurions leur conseiller

22

une lecture plus instructive, plus « réaliste » que celle de
Germinal.

... Tout s'anéantissait au fond de l'inconnu des nuits obscures,
il n'apercevait, très loin, que les hauts fourneaux et les fours à
coke. Ceux-ci, des batteries, de cents cheminées, placées oblique-
ment, alignaient des rampes de flammes rouges ; tandis que les
deux tours, plus à gauche, brûlaient toutes deux en plein ciel,
comme des torches géantes. C'était une tristesse d'incendie ; il
n'y avait d'autres levers d'astres, à l'horizon menaçant, que ces
feux nocturnes des pays de la houille et du fer...

Triste vie que celle de ces casse-cailloux noirs ! En dehors
du danger latent des explosions, les mineurs subissent, dans
l'humidité des suintements, les températures torrides, d'autant
plus malsaines qu'on se rapproche davantage des zones centrales en ignition permanente, et ce, malgré les puissants
appareils de ventilation, de vidange et autres précieux auxiliaires.

Nous ne saurions mieux faire que de comparer la vie du
mineur à celle du marin-mécanicien. Nous en avons parlé
après enquête *de visu*, et nous en recauserons.

⁂

Nous avons très sommairement esquissé la vie individuelle
du technicien des chemins de fer, aperçu que les intéressés
feront bien de compléter par la lecture de ce grand drame
professionnel qu'est la *Bête humaine*, dans la colossale
analyse des *Rougon-Macquart*. Nous leur conseillons très
vivement de puiser à ce vaste réservoir humain, histoire
sociale d'une famille sous un régime déchu. Comme Balzac,
et plus pratiquement, plus véridiquement, Zola nous a bâti
le monument synthétique de la moderne vie technique.

Considérons maintenant les voies ferrées, d'un point de
vue plus général. On connaît, au moins de nom, notre Ancien,

M. Bourrat, député pyrénéen, l'implacable inventeur du
« rachat ». D'après lui, la monopolisation par l'État de tous
les réseaux serait la meilleure des solutions pratiques, pour
le plus grand profit des contribuables en général, et, en particulier des négociants, de tous les employés, mécaniciens, etc.

Si réellement on peut arriver à si magnifique résultat, nous
nous empressons d'applaudir à l'avance et l'audacieux auteur
(*audacieux* n'est pas de trop !) et le succès de cette colossale
entreprise.

Incontestablement, le jour où les administrateurs des
grandes Compagnies seront contraints de mieux favoriser
leurs petits employés et les patients voyageurs qui les enrichissent (quantité négligeable si l'on veut, mais quantité
quand même), ce jour-là les transports légers et lourds revenant à bien meilleur compte, la vie matérielle sera d'autant
plus accessible au grand nombre, c'est-à-dire aux meilleurs
clients des transporteurs pour les approvisionnements du
Ventre humain et le déplacement des hommes et autres animaux ambulants.

On a pu constater que les derniers ministres qui se succé-
dèrent aux Travaux publics (et Chemins ferrés) furent tous
en faveur des réformes depuis très longtemps reconnues
nécessaires dans leur province. Il convient ici de rappeler
tout particulièrement (quoique discrètement) le rôle réforma-
teur de M. Pierre Baudin qui continue son œuvre pratique
— disons socialement patriotique — dans le journalisme,
donc en s'adressant à la masse et à l'élite.

Pour l'avenir de nos jeunes Camarades dont nous nous
occupons, sans leur déconseiller nettement cette route trop
lente (en petite vitesse ! c'est bien le cas de le redire) nous
croyons devoir leur conseiller d'autres voies, à leur choix.

Ces jours derniers encore, nous causions avec un de nos
amis, jeune sous-chef de dépôt. Après les tortures physiques

endurées au cours d'une dizaine d'années perdues sur les
vieilles machines dans une contrée montagneuse inhospita-
lière, surtout l'hiver (et en Auvergne, il faut compter au
moins huit mauvais mois sur douze) ; après un long service
passé sans aucune anicroche (un miracle !) sans une panne,
sans un bouchon brûlé, voici notre ami successivement
chauffeur, mécanicien, chef mécanicien, et, depuis l'année
dernière, sous-chef de dépôt, débutant à Paris, — faveur
plutôt rare. Sédentaire enfin, il va donc pouvoir se reposer.
Eh ! bien, sa vie, d'après lui, qui doit la connaître, est plus
détestable encore ! Pas une minute de vrai repos le jour, de
sept heures du matin à huit heures du soir, et la nuit, une
tranquillité paradoxale dans les sifflets des locomotives, sans
compter les réveils assez fréquents pour des « raisons de
service », un homme tombé malade au moment du départ,
une machine fonctionnant mal, organes ou gens mécani-
quement avariés qu'il faut remplacer immédiatement, pour
partir et arriver à la minute exacte ; car là est la plus grande
question, la pierre angulaire du métier : l'exactitude implacable.

Tout compte fait, il faut convenir que la vie de mécanicien
de marine, — tout abominable et servile qu'elle soit — est
encore moins détestable que celle de mécanicien de train (en
tant que profession, la liberté en dehors du travail étant considérée à part). Car enfin, vers la trentaine, la situation générale d'un mécanicien principal, officier à deux galons, est
plus considérée, mieux payée et surtout plus tranquille
que celle d'un sous-chef de dépôt.

Mais hola ! qu'on ne croit point que nous sommes partisans de l'abêtissante vie maritime. Il ne suffit pas que Scylla
soit horrible pour enjoliver par contre-coup l'affreux Charybde.

* *
*

Nous revenons ainsi à notre dernier chapitre de la
deuxième partie : les Armées, en général.

Nous croyons avoir partiellement rempli notre devoir de guide pratique en disant tout le bien et surtout tout le mal que nous savions de notre belle marine nationale, que nous envient les Suisses des lacs et les jeunes filles en mal de rêverie exotique. Sans nier le charme qui émane de la casquette portée par un Loti ou un Courbet, la romance n'a que faire ici, et nous devons examiner la situation technique au seul point de vue réaliste.

Rappelons donc en quelques lignes cette piètre situation de mécanicien de marine militaire, ce qu'elle devrait être par promesse et ce qu'elle est en réalité :

Notre Camarade sort de l'Ecole avec un bagage scientifique assez étendu et une éducation assez bonne, — grâce aux vacances qui lui permirent de se retremper dans sa famille, de s'y laver du vulgaire élevage ouvrier qui sévit dans la plupart de nos écoles industrielles, primaires et secondaires. On le bombarde alors élève-mécanicien, avec un *mirliton* sur le bras (un galon doré rayé de bleu). Dans sa juvénile ambition qui voit tout en arc-en-ciel, il a pris au pied de la lettre, les promesses des circulaires officielles trompeuses (circulaires toutes semblables distribuées dans nos Ecoles par les grandes Compagnies) : d'abord, il n'a qu'un *emploi* et non un *grade* ; puis, tout soi-disant assimilé au grade des seconds-maîtres (qu'il n'est point) qui ont un *poste*, casemate fort réduite et non un *carré*, comme les seuls officiers, il n'a guère le droit (?) de s'y attarder qu'aux vingt minutes des repas — et quels repas ! En vocabulaire de bord, j'en demande pardon aux dames : jus de chique comme café, semelle de godillot ou de chaland comme bifteck, vin de campêche comme boisson, lard rance, *fromgi* tête de mort, etc.

Tombé dans la machine, notre « bleu » s'imaginait n'avoir qu'à fournir les quatre heures réglementaires de quart normal, puis, vive la liberté ! monter (faute de cabine) se reposer sur le pont, contempler le double infini bleu de ciel, de mer, de rêve. Or, les élèves-mécaniciens, comme d'ailleurs les seconds-maîtres, s'appuient la plupart du temps six heures de quart le jour et six heures la nuit (température saturée de vapeur délétère, variable entre 30 et 40°, parfois 50 et plus !) et dans l'intervalle, ils doivent assurer la propreté des postes stoppés, râcler eux-mêmes les fonds de cale, toutes les pièces crottées des machines, fourbir comme des aides-larbins, faire face aux hebdomadaires « inspections de sacs » comme les vulgaires matelots qui se gaussent de leur insignifiance, et les appellent — tout officiers mariniers qu'ils sont — par leur nom tout court.

Et nous n'insistons pas sur les punitions souvent injustes, les injures dont sont abreuvés les gradés *devant leurs inférieurs*, insultes courantes que subissent les officiers subalternes, et même les officiers supérieurs, capitaine de vaisseau commandant en chef contre capitaine de frégate commandant en second, amiral contre commandants !

Et voilà, sur parole, la vraie vie que l'on traîne sur la plupart des bagnes flottants qui constituent notre belle marine nationale ! Qui en veut encore ?

L'auteur des *Maritimes* a magistralement flagellé les mœurs des officiers de pont. A notre tour, nous parlerons prochainement des officiers et autres sous-offs de machine [1]. Car nous sommes, sur mer comme sur terre, en pleine lutte moderne.

Ah ! que Georges Hugo avait raison de crier dans la péroraison de ses *Souvenirs* de matelot fourrier :

… Alors je suis pris de l'envie folle — oh ! oui, bien folle ! — de crier de toutes mes forces, de tout mon cœur : Camarades, camarades, ne venez pas ici, restez aux champs, courez la mer sur vos bonnes barques . . . . . .

*
* *

[1] *Série B. Les forçats de la Mer*. Plusieurs volumes en préparation.

Mais il est d'autres marines que la militaire, qui vivront
plus longtemps, jusqu'à la mort de la Terre, et qu'il est
fort honorable de servir : la navigation de commerce et les
transports fluviaux.

Ebauchons-en un examen général comparé.

S'il faut en croire le *Journal des Chambres de Commerce*,
voici dans quelles proportions ont augmenté depuis une
dizaine d'années, les principales marines marchandes du
monde :

Marine espagnole	. . . .	30 %
» anglaise	. . . .	53 %
» hollandaise	. . . .	57 %
» autrichienne	. . . .	60 %
» suédoise	. . . .	64 %
» russe	. . . .	65 %
» italienne	. . . .	68 %
» danoise	. . . .	76 %
» allemande	. . . .	107 %
» portugaise	. . . .	110 %
» grecque	. . . .	158 %
» norvégienne	. . . . . .	191 %
» japonaise	. . . .	231 %

Et de combien la France a-t-elle accru son domaine
flottant ? *Notre marine marchande a vu* **diminuer** *son tonnage de 1 %. avec 5.400 tonneaux en moins* qu'à la précédente période décennale.

Voilà, sans contredit possible, un résultat aussi stupéfiant
pour tout le monde que désolant pour notre amour-propre
national, — encore que le champ des pacifiques luttes cosmiques doive être très largement ouvert à toutes les initiatives
internationales, à seule fin d'en voir produire plus d'aise pour
toute l'humanité qui consomme.

Observons le jeu de ces fiers lutteurs, commis-voyageurs
flottants qui, sur les humides chemins des mers, joutent,
courent, passent, — vont droit au but... qui repartent

déchargés, rechargés, labourent à nouveau l'arène mouvante,
dansent sur cette vaste cuvette bouillonnante qui est comme
le cerveau de la Terre, le grandiose symbole de l'activité, de
la permanence de production...

La mer est l'éternelle berceuse, la tonique et stimulante,
la créatrice d'énergie, l'image monstrueusement multipliée
des villes bruyantes et de l'harmonie violente ; et soudés à
elle en bracelets immuables, chaque promontoire, chaque
rocher, chaque saxifrage, tous ces organes d'apparence inerte
cachent une âme, une existence à découvrir, une complication de la vie universelle. Puis là-bas, au loin, de toutes parts,
la mystérieuse immensité, les vagues, les navires ; coques de
noix piquées d'une aiguille qui est un grand mât, une barre
dont jongle le roulis, un glaive luisant qui semble, en un
drame intense, paradoxalement autopsier les deux calottes
bleues de ciel et d'eau. Et la coque fragile cabriole, non plus
sur des flots uniformes, mais d'une montagne à une vallée
humides, éminemment déformables, perpétuellement défor-
mées... Un bateau, cette maison de commerce ou cette
caserne belliqueuse qui marchent sur l'eau, quel attrait pour
tous les terriens que jamais n'indifférencie un spectacle
naval, même artificiel, une question maritime quelconque !

A commencer par la France, actuellement la plus malade,
quelle admirable mission naturelle n'a-t-elle pas reçu du
Destin qui l'entoura ainsi aux deux tiers de dentelle mouillée,
auréolant sa tête grise de la brumeuse lumière septentrionale,
lui ciselant ses contours, la taille ceinte de vert transatlan-
tique, et les pieds, le piédestal arrosé, vivifié de l'azur
immaculé du grand lac méditerranéen. Ainsi la France, plus
peut-être que l'Angleterre insulairement isolée dans un
brouillard implacable, plus que l'Italie submergée de langueur
dans le même lac sud-européen, et plus surtout que la lourde
Allemagne continentale, notre France se devrait à son rôle
éminemment objectif : au midi elle a devant elle la longue et
merveilleuse façade blanche de l'Afrique splendide, plus

loin dorée, noircie de feu solaire ; à l'est, le cul-de-sac percé de l'Orient, avec, plus près de nos docks, la véhémence tropicale de l'Extrême-Asie ; enfin à l'Ouest et au nord, encore l'immensité aqueuse baignant cette autre immensité solide qui est la double Amérique... Et tandis que la vieille France lassée, prolonge son néfaste sommeil (état léthargique qu'on ne peut attribuer exclusivement à un seul des régimes anciens ou modernes, tous plus ou moins responsables, chacun d'eux étant le prolongement d'autres régimes antérieurs, survivance de temps anéantis), tandis que notre France se prélasse dans la trompeuse oisiveté de son doux climat, de vastes conglomérations rivales redoublent d'efforts, de tours de reins, de tours de force !

Ainsi, en Angleterre, pays où l'excellente généralisation pratique impose la certitude de ses bons résultats, en pays d'Angle le flot est justement considéré comme l'auxiliaire permanent, indispensable, le bon génie qui, par reflux et flux, emporte la semence et rapporte la richesse, merveilleux symbole d'une synthèse et d'une analyse, le total de la vie d'un grand peuple, éternel prothée, peuple modèle, race à admirer, race détestable, négociant actif, nomade égoïste, civilisateur souvent cruel, marin, guerrier, amphibie, — roi des mers, messie des continents. Pensez avec cela (pour expliquer cet esprit de négoce outrancier) à la situation géographique de ces Iles septentrionales noyées dans l'air toujours humide d'un ciel sombre qui chasse tant de ses enfants pulluleurs vers la lumière des pays plus chauds et qui plie les autres plus ou moins sédentaires, à un constant souci de confortable, au travail rigoureux pour la subsistance normale. Et alors, toute la politique anglaise s'explique par cette position à peu près unique autour du globe, et s'explique aussi le système d'éducation éminemment pratique dont nous avons déjà parlé. Et c'est pourquoi enfin la marine de la Grande Bretagne, du grand empire britannique atteint les deux tiers environ du tonnage total de l'Univers !

Autre considération, politique sans cesser d'être économique : l'appui que donneraient à leur métropole les pyroscaphes altiers, le concours martial de ces milliers et milliers de paquebots transformés pour la guerre en croiseurs secondaires, terribles coureurs du monde qui, connaissant à merveille toutes les routes humides, les larges comme les étroites, détruiraient, ou tout au moins paralyseraient vite tous les écheveaux des transports ennemis. On pourrait nous faire observer que ces magnifiques steamers trop hâtivement armés pour les croisières lointaines ne tiendraient pas longtemps sous la canonnade de nos cuirassés ? Mais qui les oblige à s'exposer à ce contact dangereux... Grâce à leur grande vitesse, les navires anglais éviteraient presque toujours sans difficulté nos mastodontes les mieux taillés, et au contraire, ils cerneraient assez facilement — en nombre — nos timides paquebots isolés, nos petits croiseurs impuissants, vite réduits à l'inaction, au spectatif régime de la « bouteille ». Après quoi, rien ne les gênerait sérieusement pour pousser un débarquement continental, ou pour effectuer un « transbordement » de l'une de leurs colonies, sur un des nombreux points indéfendables de nos possessions alléchantes.

Les Anglais dominent parce que les plus virils, les plus implacablement impérialistes : qui vaste empire maritime a, Terre a !

Sans doute convaincu de cette vérité bien moderne, l'empire d'Allemagne (presque d'Allemagne, d'Autriche, d'Europe centrale !) pousse vigoureusement ses efforts dans le sens des grandes entreprises navales, coloniales. Ceci peut paraître paradoxal à premier examen superficiel ; mais on se convaincra de la haute sagesse de Wilhelm II, si l'on réfléchit à la surproduction vraiment anormale qui vient des royaumes teutons inonder les pays voisins, la terre ferme et tout le vieux continent lentement subjugué.

Mais aussi, comme tout contribue à favoriser cette véhémente floraison, cette production intensive, extensive...

D'abord, les états germains, depuis leur unité faite par la
guerre de Napoléon III, l'état allemand centralisé, uni
administrativement, encourage toutes les tentatives avec une
attention, presqu'une sollicitude, un intérêt de patron avisé.
Possesseur des chemins de fer, de toutes les voies, riche de
notre lourde indemnité, de sa richesse propre, il creusa des
canaux, aménagea des ports, bonifia les fleuves propices, et
tous ces chemins de terre, de fer et d'eau sont aujourd'hui
courus par le pullullement de voyageurs volant à grande vitesse.

Voyez Hambourg, « Hambourg aux cent ports » pourrait-
on dire, Hambourg aux vastes terrains armés de quais et de
rails complétant l'inépuisable corne d'or de l'Elbe inférieur
sans cesse amélioré. Et les autres grands ports, et les fleuves
régulièrement canalisés, tous ces innombrables canaux qui,
de leur mille et mille pattes d'araignée monstrueuse, dé-
coupent les Allemagnes en millions de petits champs plus
fertiles, de greniers ouverts. Car, chez nos redoutables vainqueurs on rencontre moins que dans notre « doux pays » des
gens « d'esprit » qui considèrent la « batellerie comme un
symbole de routine et d'ignorance », selon la forte et juste
expression de M. Louis Laffite.

— « Quelques années suffirent, dit M. Pierre Baudin dans
le *Journal*, pour coordonner les tarifs des chemins de fer,
les aménagements de la navigation intérieure et les transports
maritimes. Une marchandise est cueillie au fond de l'Allemagne et pour un prix fixe est transportée par toutes voies
allemandes à sa destination du Brésil, de Zanzibar, de Shan-
ghaï ou d'ailleurs. Ainsi, par son organisation initiale, l'Allemagne résolvait ce problème dont nous cherchons encore
la solution : assurer à l'Empire une marine marchande monopolisant pour elle tout le trafic national d'exportation et
garantir à cette marine par des tarifs de transport réduits une
prime proportionnelle aux services rendus ».

A la suite de la lente batellerie fluviale, considérons la
grande navigation maritime.

Depuis un quart de siècle seulement, les transports des marchandises au travers des mers se font surtout à l'aide des grands pyroscaphes; ce qui ne signifie point que les voiliers aient vécu. On en construit encore, et de fort beaux, même en acier, tout paradoxal, anti-moderne, que cela puisse paraître; et on les voit, ces monstres ailés, développer au vent des surfaces de 5 000 mètres. Mais le bâtiment à voiles tout économique et plus vaste qu'il s'offre, a toujours ce désavantage essentiel de ne pouvoir arriver à jour fixe comme le navire à vapeur qui, de plus en plus bénéficie, et de la diminution des prix de houille et de l'augmentation du nombre de voyageurs. Que sera-ce alors quand ces mêmes passagers se multiplieront encore, grâce à la future diffusion (à souhaiter) des bateaux plus confortables et insubmersibles.

Mais, tel qu'il est, l'actuel bâtiment à vapeur triomphe incontestablement. Qu'on pense par exemple à ce pacifique roi d'Atlantique (ou plutôt *président de république* maritime, bientôt, peut-être demain, éclipsé par un plus digne!), ce symbole teuton qu'est le *Kaiser Wilhelm II*, avec sa colossale membrure de 215 mètres, de la tête à la queue, admirablement aménagé pour offrir le maximum de confortable à ses deux mille passagers, — toute la population d'un chef-lieu de canton! Bien entendu, l'appareil évaporateur moteur est conditionné en rapport, et les 124 foyers méthodiquement desservis animent ce corps complet, cette organisation à double tenant, cette âme fugace qui a une origine et une fin, qui, née du métal chaud en contact avec l'eau et avec le feu, travaille, s'évade, va se transformer au contact du métal froid du condenseur, — puis retourne en eau dans la chaudière où elle redevient vapeur...

Ainsi, la déconcertante puissance des 40 000 chevaux du *Guillaume II* stupéfie, et sa gigantesque silhouette symbolise bien l'insinuante et formidable supériorité saxonne. Or, qu'avons-nous à opposer aujourd'hui, unité contre unité, à ce type fameux? Réponde qui le peut.

Il est, d'autre part, un principe économique évident en navigation : il consiste à s'assurer le maximum de lignes desservant le maximum de points à débouchés. Et comme un cargo-boat rarement peut appareiller avec son frêt total, ce sont les escales intermédiaires qui doivent fournir le complément nécessaire. Voilà pourquoi la moderne quoique très vieille Hambourg — synthèse de l'Allemagne active — est admirablement campée dans le Nord pour glaner du lest dans les ports de Hollande, de Belgique, de France et même d'Angleterre, avant de courir échanger les malles, les cargaisons de ses agiles commis-voyageurs en Amérique, chasser aux Etats-Unis, aux Antilles, au Brésil, puis faire revenir à leur même allure mathématique vers le mouillage d'attache ses pacifiques gladiateurs, auréolés d'opulents triomphes, — prêts à repartir le lendemain.

Mais les armateurs, les grands négociants allemands, calmes sous leurs succès lointains universels, ne négligent point les champs européens et semi-asiatiques. Ainsi, leurs escales du Levant se voient prolongées par la même main de fer qui créa les stations ferrées de Haiden Pacha, Smid, Angora, Kaïsarieh, Konia, Bagdad, etc. ; et les pays des grands soleils, des végétations véhémentes continuent d'être envahis par la double voie conquérante : par le fer et par l'eau.

Ainsi, répétons-le à notre confusion, « l'Allemagne produit tandis que la France crée », se contente d'ébaucher des projets souvent mort-nés. Tous pourtant, Latins comme Teutons, visent à la suprématie générale ; seulement nous, baptisés catholiques, nous nous honorons de la *gloire théorique*, tandis qu'eux, protestants roides, durs mais avisés, s'approprient la *gloire pratique*. Là gît tout le commun secret de leur force et de notre faiblesse.

Avec ses cousins, l'Angle et le Saxon, le peuple libre des Etats-Unis d'Amérique ne se contente point de glaner la paille sèche des champs du monde ; il prétend râteler les gros épis de bon blé, autant et plus que les nations concurrentes, guettant de la rive d'en face.

Tout le monde a pu lire dernièrement les détails du lancement d'un grand steamer, le *Minnesota* qui jauge brut plus de 21 000 tonneaux, aussitôt remplacé sur cale par son frère *Dakota*. Cela promet.

Voici maintenant la jeune et toujours plus glorieuse Italie qui, au cours de ces dernières années, augmenta des deux tiers de sa précédente valeur, le tonnage de sa marine marchande.

Si, descendant du Nord, nous voulons synthétiser chaque grande marine commerçante, avec Hambourg par l'Allemagne, Liverpool pour l'Angleterre, Marseille pour la France, l'Italie nous opposera les vastes aménagements de Gênes aux grands môles protecteurs récemment édifiés, aux longs et larges quais armés de grues colossales, Gênes l'éminemment moderne qui sut — facteur complémentaire principal — se couvrir de rails innombrables reliant à la gare centrale, continentale, tous les trains sillonnant les différents terrains de son grand port. Et la vigoureuse Italie continue sa marche ascendante dans la voie la plus propice à son développement définie par sa position géographique, la marine négociante.

De son côté, la Russie, on l'a vu ci-dessus, a augmenté son négoce maritime de 65 % en dix ans. Et d'autres puissances, « petites » comme population, se hissent proportionnellement au premier gradin de l'arène internationale : la la Hollande, la Norvège, le Danemark, et les autres.

Et l'Europe n'a plus le monopole exclusif des succès modernes. Après l'Amérique, voyez le Japon, cette petite Europe exportée de l'autre côté de la Terre. Et la Chine elle-même...

Ainsi voilà un aperçu bien trop bref à notre goût, de la situation générale des conquêtes pacifiques par les modernes moyens, où l'action maritime continuera de glaner ses formidables triomphes, d'imposer sa précellence, malgré l'actuel transsibérien et malgré le futur transsaharien.

A son tour, que notre France d'écrevisse consente à se secouer vigoureusement, qu'elle exécute avec prudence et vitesse le « programme des grands travaux » élaboré par M. Pierre Baudin, alors ministre des Travaux publics, et voté par les Chambres ; et au besoin que les départements, les villes, les syndicats, les riches particuliers, tous les directement intéressés poussent aux roues, aux hélices, de leur bourse généreuse. Et notre beau pays, province décentralisée des futurs États-Unis de la Terre, contribuera de toute sa puissante vitalité propre à l'accroissement illimitable de l'aise universelle !

**

Il nous reste à dire quelques mots des armées terriennes qui constituent encore de médiocres mais assurés débouchés, pour un assez grand nombre de techniciens qu'effraye l'incertaine et plus honorable industrie libre.

Nous croyons de moins en moins à l'avenir dans cette voie. Tout change et tout recommence, surtout l'histoire de l'humanité. Le jour viendra, sans doute, de la suppression presque totale des armées permanentes offensives, pour en revenir au système des armées romaines, aux temps antiques où « tout citoyen était guerrier (?) et tout guerrier citoyen ; les hommes de l'Armée ne se faisaient point un autre visage que les hommes de la cité. La crainte des dieux et des lois, la fidélité à la patrie, l'austérité des mœurs, et, chose étrange ! l'amour de la paix et de l'ordre, se trouvaient dans les camps plus que dans les villes, parce que c'était l'élite de la nation qui les habitait. La paix avait des travaux plus rudes que la guerre pour ces armées intelligentes. Par elles la terre de la patrie était couverte de monuments ou sillonnée de larges routes, et le ciment romain des aqueducs était pétri, ainsi que Rome elle-même des mains qui la défendaient. Le repos des soldats était fécond autant que celui des nôtres est improductif. Les citoyens n'avaient ni admiration pour leur valeur, ni mépris pour leur oisiveté, parce que le même sang circulait sans cesse des veines de la Nation dans les veines de l'Armée. »

D'autres passages des fameux souvenirs d'Alfred de Vigny ou de Charles de Montesquieu pourraient être réédités qui, tous, vivants d'actualité, confirment nos idées modernes et identiques sur la disparition forcée des armées permanentes. Alors qu'iraient glaner, là, les jeunes intelligences industriellement éduquées devant la chaudière et l'étau.

Si donc quelques Jeunes nous interrogeaient sur la question des carrières militaires en général, nous n'hésiterions pas à les en dissuader.

Non, l'avenir des « industriels » n'est plus dans les armées (de mer comme de terre). Les élèves des Ecoles spéciales, (polytechniciens, mécaniciens des ports, maistranciers, etc.) nous opposent d'ailleurs une concurrence trop sérieuse. Ce serait s'exposer fatalement à une vie très difficile pour un résultat toujours problématique, là comme ailleurs..

Polyz'arts ! venez à nous, dans l'industrie universelle, de préférence dans la petite industrie pour laquelle vous fûtes précisément instruits, ce viril et savant machinisme qui manque souvent de directeurs compétents, et, si le cœur vous en dit, dans les jeunes industries étrangères, coloniales, qui accueillent largement tous les techniciens d'élite, professeurs d'initiative...

III

« Expatrions-nous ! Colonisons ! » Tel est le cri du jour, souvent poussé par le gros papa pincé sans rire, douillettement empaqueté de flanelle, le ventre à table et le dos au feu, tandis que la tramontane fait rage sur la toiture du « home » paisible. Mais le Français de France reste sourd aux bonnes raisons, apparentes ou réelles, de cette croisade moderne. Pour le mieux intéresser, on lui cite alors les peuples rivaux qui s'exilent, ou plutôt changent de province dans cette vaste patrie qu'est pour eux la Terre : ce sont les citoyens de l'Univers.

Evidemment l'Angleterre avec son larmoyant ciel plombé, dispensateur de rhumes plus ou moins catharraux, l'Allemagne avec sa triste monotonie, l'Italie et l'Espagne avec leur proverbiale pauvreté (moins misérable aujourd'hui) semblent plus naturellement portées à lancer leurs enfants pulluleurs vers les pays neufs, mal connus, agrémentés de tropiques torrides ou de neiges éternelles ; tandis que le Français préfère végéter au « plaisant pays de France » tant pleuré par Marie Stuart, se condamner à la médiocrité avant de courir l'aventure d'une expatriation, sans fortune ou avances sérieuses, sans renseignements précis.

Nous avons déjà donné le conseil pratique de s'adresser aux personnes qualifiées connaissant les parages parfois encombrés que l'on veut tenter de « conquérir ». Ajoutons quelques lignes pour l'*Office colonial* qui occupe la galerie d'Orléans au Palais-Royal. Ses vitrines — vivantes peut-on dire — sont très attrayantes avec leurs nombreuses photographies de contrées exotiques où les indigènes et les autres animaux, surpris sur le vif, complètent une véhémente végétation qui charme l'œil. Les négociants et les techniciens pourront visiter, là, le « Musée commercial » ; consulter avec fruit la « Feuille de renseignements », publication mensuelle de l'Office relatant la situation économique générale de nos possessions ; puis les avis d'adjudications placardés, les offres et demandes d'emplois, etc. Mais nous appelons plus particulièrement l'attention de nos Camarades intéressés sur cette forme de renseignements plus pratique — la meilleure à notre avis qu'ils puissent recevoir à l'Office — donnée verbalement par les secrétaires et autres délégués de nos possessions coloniales, par des personnes compétentes, qui « en reviennent », ayant encore « du foin dans les sabots », après un séjour d'études sur place.

Ces messieurs répètent avec raison que « l'envie de bien faire » ne suffit point pour réussir au loin : un pécule, de l'intelligence, de la santé, un bon métier spécial et des notions assez étendues de polyglottie sont nécessaires, presque indispensables.

Nous avons dit nous-même, au cours de ce petit ouvrage, tout le bien que nous pensions des études essentielles concernant notre limpide langue française et les éléments latins, grecs, sanscrits qui concoururent à sa formation lente, d'autant plus claire. Nous ajouterons quelques mots sur l'étude vivante des langues étrangères, celles que devrait posséder tout technicien aux vues larges, pour la commodité de son existence, le succès de sa carrière.

Mais, nous objectera-t-on, pour un futur industriel déjà assommé d'x et d'équivalents chimiques, d'épures et d'essais de machines, toutes ces syntaxes « babelesques » sont si nombreuses, si longues à lire, à parler couramment... Qu'on adopte alors universellement, une langue unique, facile, l'Espéranto par exemple, dont la grammaire s'apprend en quelques heures, où chaque lettre n'a qu'un son et où chaque son ne représente qu'une lettre ; oui, qu'on use dans toutes les classes de tous les peuples en relations internationales de ce pratique trait d'union verbal, — sans pour cela renier la langue traditionnelle de nos ancêtres respectifs que nous prolongeons, à qui nous tenons comme ils tiennent à la terre même qui les créa et les reprit.

Donc, si c'est leur intérêt bien compris, poussons les jeunes vers l'expatriation coloniale : cette décision va devenir une des nécessités de demain. Le « bon vieux temps » n'est plus où le nom, l'habit et le savoir-vivre suffisaient pour obtenir une charge-sinécure du Roy. C'est du savoir-faire qu'il faut aujourd'hui, des hommes vrais, presque complets ; non plus des marionnettes gesticulant sur ces hideux tréteaux que

sont la plupart des salons frivolement mondains, mais des
talents, des forces, des missionnaires d'initiative. Répétons-
le souvent !

* *

Comment tracer fortement, en cette rapide esquisse, le
rôle de l'ingénieur colonial? Consultons les mieux qualifiés
parmi les capables...

Dans une brillante conférence qu'il fit dernièrement à
l'excellente Ecole spéciale des Travaux publics, M. le colonel
Espitallier parla précisément de ce qui nous touche de si
près :

... Le commerce et l'industrie, de plus en plus se tournent
vers ces contrées neuves pour s'y créer de nouveaux débouchés,
alors que les besoins des vieux continents ne se développent pas
aussi vite que la production dont le trop plein doit bien chercher
à s'écouler quelque part, lorsque nos pays civilisés sont arrivés à
saturation.

A un autre point de vue, la population chez les peuples européens a atteint son maximum de densité, et elle s'accroît toujours — moins en France qu'ailleurs peut-être. — Nous sommes
trop à l'étroit dans les limites de nos vieilles patries et les nations essaiment parce qu'il leur faut de l'air pour respirer, de
la terre pour faire vivre ces générations pléthoriques qui luttent
pour l'existence.

C'est ainsi que se sont établis les grands courants qui nous
entraînent hors de chez nous, — depuis quelques années surtout
— et qui ont ouvert en particulier à nos Ingénieurs des sphères
d'activité inconnues jusqu'ici. Ces horizons nouveaux sont à peu
près illimités, car si les régions où l'homme civilisé a pénétré et
s'est implanté sont immenses déjà, combien plus immenses encore sont celles que l'éloignement et les obstacles de toute sorte
ont jusqu'à présent défendues contre nos tentatives ! Nous reculons
tous les jours les bornes du monde connu et tous les jours nous
nous apercevons que notre tâche ne fait que commencer : nos
explorateurs, dans leur marche audacieuse, se trouvent toujours
en face de l'inconnu et du mystère...

Et plus loin, à propos de l'ingénieur colonial :

... Il se trouve dans les pays exotiques comme partout, de grandes entreprises de travaux publics qui se gèrent comme leurs similaires de France ou d'Europe, avec les mêmes moyens, les mêmes méthodes, le même outillage. Lorsque, par exemple, il s'agit de créer un grand port de toutes pièces — à Dakar, à Montevideo, à Rosario — ou de percer un isthme, comme à Suez, à Panama, ce sont encore là des entreprises lointaines, évidemment, et qui, par cela même, rentrent dans notre cadre ; mais pour les exécuter, on fait appel à de gros entrepreneurs de chez nous, ou bien on constitue de puissantes sociétés, et ces entreprises s'organisent, en définitive, à très peu près comme elles le seraient en France ou en Europe.

Les ingénieurs et leurs aides immédiats amenés en grand nombre de la mère-patrie, y forment comme une administration hiérarchisée et simplement transplantée sous une autre latitude, et le rôle de chacun n'y est pas, à tout prendre, essentiellement différent de ce que nous voyons autour de nous.

Ce n'est là cependant que l'aspect extérieur. Le jour où vous voudriez entrer dans une de ces entreprises magnifiques — même, comme il convient à des jeunes gens, en commençant par le commencement, c'est-à-dire sur les premiers échelons de la hiérarchie — je vous dirais : Ne croyez pas qu'il soit inutile de vous y préparer d'une façon toute spéciale.

Apprenez en quoi ces pays fabuleux diffèrent du nôtre, la raison d'être de leurs habitudes particulières et du mode de construction qui y est coutumier.

Partez aussi avec le ferme dessein de travailler ferme et de parvenir, en profitant de toutes les chances nouvelles que vous y rencontrerez certainement, puisque le champ vous y est plus largement ouvert que dans les étroites limites de notre foyer.

Toutefois, ce n'est pas du rôle que vous pourriez jouer dans ces vastes entreprises, que je veux vous entretenir tout d'abord, mais de celui que vous offrirait une colonie récemment ouverte, où l'Européen vient à peine de débarquer, où tout est à créer, où vous serez, le plus souvent, jeté presque seul au milieu d'une tâche improvisée, pleine d'imprévu, où vous ne sauriez compter sur les avis d'un chef dont vous n'auriez qu'à exécuter les ordres, où vous aurez enfin l'honneur de l'indépendance, mais aussi les responsabilités qui l'accompagnent.

Après l'explorateur qui découvre, après le soldat qui conquiert, le rôle de l'ingénieur commence et son œuvre est de tous les instants, car, pour les nouveaux venus qui prétendent coloniser ce sol nouveau, il est aussi essentiel de s'abriter que de se nourrir, et c'est un axiome aujourd'hui qu'il n'y a ni pénétration ni commerce où il n'y a point de routes et de travaux publics d'aménagement.

... On devra passer des rivières sans pont, à la nage, ou après avoir cherché longtemps quelque endroit agréable, ce qui développe singulièrement le flair de l'apprenti mohican.

On couche à la belle étoile, encore plus souvent que sous une hutte où la vermine fait regretter la voûte étoilée et la toile de tente, après un repas n'empruntant son confortable qu'aux conserves dont la prévoyance la plus élémentaire conseille de se munir et qui ne se transportent qu'à grand renfort de porteurs ; heureux encore si l'audacieux n'est point terrassé par la fièvre en traversant les marais et les forêts malsaines.

Le réaliste tableau est plutôt rébarbatif, — nous le connaissions déjà. Mais M. Espitallier ne l'a point brossé pour décourager ses jeunes auditeurs.

... J'ai voulu tout au contraire, reprend-il, vous faire toucher du doigt ce qu'on attend de vous, Ingénieurs de tous les degrés, et, ce qu'on attend de vous, c'est précisément la transformation radicale de ces régions inhospitalières en pays civilisés ; et cette transformation ne doit pas être, comme dans notre vieux monde, le fruit d'une lente évolution à travers les siècles, mais le résultat rapide de vos propres efforts, de votre travail.

C'est grâce à votre art que ces immenses étendues, jusqu'ici livrées à la barbarie, deviendront habitables et saines, que le commerce y trouvera, par un essort spontané, les facilités de communication qui lui sont indispensables...

Certes, nous convenons à notre tour que c'est là une noble

tâche, bien faite pour aimanter les jeunes ardeurs, les con-
quérants pacifiques, les armées ouvrières où les empereurs
sont des banquiers, les officiers des ingénieurs, les sous-officiers des contremaîtres et des dessinateurs, les soldats des
mécaniciens, des laboureurs, des matelots, des ouvriers enfin
de tous les modernes corps de métiers.

*
* *

A tort, les incomplets socialistes déblatèrent contre le
principe des conquêtes de la civilisation. Il s'agit de se bien
comprendre.

Nous croyons à l'utilité générale ultérieure des conquêtes,
tout en réprouvant très énergiquement, en anarchiste idéaliste, les odieuses exactions, les crimes de certains aventu-
riers farouches, en qui parle, agit la brute lointaine des
ancêtres primitifs. Mais pour un Chanoine bourreau, combien
de Foureau bienfaisants !

Nous avons vu à quels dangers graves s'exposent les Européens qui n'observent pas aux colonies une hygiène sévère,
mais nous n'avons point parlé des terribles épidémies qui
s'abattent également sur les indigènes. Et c'est alors qu'in-
tervient la merveilleuse science occidentale — le baume du
spéculum après la morsure du glaive — prodiguant l'excellence de ses secours savants.

Qui oserait, par exemple, médire des succursales de notre
admirable Institut Pasteur qui diffuse aujourd'hui, par tous
les points habités de la Terre, l'omnipotence médecinale de
ses préceptes sauveurs.

Et quelles mannes de richesses locales, le négoce indus-
trieux, industriel va déverser parmi des peuplades affamées
qui ne trouvaient pas toujours l'infime poignée de riz quoti-
tienne, indispensable à la subsistance d'un être humain.
Réciproquement, les produits intensément multipliés de là-
bas, arrivant sur nos marchés par quantités plus considérables, donc à meilleur compte, nous les paierons moins

chèrement, et le cycle gigantesque de la vie animale cos-
mique, grâce à l'intelligence humaine, se fermera mathématiquement au profit de l'aise générale.

Et nous devrons ces précieux résultats économiques — ces
quelques exemples piqués parmi des centaines — aux conquêtes coloniales conduites le plus pacifiquement possible.
N'en médisons donc pas de parti pris.

Loin de nous irriter, ces questions d'expansion colonisa-
trice devraient au contraire nous préoccuper, tout au moins
nous intéresser, et ce, dès les bancs de l'école primaire, —
par la géographie politique, hygiénique. La colonisation sera
la synthèse des futures carrières pour les élites des peuples
civilisés, à la marche multiple, diverse, fécondante : protestants, catholiques, orthodoxes, anglo-saxons, latins, slaves.

Toutes ces armées créatrices, comme un phénoménal oura-
gan aux torrents diversifiés mais convergents, toutes courent,
se rencontrent, se heurtent vers le même but éparpillé au
loin, vers l'Afrique, vers l'Asie, — vers le Soleil toujours!
Car l'histoire des races est un éternel recommencement, ou
plutôt une éternelle suite de corrollaires semblables, conséquences indéfinies d'un théorème initial, d'une proposition
primordiale, — le principe même de la Création.

Regardez par exemple l'histoire de l'Inde antique, ce berceau autrefois et aujourd'hui le tombeau de la vieille civilisation, à la plus splendide littérature. Combien de fois fût-elle
envahie, saccagée ; et pourquoi, pour quelle raison invariable?
— Tout simplement parce que beaucoup trop de miséreux,
la très grande majorité des aborigènes affamés dans la désolation glaciale des hautes forêts de l'Himalaya (en sanscrit,
Himalaya = séjour des neiges) descendaient en trombes
infernales dans les larges bassins fertiles de l'Indus, du
Gange, du Bengale, — dans l'arène chaude du soleil clair.

Eh! bien, ce que les Mongols et les Aryens de l'Antiquité
tentèrent en lentes caravanes rudimentaires contre les Indes,

les Slaves, les Angles et autres Aryens modernes le renou-
vellent avec leurs rapides voies de fer, d'eau (bientôt avec
leurs titanesques voies aériennes), continuent avec plus ou
moins de succès, mais avec opiniâtreté, ces tentatives spolia-
trices sur les mêmes riches contrées asiatiques, et sur les
peuplades sœurs de l'Afrique, reliées à elles par le bras
mitoyen du Bosphore et par la hanche tampon de l'Arabie.
Et c'est l'éternelle logique : vers le soleil, toujours vers le
soleil...

Ainsi donc, unissons nos efforts pour l'accroissement du
bien-être de l'humanité, par notre aisance individuelle.

Tout particulièrement, par leur origine, leur naturel, les
Latins semblent et sont bien qualifiés pour s'assimiler les
immortelles Beautés de ces antiques civilisations pacifiques,
nées avec l'aube de la civilisation primitive. Une fois de plus,
tout recommence, par cycles fermés, complets en leurs
genres... « Les esprits encyclopédiques, dit M. Salomon
Reinach dans son érudit quoique élémentaire *Manuel de philologie classique*, paraissent dans les civilisations primitives et
reparaissent dans les civilisations très complexes : Homère et
Ératosthène, Jean de Meung et Diderot, sont, à leur façon des
génies encyclopédiques. Notre temps exige à la fois que les
études spéciales soient approfondies, et que des connaissances
générales précises ne fassent défaut à personne. Il me semble
que le génie français, si on lui vient en aide, est tout à fait
propre à recevoir cette double culture. Savoir beaucoup d'une
chose et un peu de tout, voilà ce qui devrait s'appeler aujour-
d'hui : *Savoir à la française* ». Et cette appréciation autorisée s'adresse évidemment aux trois nations latines, les plus
aptes assurément à porter, par réciprocité, au berceau mater-
nel dont elles cultivent l'héritage artistique, les très modernes
vérités matérialisées par les applications de l'omnipotente
mécanique.

Notre France contemporaine a conquis, éduqué, francisé,
ou plutôt latinisé tout le nord de l'Afrique, avec l'aide des

immigrants accourus d'Espagne et d'Italie. La Tunisie, notamment, est une immense nécropole d'antiques merveilles ensevelies, conservées, dans un sous-sol méthodiquement autopsié de nos jours, semblablement à l'Egypte anglicanisée, régénérée par le réservoir régulateur d'Assouan. Les terres tunisiennes sont admirablement propres aux cultures agraires intensives, donc aux industries qui en découlent forcément. Et à côté de Tunis la Blanche, faut-il reparler de Bizerte l'Artistique, dont la citadelle domine la gorge de la Méditerranée, la clef du plus important couloir mondial, Bizerte, cette débauche de vieux palais byzantins, assise à la fois sur la plus productive voie de fer et le plus large fleuve de la contrée, Bizerte enfin, ancien faubourg et maintenant cathédrale de ce grand port antique qui fut Carthage, dont la splendeur palpite, rajeunie, revivifiée dans l'évocation synthétique de Flaubert...

En nous éloignant, faut-il reparler aussi des autres points cardinaux africains, avec le Sénégal, le Soudan, Madagascar ; puis, toujours plus loin, la nouvelle Inde et la nouvelle Chine francisées. Et tant d'autres créations de notre race...

De leur côté, l'Italie et l'Espagne, si elles n'ont pas ou n'ont plus de colonies importantes, de « progénitures terriennes » (si l'on nous permet cette image terre-à-terre) se ressaisissent elles-mêmes, s'apprêtent et se lancent avec *furia* dans la mêlée mondiale aux positions instables, toujours à la merci des plus audacieux, des plus forts et des plus endurants.

Sous ce rapport, les Slaves et surtout les Angles et autres Saxons devraient être pour nous des exemples constants à imiter.

Le Slave, se sachant formidale, est entêté jusqu'à la gloire inutile, à la victoire même cruelle, à la sauvagerie désespérée. Une des causes de la supériorité de l'élément d'élite, c'est l'absence de toute classe intermédiaire puissante. En Russie, on ne voit guère que des nobles et des miséreux : la toute-puissance et l'humble vermine.

Mais c'est l'Anglo-Saxon qui impose presque partout son arrogante suprématie : de belle prestance, avec des membres osseux bien découpés, la tête longue avec un crâne bien garni de substance grise très dense, aux neurones sainement constitués, — incontestable supériorité animale et intellectuelle, totale, puisque le cerveau humain est chimiquement soumis à la « loi de la conservation de l'énergie ».

Donc l'Américain présente la véritable excellence du type complet en l'occurence, — presque parfait ! Il est d'ailleurs le produit évident de son milieu privilégié. Effectivement, on se plaint chez nous — surtout depuis ces dernières années — de la redoutable concurrence américaine qui a pour principaux agents de ses formidables succès, le bas prix du charbon et un outillage extrêmement ingénieux, — faveur locale, nationale due à ce fait depuis longtemps fixé par Stephenson et Herschel que, là plus qu'ailleurs, la houille est le résultat naturel de la transformation par les végétaux de l'énergie solaire en énergie potentielle, grâce à l'affinité chimique (avantages d'autant plus tangibles que ces produits-réservoirs de calorique se trouvent en inépuisable abondance à la surface même du sol, et sur des étendues immenses).

Après la houille inépuisable, voici la très riche production des céréales pour la subsistance et du coton pour le vêtement, — les deux indispensables nourritures du corps humain, intérieure et extérieure.

« En cinq années, écrit M. Pierre Baudin, dans son beau livre, *Forces perdues*, le nombre de broches en activité en Angleterre, en Europe, aux Indes Anglaises, et aux États-Unis s'est accru de 10 %. Eh bien ! les États-Unis, eux, ont atteint plus de 22 %.

» Ils construisent, en ce moment, de nombreuses usines. Aux environs de Saint-Louis, il s'en fonde une qui comprend 500.000 broches et 12.000 métiers.

» Détenteurs de la matière première, ils font l'économie du transport. Mais ils ont une autre supériorité : c'est l'économie de la main-d'œuvre qui résulte de la concentration de nombreux métiers sous la direction de chaque ouvrier. Sans doute, les salaires sont sensiblement plus élevés là-bas qu'en Europe. Mais toute compensation faite, la part de la main-d'œuvre dans le prix de revient de la marchandise manufacturée y est moindre.

» Un moment viendra, si nous laissons les choses aller leur train, où nous n'aurons plus qu'une avance légère sur nos concurrents. Alors, ils pourront aisément nous achever en mettant des droits sur le coton brut à la sortie. Le coup sera décisif. »

L'avertissement est certes précieux, venant de haut. Et l'appréciation est d'une justesse incontestable : le Nouveau-Monde (pour employer l'illogique dénomination consacrée) bientôt submergera totalement l'Ancien, si on ne se presse en Europe, et surtout en France de transformer radicalement les actuelles méthodes d'usinage, de copier en un mot l'organisation rationnelle des ateliers américains dans lesquels, à commencer par la fonderie, les machines à mouler sont presque exclusivement employées, avec une fonte très tendre facilitant le travail ultérieur des outils de finissage. La forge, pendant de la fonderie, voit se multiplier les marteaux-pilons et les presses perfectionnées, avec travail à la matrice, plus rapide, plus élégant, et donnant des produits mieux agglomérés. Diffusion également des estampeuses et perceuses automatiques en chaudronnerie, et autres machines-outils en serrurerie. Enfin, le magasin général a de nombreuses succursales dans les ateliers, pour éviter aux ouvriers la perte de temps très onéreuse, qui résulte toujours de la réparation individuelle des outils, de la recherche des accessoires de montage etc.

Enfin, autre importante cause de supériorité, l'ouvrier américain, actif, intelligent, économe (ce que ne devient pas souvent l'ouvrier français) est coté à son exacte et haute valeur. Les autres collaborateurs aussi. Tout travailleur consciencieux, là-bas est encouragé dans ses efforts largement rémunérés, — ce qui n'a pas toujours lieu en France.

Sans appeler le témoignage tout acquis de très nombreux Camarades, nous avons personnellement connu des patrons qui n'auraient jamais souffert que certains de leurs employés pussent améliorer leur situation, gagner quelque supplément en dehors de la pâtée qu'ils leur mesuraient avec une parcimonie scandaleuse : affamer pour régner !

Incontestablement — et ce sera notre appréciation résumante — l'Européen, et tout particulièrement le Français, gagnera toujours à s'inspirer de la supériorité américaine : éducation générale, procédés négo-industriels, liberté intégrale de conscience qui se rapproche de l'anarchie mentale, — comme la fondamentale doctrine galiléenne (prêchée par le Fils du Charpentier, ce doux philosophe méconnu, falsifié) se rapprocha, sur Terre, de la sublime anarchie idéaliste...

CONCLUSION

—

Malgré mon désir de ne pas conclure, de m'effacer totalement à la fin de mon très modeste travail jamais achevé
(recueil d'articles, de grains qu'un éditeur a voulu coudre
pour en former un chapelet rudimentaire, je dirais volontiers
une imparfaite bible industrielle...), je ne manquerai pas à
mon devoir de remercier avec reconnaissance l'éminent
auteur de *La Force*, qui consentit à éclairer les pages qui
précèdent du flambeau de son Introduction, et les embellir
ainsi d'un vernis, d'une valeur qu'elles n'avaient point.

Qu'il me soit permis également de dire merci à M. Pierre
Baudin pour son bienveillant accueil, ses conseils, tout
en regrettant que le jeune ancien ministre des Travaux publics,
le célèbre publiciste de *Forces perdues*, soit si accablé de
travaux, réunions et autres désagréments qui l'empêchent de
s'occuper plus efficacement des grandes questions industrielles.

Et enfin, pour n'oublier personne, merci à tous ceux qui,
précédemment cités à leur place, m'aidèrent à construire ce
laborieux petit édifice, dessiné à grands coups de ma large
plume, sinon savante, du moins très franche, habituée aux
nets croquis véridiques...

I

J'ai dit tout ce que je savais d'utile et de pratique en ce
qui concerne le choix de l'école qui décidera, au moins dans

l'ensemble, du choix de toute la carrière. Plus que jamais, le terrible avertissement de Darwin est sinistrement actuel : devront disparaître ceux qui ne pourront s'adapter aux exigences du milieu. Un tempérament rêveur ne pourra se faire estimer ni de son professeur d'atelier, ni de ses condisciples, presque tous vulgaires.

Et il faut ajouter que, malheureusement, dès l'Ecole, une autre formule implacable peint déjà les apprentis lutteurs, les poings nus et ferrés, prenant élan dans le couloir de l'arène sociale : « Mange-moi, ou je te mange ! ». Cet intime et bestial hurlement de guerre humaine ne varie point ; spectre hideux, il accompagne, dans la vie, l'adolescent, le jeune homme, l'homme mûr, le vieillard... et qui sait s'il nous fait grâce dans la mort, dans cette transformation tout au moins matérielle, indéfinie, immortelle, qui est une phase de vitalité, à la fois passive et très active...

Encore qu'il soit absolument impossible — même à Dieu, Essence des Univers formés et en formation — de recréer ce qui fut créé, si j'avais personnellement à refaire une éducation technico-industrielle (et si j'y étais regrettablement contraint) c'est ainsi que je la comprendrais : l'école primaire jusqu'à 11 ans, jusqu'à l'élémentaire « certificat d'études » (puisqu'en ce doux pays de France, tout commence, continue et finit par des diplômes et autres chansons) ; aussitôt après, le lycée, les études de latinité (au moins la grammaire complète) pour apprendre mieux et plus vite les langues méditerranéennes et même les langues anglo-saxonnes, ou quelques-unes d'entre elles ; enfin, vers la quatorzième ou la quinzième année, lorsque les aptitudes *générales*, ou *manuelles*, ou *mentales*, en étude, en classes de littérature, de dessin, en exercices de gymnastique, etc., auraient acquis un sens indubitable, aveuglant, — marchez ! la spécialisation didactique, c'est-à-dire, soit les écoles théoriques, secondaires, puis supérieures, avec la perspective des

nobles carrières libérales ; soit les écoles pratiques, ou industrielles, ou maritimes ; soit — mieux peut-être — la vie
elle-même, de plain-pied !

Insistons sans trêve : surtout, oh ! surtout, qu'on respecte
la vocation bien affirmée. De grâce, ne salissez pas des doigts
de doux poète ou d'artiste musicien, en de crassouilleuses manipulations. Voyez-vous Musset ouvrier forgeron ! ou le « Père
Hugo » chauffeur de chaudière !! N'oublions pas la navrante
histoire de Jack, et rappelons-nous ce que disait Renan de sa
propre destinée :

« La vraie marque d'une vocation est l'impossibilité d'y
forfaire, c'est-à-dire de réussir à autre chose que ce pourquoi
l'on a été créé. L'homme qui a une vocation sacrifie tout
involontairement à sa maîtresse œuvre. Des circonstances
extérieures auraient pu, comme il arrive souvent, dérouter
ma vie et m'empêcher de suivre ma voie naturelle ; mais
l'absolue incapacité où j'aurais été de réussir à ce qui n'était
pas ma destinée, eût été la protestation du devoir contrarié,
et la prédestination eût triomphé à sa manière, en montrant
le sujet qu'elle avait choisi absolument impuissant en dehors
du travail pour lequel elle l'avait choisi. Toute application
intellectuelle, j'y aurais réussi. Toute carrière ayant pour
objet la recherche d'un intérêt quelconque, j'y aurais été nul,
maladroit, au-dessous du médiocre ».

Hélas ! combien de malheureux, apparemment « ratés »,
pourraient s'approprier cette juste et triste réflexion, la jeter à
la face empourprée ou blême de leurs despotiques éducateurs !

M. Gabriel Hanotaux, lui, plus « pratique » qu'Ernest
Renan, préconiserait volontiers l'enseignement manuel, l'admission sans concours aux Ecoles d'Arts et Métiers, dès l'âge
de 14 ans. Ancien élève de l'érudite Ecole des Chartes, autrefois
professeur en Sorbonne (la Sorbonne, ce cervelet de Paris
Cerveau du Monde), à cette Ecole pratique des Hautes Etudes,
dont, ces dernières années, j'eus l'honneur et l'avantage de
suivre les cours spéciaux, l'illustre auteur du bien générique

Choix d'une Carrière me semble — malgré sa vaste culture théorique — tangenter l'erreur en ce qui concerne la partie industrielle, qu'il connaît probablement moins bien que les antiques papyrus, les vénérables âranyakas aux feuillets d'écorce jaunis, reliés en éventail par un filament solide...

Et tout cela n'empêchera point nos fils de subir, comme leurs pères et leurs aïeux, « la boîte de pierre où l'on entre par un seul trou muni d'une grille et d'un portier » que Taine critiquait si finement. Et je voudrais répéter jusqu'à saturation, la vérité nue à certains parents bien intentionnés, et mal renseignés, en ce qui concerne l'instruction industrielle. — Avec un métier manuel, on a cent sous par jour dans la main, leur fait-on accroire ? Quelle erreur évidente, quelle abominable tromperie ! Car, en quittant l'Ecole professionnelle et même l'Ecole d'Arts et Métiers, on n'est pas ouvrier, et on l'est bien moins encore, après plusieurs années vécues hors de l'atelier proprement dit.

Au reste, rien ne presse quant à la spécialisation scolaire. Laissons donc à notre distingué lycéen le temps de s'imbiber l'esprit des très utiles éléments de latinité : « *Le latin pour tout le monde*, du moins dans ses rudiments, c'est l'accès pour tout le monde aux emplois supérieurs ». Admirable vérité qu'on ne proclamera jamais assez haut.

Enfin, pour en terminer avec la très importante question de l'Ecole, je répéterai encore que si, vers l'âge de 13 ou 14 ans, notre collégien ne se sent vraiment aucun goût pour les Belles-Lettres, mais au contraire fait preuve d'une véritable aptitude pour les occupations manuelles, mécaniques, le dessin linéaire et les mathématiques élémentaires, il ne faut plus hésiter, sa place est désormais à l'Ecole professionnelle, préparatoire aux Arts et Métiers ou aux Arts et Manufactures ; et il dispose de plusieurs années pour cette fin scolaire.

Mais, une fois de plus, pas de « gargote à soupe » !

Adressez-vous directement à l'une de ces modernes écoles nationales qui sont de véritables petites écoles d'Arts et Métiers. Le bon sujet n'acquerrait-il qu'un modeste diplôme bien mérité à l'Ecole de Vierzon ou de Voiron, ou de toute autre pépinière similaire, qu'il aurait des chances sérieuses de gagner immédiatement son humble vie dans une usine, en attendant de pouvoir lutter (s'il a une réelle valeur industrieuse) même avec les médiocres et les suffisants produits des autres écoles d'ingénieurs.

II

Et nous voici maintenant en pleine fournaise. Il faut préciser, se spécialiser, non pas immédiatement au retour du régiment, mais entre la vingt-cinquième et la trentième année, après avoir tâté le plus possible de branches particulières, adjacentes, qui sont à l'industrie mécanique nourrice, ce que les bras d'un volant sont au moyeu, et les petits arbres de transmission au gros arbre de couche.

Oui, notre Camarade devra se spécialiser définitivement, un à deux lustres après sa sortie de l'Ecole. De nos jours, cette *spécialisation lente* s'impose. Pendant les trois premiers quarts du siècle dernier, on pouvait voir encore, par exemple, les petits constructeurs de chaudronnerie fabriquer, eux-mêmes, les tuyaux nécessaires à leurs installations générales. Les procédés furent bien changés depuis, et rares sont ceux, dans la ruche mondiale, qui continuent de diffuser leurs talents, au point de vue pratique comme au point de vue théorique. On pourrait même — sans courir trop de risques d'erreur — prévoir que quiconque ne se spécialise pas, doit succomber tôt ou tard. Et ce sont précisément ces spécialités (dont beaucoup soutenues par des associations aux puissants capitaux) qui éliminent de plus en plus le petit chaudronnier « fait tout soi-même ». De vastes ateliers s'édifièrent avec leurs bancs à étirer actionnés par la vapeur, aux mécanismes alertes, et le labeur manuel se vit supplanter par le travail machiniste plus régulier, plus prompt, — partant plus économique : la précision féconde contre l'adresse élégante.

Et cette remarque pourrait s'appliquer à la presque totalité des métiers industriels.

Actuellement la meilleure des spécialités semble issue de l'Electricité mécanique, qu'elle vienne soit de la houille noire, soit de la houille blanche, avec ses tributaires de l'électroculture et de l'électrochimie, — encore que les vieilles branches de la fonderie, de l'ajustage et de la forge soient toujours et probablement pour toujours indispensables.

Dans les « Conseils d'un marchand à son fils », un Américain enrichi (au moins milliardaire !) fait certaines recommandations essentielles, et en substance :

« La conversation d'un homme d'affaires doit être soumise à des règles, dit-il, les plus simples de toutes, celles qui régissent l'économie de l'animal humain. Savoir :

» 1° Il faut avoir quelque chose à dire ;

» 2° Le dire ;

» 3° Se taire ensuite... »

Puisqu'il s'agit de négoce général, je doute fort des succès d'un représentant industriel qui se tairait dès qu'il a dit à la Caisse ou au Magasin, ou au Bureau directorial, le nom et la valeur de sa Maison ; il courrait grand risque de ne jamais vendre pour un sou de sa marchandise, toute supérieure qu'elle fût. Il suffit en effet d'avoir un peu vécu industriellement pour savoir qu'il faut souvent parler chevaux coureurs ou petites femmes gaies, pour placer un méchant graisseur automatique au client sanguin, visiblement prédisposé à la gaudriole ; et au contraire vanter l'ordre conservateur, pleurer pessimisme au patron bilieux caninement constipé, qui peut avoir un besoin plus ou moins urgent de purgeurs à haute pression.

Ainsi, cette spécialité (est-ce bien une spécialité ?) de la

Représentation industrielle peut donner d'appréciables résultats, et je la conseillerais volontiers au technicien bon mar-
cheur, jeune de vingt-cinq à quarante ans, possédant des
notions à la fois générales et précises sur toutes les questions
qu'il peut être amené à traiter, et beau parleur, capable de
mettre en pratique les préceptes mathéma-philosophiques de
l' « Art de persuader ».

J'en dirais tout autant des Offices de Brevets d'inventions...

Ces deux branches, et surtout la dernière où peut le mieux
se produire le technicien presque complet, m'apparaissent
comme la plus synthétique application de l'Economie politique, science de la production et de la distribution des
richesses qui émanent toutes du travail sous ses formes plus
ou moins complexes. C'est d'ailleurs par le travail *intelligent*
que l'homme peut se distinguer des autres animaux, ses semblables, ses cousins d'un rang inférieur, ses « cousins pauvres »... d'esprit.

En dehors de l'industrie proprement dite, je n'oserais conseiller une grande administration (comme celles des Chemins
de fer ou des Ponts et Chaussées) qu'aux dessinateurs placides
jouissant par ailleurs de revenus complémentaires, ou aux
mécaniciens robustes que n'effraye point une horrible vie
plutôt bestiale, à chevaucher nuit et jour sur la noire « bête
d'acier ».

Dans les Travaux publics et privés, je ferai volontiers
exception pour la spécialité connue sous le nom générique
de « Bâtiment », qui exige une documentation technique
très étendue — des connaissances d'architecte complet — et
qui a l'avantage de mettre les chefs de travaux, les entrepreneurs en contact avec des clients policés et des travailleurs
généralement dociles, incomparablement plus maniables et
estimables que les ouvriers usiniers.

Il me reste à donner une appréciation dernière — oh!

quelques lignes seulement — sur les Armées en général.

N'était son fonds bestial (quoique amendé par les progrès cosmiques), que l'homme tient de son ancêtre anthropoïde jailli dans la nuit des cavernes préhistoriques, la vie des peuples civilisés pourrait fort bien se concevoir sans nos actuels budgets militaires. On se plaint, non sans raison évidente, des charges de plus en plus lourdes qui écrasent les contribuables, pressurables à merci, dirait-on. Pourquoi, alors, une bonne fois pour toutes et malgré l'hostilité sournoise de quelques diplomates intéressés, pourquoi ne pas réduire les terribles et en un sens nécessaires armées modernes au simple rôle atténué, nullement offensif, de gendarmerie nationale, de [police discrète... Au reste, pour commander à des gens d'armes, il y aura toujours assez d'hommes de métier, mieux préparés à cette fin que les élèves de nos pépinières industrielles.

Je dirai de même qu'un honnête homme ne se fait pas le braillard porte-parole, plus ou moins intéressé, de malheureux entraînés, souvent par force, dans les grèves et autres calamités sociales (parfois justifiables, j'en conviens) dont les pêcheurs en eau boueuse escamotent les plus odieux profits, grâce à leur faconde gesticuleuse et à leur incommensurable orgueil. Et je me garde bien de parler de leur fierté absente, parce que l'homme modestement fier est parfaitement estimable, tandis que l'individu sans fierté n'a droit à aucune considération.

Je ne veux point dire par là qu'il faille conseiller aux « jeunes » une réserve, un trop pur désintéressement qui serait funeste à quiconque l'observerait. Ah! mais non! Mange-moi, ou je te mange! Au festin [de la vie, chacun pique dans la meilleure casserole accessible.

On ne répétera jamais trop cette pleine vérité, que l'homme n'est qu'un enfant grandi physiquement, et pas toujours moralement. Or, de même qu'au réfectoire du collège, chaque commensal veut happer dans le plat le morceau le plus substantiel ; de même dans la terrible lutte moderne, chacun a hâte de se servir très avantageusement. — Donc, pas de fausse modestie, aucune modestie déplacée, surtout dans nos milieux industriels, où les forts à bras et les forts à langue sont toujours entendus et presque toujours crus.

Mais, par dessus tout, soyez furieusement actifs ! L'avenir est aux actifs, tandis que le présent nous étreint, et que le passé nous réapparaît embelli dans la nuit trompeuse du lointain. Soyez actifs ! La volonté humaine doit tendre à la réalisation approchée du maximum d'activité intelligente ; elle devrait être comme l'asymptote indéfinie d'une hyperbole illimitée...

III

Pour conclure enfin, un dernier mot sur l'expatriation.

Après avoir exposé tout ce que je savais pour et contre cette épineuse actualité de l'expatriation, de la colonisation, je suis persuadé que l'un des moyens les plus favorables à la réussite d'un jeune technicien intelligent et très travailleur, est celui-ci : avec des notions assez précises sur une bonne spécialité, s'assurer d'une place, même modeste, en Angleterre ; y étudier de près le procédé souvent mal connu en France, et bien se pénétrer des détails d'usinage particuliers aux industriels anglais ; puis, après quelques semestres de pratique... voguer vers les libres Amériques aux situations beaucoup plus avantageuses, surtout après quelques années de séjour, de labeur intensif.

Si l'Amérique ne peut plus être considérée comme champ de colonisation (à part quelques langues de terre mal fouillées), très nombreux sont encore les pays neufs qui attendent des bras, des cerveaux et surtout des capitaux pour être dignement mis en valeur, — semblablement à notre grasse croupe indo-chinoise, à l'insulaire et verdoyante Madagascar, et à tant d'autres possessions anciennes ou nouvelles (comme

la Calédonie aux inépuisables mines de nickel) où l'on découvre toujours quelques précieux filons, véritables cornes
d'or! Mais je ne saurais trop insister, recommander aux intéressés, aux inexpérimentés de ne partir que munis de tous
les renseignements précis, surtout de toutes les garanties
nécessaires d'aller et de retour, en cas de maladie ou de...
nostalgie.

Et puisque j'ai parlé de nostalgie et de corne d'or, je ne
résisterai pas à l'intime joie de rappeler aux jeunes à tempérament artistique, toutes les inoubliables sensations
qu'offre à leur intellect averti, un lent voyage dans le sud de
l'Europe, et surtout dans le Levant.

Ah! qui me fera revivre mes délicieuses flâneries le long
de la Corne d'Or et dans le vieil Eyoub mélancolique, mes
soirées de Péra l'hiver, de Thérapia l'été ; qui me reversera le
philtre de Samos et de Mytilène, avec la suave nostalgie du
Melès, du Pont des Caravanes et des cyprès du Grand Méza-
ristan...

Et Athènes... « Voir le panorama de Naples et puis mou-
rir ! ». Mais voir l'acropole d'Athènes, et en vivre, l'âme
embellie, en rêver jusqu'à l'ultime palpitation des cellules
cérébrales... Ah ! le divin Parthénon aux resplendissantes
cimaises, ce Temple de la Beauté parfaite !... Je rapportai
quelques grains de ces impérissables débris, pour ma cassette
aux fétiches, en me disant : « Plus tard, quand les jours
mauvais me donneront l'inguérissable nostalgie de ces merveilleux pays ensoleillés, il me suffira de la rouvrir, ma
chère boîte aux reliques, pour dissiper la tristesse, en me
procurant la très douce illusion d'un retour hélas ! fictif, là-
bas, vers la Voie Sacrée aux immortels chefs-d'œuvres d'Architecture divine... ».

Mais que tout cela m'apparaît haut, bien loin de la moderne
bourrade industrielle, des nations mercantiles, insatiables...
Après la vieille et toujours féconde Angleterre, la jeune et très
gloutonne Allemagne nous talonne à son tour, nous étreint,

menace de nous submerger ; et les Amériques, les Afriques, les Asies voient éventrer leurs flancs aux trésors splendides, omnipotents...

Allons ! que nos techniciens intelligents, assez jeunes, virils, rationnellement audacieux, s'apprêtent pour le grand appareillage ; la machine universelle tourne sans trêve, tou— jours plus vite, affolée, redoutable, faiseuse de vie, faucheuse de mort. Gare aux maladroits et aux traînards...

Hardi ! *gambi*, pare à l'accostage !

B. B.

Paris. Décembre 1903.

TABLE DES MATIÈRES

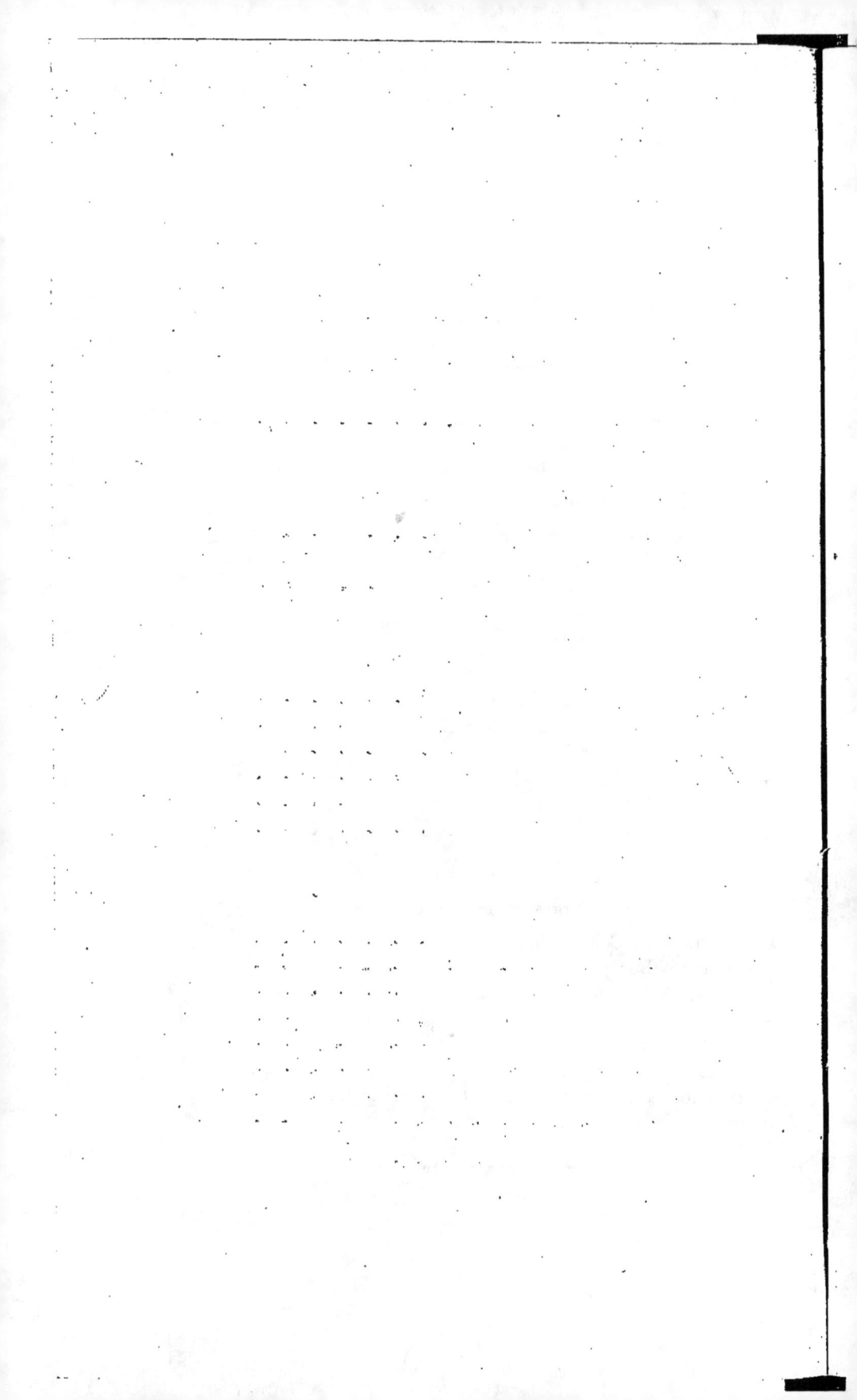

IMPRIMERIE BUSSIÈRE. — SAINT-AMAND, CHER

Vᵉ Ch. DUNOD, éditeur, Quai des Grands-Augustins, 49, PARIS

L'Électricité à la portée de tout le monde, par G. CLAUDE, 4ᵉ édit. (17ᵉ à 21ᵉ mille). Grand in-8° 25 × 17 de 360 pages avec 198 figures. Broché 6 fr. ; cartonné . . . . 8 fr. »»

L'Électricité industrielle mise à la portée de l'ouvrier. Manuel pratique à l'usage des monteurs, électriciens, mécaniciens, élèves des écoles professionnelles, etc., par E. ROSENBERG. Traduit de l'allemand, par A. MAUDUIT, professeur à l'institut électrotechnique de Nancy. In-8° de 435 p. avec 284 fig. Broché 8 fr. 50 ; cart. 10 fr. »»

Électricité, par E. DACREMONT, conducteur des Ponts et Chaussées, chef de section au service technique municipal de la ville de Paris. Ouvrage médaillé par la Société d'Encouragement pour l'industrie nationale. *Première Partie* : **Théorie et production.** Gr. in-16 de 500 pages, avec 276 figures . . . . 12 fr. »»
Deuxième Partie : **Applications industrielles.** Gr. in-16 de 635 pages avec 321 figures . . . . 12 fr. »»

Chaudières à vapeur, par J. DEJUST, ingénieur des Arts et Manufactures, répétiteur à l'École centrale, professeur à la Fédération des mécaniciens et chauffeurs. Gr. in-16 de 562 pages avec 304 figures et 2 planches . . . . 12 fr. »»

Machines à vapeur et machines thermiques diverses, par J. DEJUST, ingénieur des Arts et Manufactures, répétiteur à l'École centrale, professeur à la Fédération des mécaniciens et chauffeurs. Gr. in-16 de 600 pages avec 407 figures . . . . 15 fr. »»

Dictionnaire des arts et manufactures et de l'agriculture, par Ch. LABOULAYE et une réunion de savants, d'ingénieurs et d'industriels. Septième édition, revue, complétée et mise à jour. Les livraisons peuvent être vendues séparément, au prix de 2 fr. 50 l'une. L'ouvrage complet en 5 gros vol. à 2 col., avec 5.800 fig. 120 fr. »»

Agendas Dunod. Construction, Mines et Métallurgie, Mécanique, Chimie, Électricité, Chemins de Fer, Usines et Manufactures. Prix de chaque Agenda. Relié . . . . 2 fr. 50

Combustibles industriels. Houille, pétrole, lignite, tourbe, bois, charbon de bois, agglomérés, coke, par Félix COLOMER, ingén. conseil, ancien ing. en chef des mines d'Ostricourt, et Charles LORDIER, ing. civil des mines, inspecteur du matériel et de la traction de la Compagnie des chemins de fer de l'Ouest. Gr. in-8° 25 × 16 de 565 pages avec 185 fig. Broché 18 fr. ; cart. toile pleine . . . . . . 19 fr. 50

L'eau dans l'industrie. Composition, influences, désordres, remèdes, eaux résiduaires, épuration, analyse (*Médaille d'argent de la Société d'Encouragement pour l'industrie nationale*), par H. DE LA COUX, ingénieur-chimiste, expert près le Conseil de préfecture de la Seine, professeur de chimie appliquée à l'industrie à l'Association polytechnique. Gr. in-8° de 500 pages, avec 434 figures . . . . . . 15 fr. »»

Les gazogènes, par Jules DESCHAMPS, ancien élève de l'École polytechnique, ingén. conseil en matière de gazogènes et de moteurs à gaz. In-8° de 432 pages avec 240 fig. Broché . . . . 15 fr. »»

Les pompes, par B. MASSE, ing. civil des mines, ancien élève de l'École polytechnique, préface de M. HATON DE LA GOUPILLÈRE, membre de l'Institut, inspecteur gén. des Mines. Gr. in-8° de XVI-528 pages, avec 957 fig. Broché 30 fr. ; cart. . . . . 32 fr. »»

Le froid artificiel et ses applications industrielles, commerciales et agricoles, par J. DE LOVERDO, ing., avec une préface de M. E. TISSERAND, direct. honor. de l'agriculture. Grand in-8° 25 × 17 de 652 pages avec 156 fig. Br. 12 fr. 50 ; cart. . . . . 14 fr. »»

Envoi du catalogue complet sur demande

SAINT-AMAND (CHER). — IMPRIMERIE BUSSIÈRE.

www.ingramcontent.com/pod-product-compliance
Lightning Source LLC
Chambersburg PA
CBHW072013270326
41928CB00009B/1636